Muslimische Wohlfahrtspflege
in Deutschland

Rauf Ceylan • Michael Kiefer

Muslimische Wohlfahrtspflege in Deutschland

Eine historische und systematische Einführung

 Springer VS

Rauf Ceylan
Michael Kiefer
Universität Osnabrück
Osnabrück, Deutschland

ISBN 978-3-658-10582-2   ISBN 978-3-658-10583-9 (eBook)
DOI 10.1007/978-3-658-10583-9

Die Deutsche Nationalbibliothek verzeichnet diese Publikation in der Deutschen Nationalbi-
bliografie; detaillierte bibliografische Daten sind im Internet über http://dnb.d-nb.de abrufbar.

Springer VS

Lektorat: Cori Antonia Mackrodt, Kerstin Hoffmann

Gedruckt auf säurefreiem und chlorfrei gebleichtem Papier

Springer Fachmedien Wiesbaden ist Teil der Fachverlagsgruppe Springer Science+Business Media
(www.springer.com)

Inhaltsverzeichnis

Danksagung

Die Idee zu dieser Schrift entstand während unserer Lehrveranstaltungen am Institut für Islamische Theologie (IIT) an der Universität Osnabrück. In und am Rande unserer Lehrveranstaltungen sprachen wir mit zahlreichen Studierenden über künftige Berufsfelder und den damit verbundenen Herausforderungen. Im Fokus der Gespräche stand hierbei oft die muslimische Soziale Arbeit. Allen Studierenden, die sich an diesen Gesprächen beteiligten, sei an dieser Stelle für Ihre Anregungen gedankt. Bedanken möchten wir uns ferner bei der Universität Osnabrück und beim Institut für Islamische Theologie (IIT) für die guten Rahmenbedingungen, ohne die die vorliegende Arbeit sicherlich nicht zustande gekommen wäre. Unser ganz besonderer Dank gilt Prof. Dr. Martina Blasberg-Kuhnke, die uns als Projektleiterin stets in allen Belangen unterstützte und ein Vorwort zu diesem Buch verfasste. Darüber hinaus sind wir Prof. Dr. Ulrich Kuhnke zu Dank verpflichtet, der uns in vielen inhaltlichen Fragen mit wertvollen Hinweisen zur Seite stand.

Prof. Dr. Dr. Rauf Ceylan
Dr. Michael Kiefer

Muslimische Wohlfahrtspflege in Deutschland

Eine historische und systematische Einführung – Vorwort

Martina Blasberg-Kuhnke

„Caritas" und „Diakonie" sind im Bewusstsein der Bevölkerung in Deutschland vorrangig mit den gleichnamigen Wohlfahrtsverbänden der katholischen und der evangelischen Kirche verbunden, für nicht wenige sind sie gar identisch. Alle kirchensoziologischen Befragungen seit den 1970er Jahren zeigen dasselbe Bild: Das Hilfehandeln der Kirchen wird nicht nur als ihre genuine Aufgabe verstanden, es ist gerade das Engagement in den Feldern der Caritas oder der Diakonie, das eine hohe Akzeptanz erfährt, oft sogar die Begründung kirchlich-distanzierter Christinnen und Christen darstellt, Mitglieder ihrer Kirchen zu bleiben.

Zuerst und vor allem gehört Diakonie zu den in der Pastoraltheologie zentralen Begriffen, die im Gefolge der Theologie des Zweiten Vatikanischen Konzils und seiner Pastoralkonstitution „Gaudium et Spes" die Grundfunktionen von Kirche in der Trias von Liturgie, Kerygma und Diakonie bestimmen. Christliche Praxis, die diese Grundfunktionen umgreift, realisiert sich als Koinonia in der „Welt von heute" wesentlich durch die „Wahrnehmung von Not" (H. Steinkamp) und ihrer Begegnung in vielfältigen Formen von Seelsorge, Beratung, Hilfehandeln und kommunikativer Praxis. Es sind Diakonie oder Caritas, die den Glauben „auf die Füße stellen" und die Bewahrheitung des –sonst nur geglaubten- Glaubens in Wort und Tat, zugunsten der „Armen und Notleidenden aller Art" (Gaudium et Spes 1), sichern.

Für die katholische Kirche weltweit steht, seit der Initialzündung, die der Konzilspapst Paul VI. mit dem, den Geist des Konzils und seiner Pastoralkonstitution atmendem „Apostolischen Schreiben ‚Evangelii nuntiandi' … die theologische Überzeugung dafür, dass das ‚Zeugnis ohne Worte' (EN 21) in der diakonischen

Tat in sich selber Kern und Mitte christlichen Handelns trifft" (dazu ausführlich
M. Blasberg-Kuhnke, Diakonie, in: Porzelt, A. Schimmel (Hg), Strukturbegriffe
der Religionspädagogik, Bad Heilbronn (2015), 169-175).

Caritas oder Diakonie haben es zum zentralen Begriff der Praktischen Theologie, vor allem der Pastoraltheologie, aber auch zum Strukturbegriff der Religionspädagogik gebracht. Ihre herausragende Bedeutung gewinnen sie durch ihre
theologische Verortung, die sie am Modell Jesu gewinnen. Jesus selbst leistet „sich
keine Rede von Gott außerhalb konkreter, heilender, rettender und Leben teilender
Begegnung. Damit steht er in der Tradition der Propheten in Israel, die einklagten,
dass die Menschen handeln, wie Gott an ihnen gehandelt hat" (O. Fuchs, Heilen
und Befreien. Die Basis der Pastoral, in: Bibel und Liturgie 68 (1995) 3-10, hier:
3). Der Pastoraltheologe Ottmar Fuchs bringt so die Kerncharakteristika des Handels Jesu auf den Punkt: Personales Angebot in der Einheit von Wort und Tat, von
Kommunikation des Evangeliums als zuwendendes Wort, Begleitung und Unterstützung in Notlagen oder Sicherung von Freiheit und Würde weisen Caritas oder
Diakonie als gelebte Christlichkeit aus.

Sie stehen zugleich in Beziehung zu den angewandten Sozialwissenschaften,
„zur sozialen Arbeit und zur Sozialpädagogik, verlangt doch eine angemessene
Wahrnehmung von Not die sachgerechte Entwicklung von Lösungsmodellen und
eine hohe Professionalität in den vielen Feldern des Hilfehandelns. Die Struktur
der beiden großen christlichen Wohlfahrtsverbände in Deutschland, Caritasverband und diakonisches Werk, zeigen in ihrer Ausdifferenzierung und Spezialisierung die Komplexität eines angemessenen Umgangs mit individuellen und gesellschaftlichen Problemlagen einzelner oder von ethnischen, religiösen oder sozialen
Gruppen. Insofern diakonisches Handeln an der Klärung und Veränderung von
problemschaffenden gesellschaftlichen Bedingungen und nicht nur an der individuellen Hilfe für Betroffene interessiert ist, ist Diakonie stets politisch und partei-
isch, trifft die ‚Option für die Armen' und konzipiert sich als ‚Sozialpastoral' (H.
Steinkamp)" (Blasberg-Kuhnke, Diakonie, 170).

Gegenwärtig stehen Caritas und Diakonie in diesem gewachsenen theologischen und pastoralen Selbstverständnis und die ihre Namen tragenden christlichen
Wohlfahrtsverbände, der Deutsche Caritasverband und das Diakonische Werk,
beide mit einer gut 100-jährigen Geschichte, vor einer einzigartigen und neuen
Herausforderung: Der Entwicklung zu einer organisierten muslimischen Wohlfahrtspflege in Deutschland und dem Zugehen auf einen muslimischen Wohlfahrtsverband. Die beiden Kollegen Rauf Ceylan und Michael Kiefer aus dem
Institut für Islamische Theologie in Osnabrück, beide ausgewiesene Experten für
Religionssoziologie, Praktische Theologie und Sozialarbeitswissenschaft, leisten
mit dem hier vorgelegten Band Pionierarbeit, legen sie doch den ersten Entwurf

einer historischen und systematischen Einführung in praktisch-theologischer Absicht zur muslimischen Wohlfahrtspflege in Deutschland vor. Diese verstehen sie zu Recht als „wichtigen Schritt einer nachholenden Integration", ist die Geschichte des deutschen Wohlfahrtswesens und der säkularen wie der kirchlichen freien Wohlfahrtspflege bisher doch ohne die Muslime und ihre Community geschrieben worden. Soll sich das jetzt ändern, so geht das nicht ohne eine Reflexion auf die Anforderungen an die freien Träger in einer religiös- und wertepluralen Gesellschaft.

Für Muslime kann es aber auch nicht ohne eine Reflexion auf die genuin islamischen theologischen Grundlagen muslimischer Wohlfahrtspflege gehen, die sich allerdings historisch und theologisch anderen kulturellen Kontexten verdanken.

In mehrfacher Hinsicht ist daher Übersetzungsarbeit zu leisten: Entwicklung, Situationen und Erfahrungen der christlichen Wohlfahrtspflege sind in die Überlegungen der muslimischen Community kritisch-konstruktiv einzutragen. Theologische und pastorale Konzepte aus verschiedenen muslimischen Ländern, vorrangig denen, die mit der Migrationsgeschichte der Muslime in Deutschland verbunden sind, sind auf ihre Geltung, normativ wie praktisch, für die religiös-plurale säkularisierte Gesellschaft zu befragen und gegebenenfalls daraufhin fortzuschreiben. Handlungsoptionen im Blick auf den Aufbau einer Wohlfahrtspflege für die (ebenfalls pluralen und heterogenen) muslimischen Gemeinden in Deutschland sind zu entwickeln, nicht als „Kopfgeburten", sondern in der Wahrnehmung und Wertschätzung vorhandener Modellprojekte, die Mut machen zu experimentieren und zu erproben in den vielfältigen Feldern der sozialen Arbeit und im engen Verbund mit den vorhandenen staatlichen und gesellschaftlichen Strukturen, mit muslimischen Organisationen und der ebenfalls im Aufbau befindlichen Islamischen Theologie in Deutschland.

An ihr mitwirken zu dürfen, als Projektleiterin beim Bundesforschungsministerium für den Aufbau der Islamischen Theologie an der Universität Osnabrück, gehört ohne Frage wissenschaftlich-theologisch und menschlich zum Herausforderndsten und Befriedigendsten meiner wissenschaftlichen Arbeit. Umso mehr hat es mich gefreut, dass die Kollegen und Freunde Rauf Ceylan und Michael Kiefer mich um dieses Vorwort gebeten haben. Wir sind im Institut für Islamische Theologie, zusammen mit den beiden Instituten für Katholische und Evangelische Theologie und Partnern aus Erziehungswissenschaften und Migrationsforschung, in Vorbereitung auf Studiengänge, die theologische und sozialarbeiterisch-sozialpädagogische Kompetenzen vermitteln, so dass für das große Vorhaben eines muslimischen Wohlfahrtsverbands in einigen Jahren auch entsprechend qualifizierte Sozialarbeiter und Sozialpädagoginnen zur Verfügung stehen. Wer das Buch von Ceylan und Kiefer liest, sieht deutlicher die Herausforderungen, spürt die offenen

Muslimische Wohlfahrtspflege in Deutschland

Fragen, erkennt aber vor allem die drängende Notwendigkeit, muslimische Wohlfahrtspflege in Deutschland theologisch, pastoral und sozialwissenschaftlich verantwortlich zu entwickeln. Dazu liefert der Band die entscheidende Grundlegung
– und fordert einen kritisch-konstruktiven, interdisziplinären Diskurs zwischen
den Theologien und den angewandten Sozialwissenschaften, vor allem der Sozialarbeitswissenschaft, heraus. Ich wünsche diesem Buch die Aufmerksamkeit und
Verbreitung, die es verdient.

Einleitung

Muslimische Wohlfahrtspflege als wichtiger Schritt im Kontext der „nachholenden Integration"

Menschen, die in Deutschland geboren wurden und hier aufwachsen, haben mit großer Wahrscheinlichkeit früher oder später Kontakt mit einer der über 105.000 Einrichtungen und Dienste der freien Wohlfahrtspflege in Deutschland. Für viele beginnt die erste Begegnung bereits mit der Geburt, denn ein erheblicher Teil der deutschen Kliniken wird von den freien Trägern der Wohlfahrtspflege betrieben. Seine Fortsetzung findet diese kurze Episode im Kindergarten. Auch hier beherrschen bekanntlich die Träger der freien Wohlfahrtspflege traditionell das Feld. Fürsorge und kompetente Betreuung folgen auch in der Schule. Der offene Ganztag, der sich immer mehr zum Regelangebot entwickelt, ist gleichfalls in vielen Kommunen eine Aufgabe der freien Träger. Ein treuer Begleiter bleiben die Organisationen der Wohlfahrtspflege auch im Erwachsenenalter. Wenn in Ehe und Familie mal nicht alles rund läuft, benötigt man kompetente Beratung und mitunter auch Hilfen zur Erziehung, die ebenfalls von diversen Trägern der Liga mit großem Erfolg bereitgestellt werden. Schließlich ereilt uns alle das Alter. Unsere Hilfsbedürftigkeit nimmt zu und wir sind angewiesen auf Pflegeeinrichtungen und in den letzten Tagen auf Hospize, die ein Sterben in Würde ermöglichen. Diese Beispiele zeigen überaus deutlich, dass die freie Wohlfahrtspflege, die mehr als 1,6 Millionen Menschen hauptamtlich beschäftigt, einen enorm wichtigen gesellschaftlichen und wirtschaftlichen Handlungsbereich darstellt.

Bei der Zahl der Akteure, die in der Wohlfahrtsliga das Feld beherrschen, hat es seit gut einem halben Jahrhundert keine Veränderungen ergeben. Neben den großen kirchennahen Organisationen „Diakonie" und „Caritas", gibt es die „Arbeiterwohlfahrt" (AWO), den „Paritätischen Wohlfahrtsverband", das „Deut-

sche Rote Kreuz" (DRK), und die „Zentralwohlfahrtsstelle der Juden". Die Muslime Deutschlands sind – trotz langjähriger Präsenz – bislang mit keinem Verband
in der Liga der freien Wohlfahrtspflege vertreten. Die Gründe, die für diesen auf
Dauer unhaltbaren Sachverhalt angeführt werden können, sind vielfältig. Angeführt werden hier nur die aus unserer Perspektive gravierendsten Gründe. Dies
sind a) der Verlauf der Zuwanderungsgeschichte, b) die Wahrnehmung der Muslime, c) die Organisationsproblematik auf muslimischer Seite, d) die Akteursproble-
matik und e) die Extremismusproblematik.

a   Verlauf der Zuwanderungsgeschichte

Zunächst kann der Verlauf der Zuwanderungsgeschichte angeführt werden. Bis
zur Unterzeichnung der Zuwanderungsabkommen mit der Türkei (1961), Marokko
(1963), Tunesien (1965) und Jugoslawien (1968) gab es in Deutschland nur sehr
wenige Muslime. Erst die Zuwanderung ab dem Jahr 1961 – vor allem aus der Türkei – brachte hier sukzessive quantitative Veränderungen. Diesen wurde jedoch
zunächst keine große Beachtung geschenkt, da der Zuzug der zumeist männlichen
Arbeitskräfte von beiden Seiten bekanntlich nicht auf Dauer angelegt war. Vielmehr sollten die Arbeitskräfte nach einem Rotationsprinzip ausgetauscht werden.
Diese geplante Vorgehensweise fand ihren Niederschlag in dem Terminus „Gastarbeiter", der sich für viele Jahrzehnte im Sprachgebrauch festsetzen sollte. Die
zeitliche Begrenzung, die durch den Begriff konnotiert wird, war keineswegs auf
die Mitglieder der Residenzgesellschaft beschränkt. Auch die Zuwanderer waren
in dieser Phase zumeist der festen Überzeugung, dass der Aufenthalt in Deutschland lediglich eine überschaubare Episode in Ihrem Leben darstellt (vgl. Kiefer
2008, S. 170ff.).
    Die Rückkehrperspektive, von der Zuwanderungsgesellschaft und Arbeitsmi-
granten ausgingen, erhielt bereits in der ersten Hälfte der 70iger Jahre des 20.
Jahrhunderts erste Risse. Bereits im Kontext der Ölpreiskrise 1973 kam es zur
Verkündung eines Anwerbestopps, der weitreichende Folgen für die bereits in
Deutschland lebenden ausländischen Arbeitskräfte haben sollte. Eine Rückkehr
in das Heimatland und eine erneute Einreise in Deutschland waren nun erschwert
oder gar ausgeschlossen. Als Problem erwies sich auch, dass die erzielten Arbeits-
einkommen nicht ausreichten, um in einem überschaubaren Zeitraum Rücklagen
für eine Existenzgründung im Heimatland anzusparen. Beide Faktoren führten
dazu, dass sich die Arbeitsmigranten auf einen längeren Aufenthalt in Deutschland einstellten. Der nun einsetzende Familiennachzug führte nach und nach zu
einer wachsenden Verbleiborientierung und damit auch zu einer veränderten Be-
dürfnislage. Neben einer dauerhaften Erwerbsperspektive ging es nun auch um
die Realisierung kultureller, sozialer und religiöser Belange. Insbesondere Letz-

teres führte zur Gründung zahlreicher Moscheevereine, die ab der zweiten Hälfte der 70iger Jahre zu beobachten waren. Die zahlreichen Aufgabenstellungen, die durch die Neuorientierung der muslimischen Zuwanderer in allen gesellschaftlichen Bereichen (Schule, Wohlfahrt und Religion) zu bearbeiten waren, wurden von staatlichen Akteuren in Bund, Ländern und Kommunen lediglich rudimentär wahrgenommen. Die Behörden blieben für einen langen Zeitraum bei einer restriktiven Ausländerpolitik. Überaus deutlich wurde diese z.b. in der Zuzugssperre für „überlastete Siedlungsgebiete" (Hessen, NRW, Bayer und Baden-Württemberg) von 1975 bis 1977, die einem Nachtzug von Familienangehörigen entgegen wirken sollte. Eine umfassende gesellschaftliche Integration oder gar Partizipation der Zuwanderer an Trägerstrukturen der Wohlfahrtspflege waren in dieser Phase offenkundig nicht erwünscht (vgl. Butterwege 2005, S.2).

b   Wahrnehmung des Islam in Deutschland
Ein weiteres wichtiges Problemfeld bildet die Wahrnehmung des Islams als hier nicht beheimatete „Ausländerreligion". Trotz zahlreicher Gemeindegründungen in den 70iger und 80iger Jahren des 20. Jahrhunderts wurde die religiöse Pluralisierung der deutschen Gesellschaft von vielen relevanten Akteuren in Staat und Zivilgesellschaft über nahezu zwei Dekaden weitgehend ignoriert. Überaus deutlich wird dieser Sachverhalt beim islamischen Religionsunterricht. Erste Forderungen hierzu wurden bereits Mitte der 70iger Jahre des 20. Jahrhunderts laut. Rasch zeigte sich jedoch, dass ein islamischer Religionsunterricht nicht den ungeteilten Zuspruch der politischen Parteien fand. Darüber hinaus wurde deutlich, dass das Religionsverfassungsrecht in Deutschland für diese Sachlage eine Reihe von Hindernissen bereithielt, die über einen langen Zeitraum als unüberwindlich angesehen wurden.

Nordrhein-Westfalen und Bayern implementierten daher zunächst einen Islamunterricht, der im Rahmen des muttersprachlichen Unterrichts verankert war. Ab dem Jahr 2000 gab es in Bayern, Nordrhein-Westfalen, Niedersachsen und Baden-Württemberg Schulversuche, die in Nordrhein-Westfalen und Niedersachsen nach langwierigen und schwierigen Diskussionen zwischenzeitlich in einen ordentlichen islamischen Religionsunterricht überführt werden konnten, der weitgehend den Anforderungen des Grundgesetzes (Art. 7, Abs. 3) gerecht wird. Bayern und Baden-Württemberg führen bis zum heutigen Tag die Schulversuche als Dauerprovisorium fort und verweigern damit den muslimischen Gemeinden vor Ort einen wichtigen Gleichstellungsschritt (vgl. Kiefer 2014, S. 16). Genährt werden die Hindernisse unter anderem durch einen Islamdiskurs, in dem seit mehr als einer Dekade mit viel Verve und mitunter kulturalistischen – bisweilen offen islamfeindlichen Untertönen – darüber diskutiert wird, ob der Islam zu Deutsch-

land gehöre. Die gegenwärtige Debatte über den „islamischen Staat" und PEGI-
DA demonstriert, dass die Debatte offenkundig noch nicht abgeschlossen werden
konnte. Die Wurzeln dieser Diskussionen sind nicht nur im historisch-kollektiven
Gedächtnis zu suchen, sondern bezüglich der Re-Aktivierung dieses „Gedächtnis"
in den 1990er Jahren.

c   Die Organisations- und Vertretungsproblematik

Während die skizzierte Wahrnehmungsproblematik weitgehend die nichtmuslimi-
sche Mehrheitsgesellschaft betrifft, markiert die Organisations- und Vertretungs-
problematik ein Feld, das in erster Linie von Muslimen bearbeitet werden muss.
Ungeachtet der verschiedenen Denominationen kennt der Islam (in den traditionell
islamisch geprägten Gesellschaften) in der Regel keine hierarchisch organisierten
Körperschaften, die mit den etablierten christlichen Kirchen vergleichbar wären.[1]
Für die Glaubensausübung und die damit verbundenen Riten benötigen Muslime
keine Institutionen, in denen sie als eingeschriebene Mitglieder in Erscheinung
treten. Die islamische Theologie beschreibt das Verhältnis von Gott und Mensch
als unmittelbar. Folglich gibt es in den traditionellen islamischen Gesellschaften
keine Organisationen, die unter anderem Personal (Priester, Diakone, Pfarrer und
Pfarrinnen, Seelsorger und Seelsorgerinnen usw.) für umfassende religiöse Dienstleistungen anbieten.

   Die deutsche Gesellschaft – insbesondere die mit Religion befassten Institutionen (Schulministerien usw.) – taten sich daher schwer im Umgang mit muslimischen Gemeinden, die über einen langen Zeitraum behelfsmäßig als Vereine
organisiert waren. Strittig war und ist z.B., ob die bestehenden muslimischen Verbände, „DITIB", „Islamrat", „Verband islamischer Kulturzentren" (VIKZ), und
„Zentralrat der Muslime" (ZMD) das Recht für sich in Anspruch nehmen können,
die breite Vielfalt der Muslime gegenüber staatlichen Gremien zu vertreten. Einige muslimische Organisationen haben die Organisationsdefizite und das Problem
niedriger Mitgliedszahlen schon seit einigen Jahren erkannt und sind bemüht neue
Körperschaften zu gründen, die den Anforderungen staatlicher Stellen genügen.
Pionier auf diesem Gebiet ist insbesondere die „DITIB", die unter anderem eine

---

1   Vor diesem Hintergrund ist in den innerislamischen Debatten eine polarisierende
     Diskussion in der Frage der Schaffung neuer, religionsgemeinschaftlicher Struktu-
     ren als Ansprechpartner für den Staat zu verzeichnen. Während die eine Position auf
     die historisch gewachsenen Strukturen im Hinblick des Verhältnisses von Staat und
     Kirche (Staatskirchenrecht) verweisen und daher den Prozess der strukturellen Neu-
     organisation grundsätzlich positiv begrüßen, sieht die Gegenposition darin die Gefahr
     einer „Verkirchlichung" und damit die Aufgabe der dem Islam immanenten flexiblen
     Gemeindestrukturen.

Reihe von Regionalverbänden gegründet hat, die auf Länderebene als Ansprechpartner fungieren sollen. Darüber hinaus wurde unlängst ein Jugendverband gegründet und die Errichtung eines muslimischen Wohlfahrtsverbandes in Aussicht
gestellt.

d   Die Akteursproblematik

In einem engen Zusammenhang mit der Organisationsentwicklung steht die Ak-
teursproblematik. Die ca. 2500 Moscheegemeinden, die in den vergangenen fünf
Dekaden in Deutschland gegründet wurden, sind zumeist als gemeinnützige Vereine organisiert. Zur Realisierung der Vereinszecke und -ziele stehen im Regelfall ausschließlich Mitgliederbeiträge und Spenden zur Verfügung. Aufgrund der
eingeschränkten finanziellen Ressourcen werden nahezu alle gemeindlichen Aufgaben, darunter die Seelsorge, der Arabischunterricht, Bildungsangebote, der Ausbau und die Instandhaltung der Räumlichkeiten, im Rahmen von ehrenamtlichen
Tätigkeiten durchgeführt. Eine Ausnahme bilden hier lediglich die „DITIB"-Ge-
meinden. Da der Dachverband eng an die türkische Religionsbehörde („DIYA-
NET") angebunden ist, entsendet der türkische Staat verbeamtete Imame in die
deutschen Gemeinden, die für einen befristeten Zeitraum – zumeist für zwei bis
fünf Jahre – als Vorbeter und Lehrer tätig sind.

In den vergangenen Jahren hat sich immer wieder gezeigt, dass die Gemeinde-
entwicklung aufgrund eingeschränkter Ressourcen und der damit einhergehenden
semiprofessionellen Strukturen erheblichen Einschränkungen unterworfen ist.
Der Aufbau hochwertiger und professioneller Angebotsstrukturen gestaltet sich
im Kontext von ehrenamtlichen Strukturen als sehr schwierig, da den Gemeindemitgliedern schlicht Zeit und Expertise fehlt. Hinzu kommt, dass die Gemeinde-
leitungen vielerorts nicht mit den gesetzlichen Rahmenbedingungen der Kinder-
und Jugendhilfe oder anderer SGB[2]-Grundlagen vertraut sind. In der Konsequenz
bedeutet dies, dass die Gemeinden den überfälligen Transformationsprozess zu
förderfähigen Strukturen nicht oder allenfalls halbherzig betreiben. Ein weiteres
Problem ist darin zu sehen, dass die Vereinsvorstände, die in vielen Gemeinden
der ersten Zuwanderergeneration entstammen, nur schwer von Reformen zu über-
zeugen sind. Sie betrachten Moscheegemeinden primär als einen Ort, an dem
Menschen ihre Gebete verrichten. Darüber hinausgehende Aufgabenstellungen in
der Kinder-, Jugend-, Erwachsenen- und Seniorenarbeit sowie Stadtteilarbeit[3] wird
bislang kein hoher Stellenwert beigemessen.

---

2   Die Abkürzung „SGB" steht für Sozialgesetzbuch.

3   Für die Moscheegemeinden bildet die Stadtteilarbeit einen sehr guten Anknüpfungs-
     punkt, weil sie ihre Standorte in der Regel in sozial benachteiligen Wohngebieten

e   Die Extremismusproblematik

Schließlich wäre hier noch die Extremismusproblematik anzuführen. Im Kontext der mit viel Verve geführten Islamdebatte wurden in den vergangenen 15 Jahren immer wieder gravierende Anwürfe gegen in Deutschland beheimatete islamische Organisationen erhoben. So gab es in zahlreichen Varianten den Vorwurf, Moscheegemeinden würden offen oder verdeckt eine islamistische Agenda verfolgen. Im Zentrum stand die Auffassung oder vielleicht besser Mutmaßung, einige muslimische Organisationen würden eine durchgehende Islamisierung der Gesellschaft und in Verbindung damit die Aushöhlung grundlegender individueller Freiheiten anstreben. Darüber hinaus sahen sich Gemeinden und deren Dachverbände auch mit Antisemitismusvorwürfen konfrontiert. Letzteres betraf vor allem die Islamische Gemeinschaft „Milli Görüş" (IGMG), die bis zum heutigen Tag von Verfassungsschutzbehörden beobachtet wird.[4] Für die „IGMG" und den mit ihr verbunden „Islamrat" hatte dieser kontrovers diskutierte Sachverhalt für lange Zeit schwerwiegende Konsequenzen. Vertreter des „Islamrats" oder der „IGMG" konnten z.b. nicht an Beiräten mitwirken, die an deutschen Universitäten in Bezug auf die Islamische Theologie die Interessen einer islamischen Religionsgemeinschaft wahrnehmen. Schwierigkeiten mit der Anerkennung hatten aber auch Organisationen, die explizit nicht vom Verfassungsschutz beobachtet werden.

Mit massiven Vorwürfen konfrontiert sah sich vor einigen Jahren der „Verband islamischer Kulturzentren" (VIKZ). Einer der Vorwürfe lautete, dieser würde in seinen Wohnheimen Schülerinnen und Schüler indoktrinieren. Mit einer im Jahr 2010 veröffentlichten Studie konnten bestehende Vorwürfe nahezu vollständig entkräftet werden.[5] Seit der weitgehenden Klärung der Vorhaltungen gilt die Organi-

---

haben. Da die Problemkumulation in diesen Wohnorten infolge Arbeitslosigkeit, Bildungsdeprivation und (relativer) Armut am höchsten sind, haben die muslimischen Gemeinden bereits Angebote entwickelt, die von Ehrenamtlichen federführend umgesetzt werden. Dadurch sind sie räumlich für ihre Zielgruppe erreichbar und können sich mit anderen Akteuren der lokalen Sozialen Arbeit sozialräumlich vernetzen. Wie noch später auszuführen ist, stellen diese vorhanden Strukturen eine gute Basis für die Gründung und Entwicklung einer muslimischen Wohlfahrtspflege dar.

4   Seit einigen Jahren besteht die Forderung, die Beobachtung der IGMG einzustellen, da es für verfassungsfeindliche Aktivitäten oder einen virulenten Antisemitismus seit geraumer Zeit keine schwerwiegenden Anhaltspunkte gäbe. Die Hamburger Innenbehörde will künftig die IGMG nicht mehr als verfassungsfeindliche Organisation führen.

5   Die Ergebnisse der Untersuchung von Ursula Boos-Nünning können unter folgendem Link abgerufen werden: URL: file:///C:/Users/DieAGBeV/Downloads/Studie%20Beten_und_Lernen%20von%20Prof%20Dr%20Boos-Nuenning%20280610.pdf (letzter Abruf: 08.12.2014).

sation in einigen Bundesländern als verlässlicher Partner und wirkt unter anderem in mehreren Beiräten bei der Gestaltung des islamischen Religionsunterrichts mit. Auf mitunter massive Vorbehalte stoßen auch in Deutschland tätige Organisationen, die dem Umfeld der Gülen-Bewegung zugerechnet werden. Wie der Name schon erkennen lässt, orientiert sich die „Gülen-Bewegung" an dem charismatischen Prediger Fethullah Gülen, der seit einigen Jahren in den USA lebt. Nach Recherchen von Gunter Seufert unterhält die Bewegung in 160 Ländern mehr als 1500 Nachhilfeeinrichtungen, darüber hinaus umfasst sie „Dialoginstitute", Zeitungen, Fernsehsender und global organisierte Unternehmensverbände (vgl. Seufert 2014). Zielsetzungen und Praxis der Gülen-Bewegung werden außerordentlich kontrovers diskutiert. Einige hier lebende Aleviten betrachten die zahlreichen Vereine der Bewegung als einen „islamistisch-nationalistischen Wolf im demokratischen Schafspelz" (Seufert 2014). Erheblichen Einfluss auf die Sichtweise der Bewegung in Deutschland hatte die Berichterstattung regierungsnaher Medien in der Türkei. Dort erscheinen Gülens Anhänger als Mitglieder einer geheimen Organisation, die die Unterwanderung des türkischen Staates anstreben. Beurteilt man die „Gülen-Bewegung" in Deutschland auf der Grundlage der alltäglich verrichteten Arbeit, fällt die Bewertung positiv aus. Vereine aus dem Umfeld der „Gülen-Bewegung" gelten als verlässliche Dialogpartner und leisten mit ihrer Bildungsarbeit einen wichtigen Beitrag zur erfolgreichen Integration von Zuwanderern.[6]

Die dargestellte Problemlage ist ohne jede Frage komplex und wird uns mit Sicherheit geraume Zeit beschäftigen. Doch Pessimismus ist fehl am Platz, denn es gab trotz vieler ungelöster Probleme in den letzten drei Jahren eine Reihe von beachtlichen Fortschritten in der Beheimatung des Islam in Deutschland, die hier kurz vorgestellt werden sollen. An erster Stelle sollte hier die bereits erwähnte Einführung des islamischen Religionsunterrichts in derzeit drei Bundesländern angeführt werden. Nach jahrzehntelanger Diskussionen und variantenreichen und

---

6   Ein zentrales Problem zur hier erwähnten Komplexität sind die Konflikte aus den islamisch-geprägten Ländern anzuführen, die sich in Deutschland lange Zeit widerspiegelten. Insbesondere in den 1970er Jahren zeigten sich diese Spannungen, die auf folgende Faktoren zurückzuführen sind: „Die schlechte politische Situation in der Herkunftsgesellschaft, die mangelnden Partizipationsmöglichkeiten im Aufnahmeland und die Rückkehrorientierung der Migranten begünstigen eine Reproduktion der Konfliktlinien und Binnendifferenzierungen aus dem Herkunftskontext in der ethnischen Kolonie (Ceylan 2006, S. 250)." Zwar ist mit dem Wandel der muslimischen Verbände hin zu deutschen Organisationen eine stärkere Abnahme der Bindung zu den Herkunftsländern zu verzeichnen, doch jüngste Entwicklungen zu der Gülen-Bewegung – ohne an dieser Stelle diese Konflikte in der Türkei bewerten zu können – zeigen, dass auch in Deutschland diese Strömung von den anderen türkisch-islamischen Gemeinden gemieden wird.

langwierigen Modellversuchen wurde beginnend ab dem Jahr 2012 in Nordrhein-Westfalen, Niedersachsen und Hessen islamischer Religionsunterricht eingeführt. Erstmalig wurden im Kontext einer staatlichen Kooperation islamische Organisationen als vollwertige Partner anerkannt.

Im Verhältnis von Staat und Religionsgemeinschaft kann dieser Sachverhalt kaum überbewertet werden. Die Zusammenarbeit von islamischen Verbänden und Bildungsministerium auf der Basis des Art. 7 Abs. 3 GG steht für einen Paradigmenwechsel, der aufzeigt, wie ein pragmatischer Umgang mit „neuen" Religionsgemeinschaften aussehen kann. Von herausragender Bedeutung ist in diesem Kontext auch die Implementierung einer Islamischen Theologie und Religionspädagogik an sechs universitären Standorten. Die ab 2012 gegründeten Institute, die bis zu sieben Professuren und mehrere Postdoc-Gruppen am jeweiligen Standort umfassen können, zeigen eindrucksvoll, dass Bund und Länder den Islam in seiner Vielfalt auch im Hochschulbereich mit erheblichen finanziellen Ressourcen dauerhaft beheimaten wollen. Von den neuen Instituten sind mittelfristig auch wichtige Impulse für eine islamisch begründete Wohlfahrtsarbeit zu erwarten.

Die Universität Osnabrück plant derzeit einen Zweifach-Bachelor, der die Kombination von Islamischer Theologie und Sozialer Arbeit ermöglichen soll. Positiv ist ferner zu bewerten, dass im Jahr 2014 das Avicenna-Studienwerk gegründet werden konnte. Junge und gesellschaftlich engagierte Muslime haben nun auch die Möglichkeit bei einem explizit islamischen Studienwerk ein Stipendium beantragen zu können. Schließlich wären in diesem Zusammenhang die erfolgreich abgeschlossenen Staatsvertragsverhandlungen anzuführen. Bremen und Hamburg konnten bereits im letzten Jahr Staatsverträge mit muslimischen Gemeinschaften und Aleviten abschließen, die unter anderem Regelungen zu muslimischen Feiertagen und Bestattungen enthalten. Andere Bundesländer – darunter Niedersachsen und Rheinland-Pfalz arbeiten an ähnlichen Vertragswerken. Die aufgeführten Beispiele zeigen, dass Politik in Bund und Ländern die Gleichstellungspolitik ernst nimmt.

Ausgehend von diesem skizzierten Sachverhalt sind die Bedingungen für den Aufbau einer islamischen Wohlfahrtspflege derzeit relativ günstig. Zwischenzeitlich hat das Thema auch die Islamkonferenz erreicht. In mehreren Sitzungen wurden in den Jahren 2014 und 2015 Fragen der Wohlfahrtspflege nach Teilbereichen ausführlich mit muslimischen Verbandsvertretern und Experten aus dem Kontext der etablierten Wohlfahrtsverbände erörtert. Unter anderem wurde von der DIK eine große repräsentative Studie in Auftrag gegeben, die detailliert über die Gemeindeaktivitäten im Wohlfahrtssektor Auskunft geben soll. Die Zwischenergebnisse wurden bereits den Verbänden vorgestellt. Eine Veröffentlichung soll noch in Jahresfrist erfolgen. Es kann davon ausgegangen werden, dass die Studie wichtige

Ausgangsdaten für künftige Planungen enthält. Bei den islamischen Verbänden wird die Thematik gleichfalls intern intensiv diskutiert und im Dezember 2014 wurde eine gemeinsame Arbeitsgemeinschaft gegründet, die das weitere Vorgehen auf der Verbändeebene koordinieren soll.

Darüber hinaus gibt es bereits Kooperationen mit Organisationen des Paritätischen, die unter anderem der Schulung und Qualifizierung der Gemeindeakteure dienen sollen. Finanziert werden diese Maßnahmen durch die öffentliche Hand. Diese Initiativen können jedoch nur dann zu Ergebnissen führen, wenn die Voraussetzungen für eine Verbandsstruktur geschaffen worden sind. Ein Verband verbindet. Folglich muss es auf lokaler Ebene – insbesondere in relevanten Sozialräumen – Träger geben, die in den Tätigkeitsfeldern der freien Wohlfahrtspflege Aufgabenstellungen erfüllen wollen. Das derzeitige Hauptarbeitsfeld für muslimische Initiativen liegt deshalb insbesondere im kommunalen Raum. Hier werden die unabdingbaren Prämissen für eine solide Wohlfahrtsarbeit geschaffen. Angeführt werden können hier fünf Aufgaben- bzw. Handlungsfelder, die von künftigen muslimischen Trägern angegangen werden müssen.

Präzise Erhebung von Bedarf und vorhandenen Ressourcen

Grundsätzlich betrachtet macht die Implementierung eines neuen Trägers im kommunalen Raum nur dann einen Sinn, wenn eine Unterversorgung im angestrebten Handlungsfeld gegeben ist. Beispiel: Wenn in einer kleinen Kommune für 300 Kleinkinder in 10 Einrichtungen bereits 400 Plätze angeboten werden, lässt sich die Gründung eines neuen Trägers nur schwerlich begründen. Die Bereitschaft des Jugendamtes zur Finanzierung weiterer Angebotsstrukturen dürfte eher gering ausfallen. Eine realistische Chance auf Förderung gibt es unter diesen Umständen nur dann, wenn der Nachweis erbracht wird, dass eine ausreichende Anzahl von Eltern glaubhaft versichern kann, dass die vorhandenen Träger nicht das explizit gewünschte religiöse Profil aufweisen. In Zeiten knapper Kassen zählen hier ausschließlich belegbare Fakten.

Erfüllung der Trägeranforderungen

In vielen Diskussionen, die in jüngster Zeit zur muslimischen Wohlfahrtspflege geführt wurden, vertraten insbesondere einige Verbandsvertreter die Ansicht, dass bestehende Moscheegemeinden bereits jetzt den rechtlichen und fachlichen Ansprüchen ausreichend genügen, die von Seiten der Kommune an einen Jugendhilfeträger gestellt werden. Diese Sicht der Dinge hält jedoch häufig genaueren Nachfragen nicht stand. Bis auf wenige Ausnahmen besitzen die Gemeinden oder mit ihnen verflochtene Organisationen nicht die Anerkennung nach § 75 KJHG. Diese ist in vielen Bereichen – insbesondere den klassischen Handlungsbereichen der Kinder- und Jugendhilfe – zwingend eine Voraussetzung für Zuwendungen des Bundes, Landes, der Kommunen oder von Stiftungen (z.B. „Aktion Mensch"). Erteilt wird diese Anerkennung, wenn bestimmte organisatorische und finanzrechtliche Voraussetzungen (Gemeinnützigkeit) erfüllt sind. Erwartet werden kann, dass der neue Träger einen nicht unwesentlichen Beitrag zur Erfüllung der Aufgaben der Jugendhilfe zu leisten imstande ist, auf dem Boden des Grundgesetzes steht und darüber hinaus der Nachweis erbracht werden kann, dass der Antragsteller mindestens drei Jahre in Bereichen der Jugendhilfe tatsächlich tätig war. Was letzteren Punkt betrifft, kann mitunter die irrige Ansicht vernommen werden, dass jedwede Tätigkeit, die sich auf Kinder oder Jugendliche bezieht, als Kinder- oder Jugendhilfe gelten könne. Die Ermahnung eines Imams, die Eltern mögen ihre Kinder zum Besuch der Moscheekatechese anhalten, ist im skizzierten Kontext noch kein qualifiziertes Beratungsgespräch. Kinder- und Jugendhilfe ist nicht gleichzusetzen mit katechetischer Tätigkeit. Ferner ist zu berücksichtigen, dass Begriffe wie z.B. „Beratung", „Erziehungshilfe" und „Soziale Arbeit" mit definierten qualitativen Anforderungen verbunden sind. Hier herrscht nach wie vor große Unkenntnis.

Erfüllung von fachlichen Standards

Von großer Bedeutung sind auch die räumlichen und fachlichen Standards. Eine standortgebundene Kinder- und Jugendarbeit lässt sich grundsätzlich nur dann aufbauen, wenn bestimmte bauliche Voraussetzungen erfüllt sind. Es müssen also beispielsweise ausreichende sanitäre Anlagen, geeignete Räumlichkeiten usw. für bestimmte Maßnahmen zur Verfügung stehen. Verordnungen dieser Art können nicht überall erfüllt werden. Um- oder Neubauten gehen bekanntlich mit erheblichen finanziellen Belastungen einher, die nicht von jedem potentiellen Träger gestemmt werden können. Wie bereits angeführt bestehen überdies hohe Anforderungen beim Personal. Die Durchführung originärer Kinder- und Jugendhilfeaufgaben hat bestimmte berufliche Abschlüsse zur Voraussetzung (aus dem Berufsfeld der pädagogischen Fachkräfte), die nicht jeder Träger vorweisen kann. Erforderlich ist ferner ein gutes Maß an betriebswirtschaftlicher Expertise. Die Beantragung, Durchführung und Abrechnung von Maßnahmen, die Personalbuchhaltung, die Gestaltung von Arbeitsverträgen und die Wahrung der Rechte der Arbeitnehmer sind auch für kleine Träger mit einer überschaubaren Anzahl von Mitarbeiterinnen und Mitarbeitern keine Petitesse. Leicht können hier Fehler mit gravierenden finanziellen Folgen entstehen.

Aufbau von Kooperationen

Im kommunalen Raum ist die Erfüllung von Aufgaben aus dem weit gefassten Bereich der Wohlfahrtspflege ohne gut funktionierende Netzwerkbeziehungen nicht möglich. Eine umfassende und kontinuierliche Zusammenarbeit ist durch den Gesetzgeber ausdrücklich gewünscht. So heißt es in § 78 VIII. Sozialgesetzbuch:

> „Die Träger der öffentlichen Jugendhilfe sollen die Bildung von Arbeitsgemeinschaften anstreben, in denen neben ihnen die anerkannten Träger der freien Jugendhilfe sowie die Träger geförderter Maßnahmen vertreten sind. In den Arbeitsgemeinschaften soll darauf hingewirkt werden, dass die geplanten Maßnahmen aufeinander abgestimmt werden und sich gegenseitig ergänzen" (SGB VIII).

Neben den angeführten Arbeitsgemeinschaften, die sich auf kommunaler Ebene in der Regel mehrfach im Jahr treffen, gibt es weitere sozialraumbezogene Arbeitskreise, die zahlreiche Angelegenheiten der Zusammenarbeit von Schulen, Jugendamt und freien Trägern der Jugendhilfe regeln. Muslimische Gemeinden, die Ansätze einer ordentlichen sozialraumbezogenen Kinder- und Jugendarbeit erkennen lassen, sind in der Regel nicht ordentliche Mitglieder dieser Gremien und verfügen somit nicht über Mitwirkungsmöglichleiten.

Sicherstellung von Finanzierung

Für neugeschaffene Träger, die im kommunalen Raum mit ersten überschaubaren Angeboten in Erscheinung treten, stellt eine dauerhafte Finanzierung der Trägerstrukturen ohne jede Frage eine große Herausforderung dar. Zumeist werden Förderungen lediglich befristet für präzise benannte Aufgaben gewährt. Dieser Sachverhalt führt zu zwei Problemstellungen, die einer kontinuierlichen Bearbeitung bedürfen: 1. Der Träger benötigt weitere Finanzmittel, um die Verwaltung und damit verbundene Aufgabenstellungen durchführen zu können. Büroräumlichkeiten, Buchhaltung und Personalverwaltung gehen mit nicht unerheblichen Kosten einher, die monatlich aufgebracht werden müssen. Bei vielen Zuwendungen der öffentlichen Hand ist explizit kein Overhead vorgesehen, der zur Deckung dieser Kosten herangezogen werden kann. 2. Eine temporäre Finanzierung mit Laufzeiten von drei bis fünf Jahren birgt für einen neuen und in der Regel kleinen Träger immer das Risiko einer fehlenden Anschlussfinanzierung. Sollte der Folgeantrag oder der neue Projektantrag scheitern, ist schlicht der Bestand des Trägers bedroht. Vorstände und Einrichtungsleiter müssen daher frühzeitig nach neuen Finanzmitteln Ausschau halten. Dieser Sachverhalt verlangt von den maßgeblichen Akteuren ein hohes Maß an Beständigkeit.

Zur Gliederung und einzelnen Kapiteln dieses Buches

Im Kontext der dargestellten Thematik möchte der vorliegende Band Studentinnen und Studenten der (muslimischen) Sozialarbeit, den künftigen Akteuren einer
islamisch konnotierten Wohlfahrtsarbeit aber auch weiteren Interessierten einen
möglichst umfassenden, kompakten Überblick und praktische Hinweise für die
Arbeit im weiten Feld der Wohlfahrtsarbeit bieten. Diese historisch und systematisch zusammenhängende Darstellung ist deshalb wichtig, weil eine muslimische
Wohlfahrt nicht in einem „luftleeren Raum" konzipiert und implementiert wird.
Sie wird sich den historisch gewachsenen Strukturen und Traditionen der (konfessionellen) Wohlfahrt in Deutschland einfügen müssen. Mit derselben Herausforderung war und ist die Islamische Theologie konfrontiert, als 2010 der Wissenschaftsrat die Implementierung dieser bekenntnisgebundenen akademischen
Disziplin mit all ihren Besonderheiten (wie etwa die Kooperation mit Religionsgemeinschaften) empfahl. Seitdem sind die neuen Institute sowie die muslimischen
Gemeinden in einem Lernprozess, um den in Deutschland historisch gewachsenen
und erprobten Strukturen im Kontext einer Kooperation Universität und Kirche
gerecht zu werden. Ein Kardinalfehler dieser in einem rasanten Tempo initiierten
Prozesses war es, dass es keine ausreichende Diskussionsforen zwischen muslimischen Gemeinden, der Wissenschaft sowie der Politik stattgefunden hat, um die
strukturelle und inhaltliche Umsetzung gemeinsam zu erörtern.

Durch derartige metakommunikative Verfahren hätte man schon im Vorfeld
der Institutsgründungen für Islamische Theologie zentrale Probleme identifizieren
können. An vorderster Stelle steht hierbei die Frage der beruflichen Möglichkeiten für die angehenden muslimischen Theologinnen und Theologen. Auch hätte
man im Dialog mit den Kirchen bezüglich der Frage Berufung von Professorinnen
und Professoren, Lehrplanentwicklung usw. wertvolle Erfahrungen austauschen
können. Vor diesem Hintergrund sind aktuelle Konflikte an den Standorten auf
dieses Versäumnis zurückzuführen. Damit dieser Fehler nicht wiederholt wird,
muss daher bei der Planung und Umsetzung einer muslimischen Wohlfahrtspflege
die wissenschaftliche, religionspolitische und interreligiös-/interkulturelle Auseinandersetzung und Kommunikation früh ansetzen. Ebenso müssen bereits jetzt
mit der Etablierung von Studiengängen, der Qualifikation von wissenschaftlichem
Nachwuchs begonnen werden. Ebenso die Publikation von Grundlagenforschungen und Handbüchern sind eine elementare Voraussetzung für die professionelle
Gestaltung des gesamten Prozesses. Daher versteht sich die vorliegende Abhandlung als Pionierarbeit, um Impulse für weitere Studien zu geben. Es sind historische Arbeiten notwendig, um den islamischen Erfahrungs- und Wissenschaftsbestand der muslimischen Wohlfahrtspflege zu systematisieren, auszuwerten und
neu zu kontextualisieren. Es sind vertiefende theologische Arbeiten erforderlich,

um die Anthropologie, die Sozialethik und Fragen der Theodizee für eine muslimische Sozialarbeit zu reflektieren und fruchtbar zu machen. Des Weiteren sind
gegenwartsbezogene Studien im Kontext von Gemeindearbeit und komparativen
Ansätzen unumgänglich. Diese selektiv aufgeführten Erfordernisse zeigen bereits,
wie facettenreich die Frage einer muslimischen Wohlfahrt ist und dringend eine
muslimisch-wissenschaftliche Community erfordert, die sich diesen Themen wid-
met.

Um der Komplexität dieser Fragestellung gerecht zu werden, sollen zu allen
zentralen Themen erste Anregungen in diesem Buch gegeben werden. Diese Zielsetzung wird in fünf Kapiteln umgesetzt und somit eine prägnante historisch-
systematische Einführung für den Einstieg in die Thematik sowie konkrete For-
schungsperspektiven und Praxisanleitungen geboten.

Kapitel 1 *„Freie Wohlfahrtspflege in Deutschland"* bietet zur grundlegenden Orientierung einen Einblick in das System der freien Wohlfahrtspflege in
Deutschland. Neben einem knapp gefassten historischen Exkurs enthält das Kapitel Grunddaten zu den Aufgaben und Handlungsfeldern und rechtlichen Grundlagen der freien Wohlfahrtspflege. In einem weiteren Unterkapitel werden die sechs
großen Träger der Wohlfahrtsliga („Caritas", „Diakonie", „Arbeiterwohlfahrt",
„Deutsches Rotes Kreuz", „Paritätischer Wohlfahrtsverband" und „Zentralwohlfahrtsstelle der Juden in Deutschland") vorgestellt. Abgeschlossen werden die
Ausführungen mit einem Ausblick auf die Aufgabenstellungen der freien Wohlfahrtspflege in einer werten pluralen Gesellschaft.

Kapitel 2 *„Muslimische Wohlfahrtspflege – Theologische Grundlegung aus
den islamischen Quellen und der Historie"* befasst sich mit der religiösen Seite der Wohlfahrtsarbeit. Fokussiert werden in einem ersten Schritt die maßgeblichen islamischen Quellen Koran und Sunna. Dabei werden das Gottesbild und
das Menschenbild für eine islamische Wohlfahrt skizziert sowie der religiöse Auftrag einer Wohlfahrtspflege aus den Quellen, insbesondere am prophetischen Beispiel herausgearbeitet. Abgerundet wird das Kapitel durch eine kurze Darstellung
des islamischen *waqf*-Systems[7] sowie einer vergleichenden historischen Frage
der institutionalisierten Wohlfahrt in christlichen und islamischen Gesellschaften. Hierbei soll dieser historische Abriss auch Impulse für die Frage liefern, ob
klassische Formen einer muslimischen Wohlfahrtspflege eine Vorbildfunktion für
die deutschen Anforderungen erfüllen können. Diese Frage müssen muslimische
Theologen in Deutschland diskutieren und für die Gründung einer muslimischen
Wohlfahrt erschließen.

---

7   Die Transkription arabischer Begriffe erfolgt in einer vereinfachten Schreibweise.

Das nachfolgende Kapitel 3 „*Muslime in Deutschland: Wohlfahrtspflege und Professionalisierung der Gemeindearbeit*" bietet Informationen zu den in Deutschland beheimateten Moscheegemeinden. Ausgehend von den ersten Tagen der Zuwanderung in den 60iger Jahren des 20. Jahrhunderts wird die Bildung und Entwicklung der Gemeinden nachgezeichnet. Hierbei werden auch alle relevanten muslimischen Organisationen und Verbände (DITIB, VIKZ, IGMG usw.) vorgestellt. Einen weiteren Schwerpunkt bildet ein Einblick in die alltägliche Praxis in den Moscheegemeinden, die neben dem gemeinschaftlichen Gebet auch Bildungsaufgaben und Freizeitaktivitäten umfasst. Ziel ist es aufzuzeigen, dass die muslimischen Organisationen bereits über semiprofessionelle Strukturen verfügen, auf die eine professionelle Wohlfahrt aufbauen kann. Auf der Grundlage dieser Darstellung soll im Weiteren die Frage der Professionalisierung der Gemeindearbeit nachgegangen werden, nachdem in der Einleitung bereits benannten Sachverhalte vertieft werden. Zunächst wird der aktuelle Stand der Gemeindearbeit referiert. Hierbei wird deutlich, dass eine umfassende Professionalisierung der Gemeindedienste eine wichtige Kernaufgabe darstellt. Damit einher geht eine Transformation der körperschaftlichen Strukturen. Die Rechtskonstruktion des Moscheevereins bildet nicht immer eine solide Grundlage für eine öffentlich geförderte Jugendhilfe- oder Seniorenarbeit. Die Gründung gemeindenaher Träger dürfte sich vielerorts als sinnvolle Maßnahme erweisen.

Kapitel 4 „*Handlungsoptionen für die muslimische Verbandsarbeit*" soll mögliche Wege einer nachhaltig ausgerichteten Verbandsarbeit aufzeigen. Hierbei soll auch kritisch der Frage nachgegangen werden, ob die Gründung eines Verbandes – oder gar von Verbänden – ohne ausdifferenzierte Basisstrukturen in kommunalen Räumen als sinnvoll erscheinen kann. Ergänzt werden diese Überlegungen durch die Vorstellung möglicher Modellprojekte, die eine wichtige Vorbildfunktion erfüllen können. Eine konkrete Checkliste bildet den Abschluss dieses Kapitels, um den muslimischen Verbänden konkrete Schritte vor Augen zu führen, die man bei der Gründung einer Wohlfahrtspflege bedenken muss.

Schließlich werden in Kapitel 5 „*Ausblick und Thesen*" der Gesamtertrag dieser Abhandlung in Form von Thesen pointiert diskutiert und konkrete Handlungsempfehlungen benannt, die für die eine erfolgreiche Implementierung muslimischer Wohlfahrtsorganisationen erforderlich sind. Die Praxisanleitungen berücksichtigen nicht nur die zeitliche Abfolge dieses Großprojektes, sondern auch die gegenwärtigen personellen, finanziellen sowie strukturellen Ressourcen der muslimischen Gemeinden. Auch werden neue Potenziale wie etwas die Idee – neben den zukünftigen staatlichen Zuschüssen – eines Sadaqat-Zakat-Fonds (SZF) aus der islamischen Ideengeschichte herausgearbeitet und diskutiert.

Wer sich heute über die Aufgaben, Struktur und Träger der freien Wohlfahrtspflege in Deutschland informieren möchte, startet die Recherche mit Sicherheit
zunächst im Internet. Mit den üblichen Suchmaschinen erreicht man schnell die
Onlineplattformen der großen Wohlfahrtsverbände und der „Bundesarbeitsgemeinschaft der Freien Wohlfahrtspflege". Das dort präsentierte Informationsan-
gebot ist enorm. Neben Pressemeldungen, Positionspapieren, Gremienberichten,
Gesamtstatistiken findet man auch Jahresberichte, die umfassend über die Aktivitäten der Wohlfahrtsverbände informieren. Im Jahresbericht 2013 der „Bundesarbeitsgemeinschaft Freie Wohlfahrtspflege" sind auf der zweiten Seite in bunter
Aufmachung folgende Slogans zu finden, die pointiert und plakativ das Selbstverständnis der Wohlfahrtsliga darlegen:

„Ein verlässliches Fundament für Gesellschaft und Sozialstaat
Wir arbeiten für eine humane und friedvolle Gesellschaft"

„Engagement für Deutschlands Zukunft
Wir stellen uns den gesellschaftlichen Herausforderungen"

„Effektive Hilfe direkt vor Ort
Wir wissen, welche Unterstützung die Menschen brauchen"

„Dem Gemeinwohl verpflichtet
Wir wollen helfen, nicht Profit machen"

„Für unsere Gesellschaft, unterstützt von den Bürgern
Wir sind eine tragende Säule der Zivilgesellschaft"

„Qualität zahlt sich aus
Wir arbeiten mit nachhaltigem Erfolg"
„Anwalt der Schwachen
Wir geben den Sprachlosen eine Stimme"
„Kompetenter Berater der Politik
Wir gestalten mit, vom Bund bis in die Kommune"
„Europas soziales Gewissen
Wir sind auch in Brüssel gefragt"
„Ansprechpartner für Ehrenamtliche
Wir bieten den Rahmen für Bürgerschaftliches Engagement" (BAGFW 2013, S. 2).

Diese Auflistung zeigt unmissverständlich, dass die Träger der freien Wohlfahrtspflege, die nicht mit den öffentlichen und gewerblichen Trägern verwechselt werden sollten, sich als einen unverzichtbaren Teil der deutschen Zivilgesellschaft
betrachten, der für umfassende soziale Gerechtigkeit und solidarisches Handeln
eintritt. Die Wohlfahrtsverbände sehen sich gerne im Gegensatz zur öffentlichen
Wohlfahrtspflege (Jugendamt, Sozialamt, Gesundheitsamt) und gewerblichen Trägern in einer anwaltlichen Position. Hierbei wird vor allem hervorgehoben, dass
die Organisationen der freien Wohlfahrtspflege nicht gewinnorientiert seien. Nicht
zuletzt begründet durch diesen Sachverhalt besitze man ein hohes Maß an Glaub-
würdigkeit.

Betont wird ferner, dass die heutige Gesellschaft vor großen Herausforderungen stünde. Wirtschaftliche und politische Ungleichgewichte und Konfliktlagen
trügen mit dazu bei, dass eine wachsende Zahl von Menschen in prekären Ver-
hältnissen leben müsse. Gerade in einer solchen Situation leiste die freie Wohlfahrtspflege in ihren zahlreichen Leistungsfeldern und mit viel ehrenamtlichem
Engagement einen wichtigen Beitrag zum Zusammenhalt der Gesellschaft. Bei all
diesen durchaus positiven Aspekten, die ohne jeden Zweifel von vielen Menschen
geteilt werden, sollte jedoch nicht darüber hinweggesehen werden, dass die großen Wohlfahrtsverbände in der Vergangenheit auch immer wieder in der Kritik
standen. Ihnen wurde z.B. vorgeworfen, dass sie gelegentlich in paternalistischer
Manier die Interessen von Klienten vertreten haben.

„So ist beispielsweise die Beratung der Anwerbe-Ausländer im Einvernehmen zwischen Bundesregierung und Wohlfahrtsverbänden nach religiösen und nationalen Ab-
grenzungen auf Caritas, Diakonisches Werk und Arbeiterwohlfahrt verteilt worden,
ohne dass die Betroffenen darauf hätten einwirken können" (Andersen/Woyke 2003).

Mitunter ist ferner der Umgang mit den Beschäftigten ein Zukunftsthema. Denn arbeitsrechtliche Regelungen infolge konfessioneller Orientierungen sind notwendigerweise wegen dem gesellschaftlichen Wandel durch die Pluralisierung der Lebensstile flexibler zu gestalten. Erste Anzeichen von Umbrüchen zeichnen sich bereits ab (Anstellung von Muslimen, Tolerierung von Scheidungen usw.).

Vor allem Träger, die der katholischen Kirche nahe stehen, nahmen in der Vergangenheit wiederholt das Recht in Anspruch, Angestellte wegen ihrer Lebensführung zu tadeln oder gar aus dem Dienstverhältnis zu entlassen. Zumeist ging es um die Wiederheirat von Angestellten, die von der Amtskirche als ein Verstoß gegen die katholische Sittenlehre angesehen wird. Diese Praxis wird jedoch zunehmend in Frage gestellt, wie das jüngste Änderung des katholischen Arbeitsrechts durch die Bischofkonferenz vom 05.05.2015 zeigt. Bezüglich der Änderungen des individuellen Arbeitsrechts wird in der Pressemitteilung der Deutschen Bischofskonferenz „auf den vielfältigen Veränderungen in der Rechtsprechung, Gesetzgebung und Gesellschaft" hingewiesen. So heißt es im Kontext von Scheidung in Absatz 5 im Wortlaut:

> „Die erneute standesamtliche Heirat nach einer zivilen Scheidung ist zukünftig grundsätzlich dann als schwerwiegender Loyalitätsverstoß zu werten, wenn dieses Verhalten nach den konkreten Umständen objektiv geeignet ist, ein erhebliches Ärgernis in der Dienstgemeinschaft oder im beruflichen Wirkungskreis zu erregen und die Glaubwürdigkeit der Kirche zu beeinträchtigen. Dasselbe gilt für das Eingehen einer eingetragenen Lebenspartnerschaft. Diese Handlungen besitzen damit bei Vorliegen besonderer Umstände und damit nur in Ausnahmefällen Kündigungsrelevanz. Das ist z. B. der Fall, wenn objektive Gründe befürchten lassen, dass eine erneute standesamtliche Ehe oder eine eingetragene Lebenspartnerschaft sich störend auf die Zusammenarbeit in der Dienstgemeinschaft auswirkt. Bei einer Wiederverheiratung können sich solche Umstände zum Beispiel ergeben aus der beruflichen Stellung des Mitarbeiters, aus der Art und Weise, wie der geschieden wiederverheiratete Partner mit dem Scheitern der Ehe bzw. Wiederheirat in der Öffentlichkeit umgeht oder wie er seine gesetzlichen Verpflichtungen aus seiner ersten Ehe erfüllt. Notwendig ist eine Gesamtbeurteilung. Das kirchliche Arbeitsrecht kennt keine Kündigungsautomatismen. Ob bei einem Verstoß gegen die arbeitsvertraglichen Pflichten eine Weiterbeschäftigung möglich ist, hängt immer von den Umständen des Einzelfalles ab" (Deutsche Bischofskonferenz 2015).

Kritisch gesehen werden kann ferner, dass bei Neueinstellungen Bewerberinnen und Bewerber, die nicht der Kirche angehören, faktisch chancenlos sind. Dies gilt übrigens auch für Arbeitsbereiche, die voll durch die öffentliche Hand finanziert werden. Ein weiterer Kritikpunkt betraf die Arbeitsweise der großen Träger. So wurde den Verbänden mehrfach vorgeworfen, die öffentliche Subventionierung führe zum Anhäufen von Finanzmitteln. Überdies wurde den Verbänden eine „ineffiziente Mittelverwendung" nachgesagt. Schließlich wurde „das Vorhandensein aufgeblähter bürokratischer Strukturen in den Organisationen der Wohlfahrtsverbände insgesamt" kritisiert (Moos/Klug 2009, S. 46).

1.1   Geschichte des deutschen Wohlfahrtssystems

Die besondere Ausformung des deutschen Wohlfahrtssystems, die nach Boeßenecker und Vilain maßgeblich durch die Dualität von öffentlichen und freien Trägern, Subsidiarität, Korporatismus und öffentliche Subventionierung gekennzeichnet ist (Boeßenecker/Vilain 2013. S. 11f.), reicht zurück bis in das Zeitalter der Industrialisierung, die in der zweiten Hälfte des 18. Jahrhunderts zunächst in England einsetzte, dass sich durch technische Innovationen und Transformation der Produktionsformen von einem Agrarstaat zu einem hochindustrialisierten Land entwickelte. Insgesamt trug diese Entwicklung zu einer sozialräumlichen Segregation der „Ärmsten der Armen" und zu menschenunwürdigen Lebensbedingungen bei (Engels 1973.).

Im 19. Jahrhundert führte die Industrialisierung auch in Deutschland zu Armut infolge einer neuen Sozial- und Raumstruktur, in der vor allem die Arbeiterschaft den katastrophalen Lebensbedingungen ausgeliefert waren. Aus einem halb feudalistisch geprägten Land entwickelte sich Deutschland zu einem der wichtigsten Industriestaaten der Welt. Ein Land, das noch in 1860 in der Stahlproduktion weit hinter England und Frankreich lag, sollte bereits 1910 höhere Produktionszahlen in der industriellen Produktion als die beiden europäischen Länder zusammen aufweisen (vgl. Löwy 1997, S. 40). Die gesamte deutsche Gesellschaftsstruktur erlebte tiefgreifende Veränderungen. Das einheitliche Bürgertum wurde vom dem Großbürgertum verdrängt, die sich aus der Gruppe von Fabrikbesitzern, Unternehmern, leitenden Angestellten der Großbetriebe und Großbanken zusammensetzten. Daneben bildeten sich das Kleinbürgertum, bestehend aus unteren Beamten, Angestellten und Handwerkern (Mikl-Horke 1993, S. 83f.). Insgesamt führten diese umwälzenden technischen und sozialen Transformationsprozesse zu Massenarmut, die durch hohe Mietkosten infolge knappen Wohnraum sowie hohen Lebenshaltungskosten sich verschärfte:

„In allen Arbeitervierteln hat offenbar der äußerst begrenzte und deshalb stets über-
füllte Wohnraum, der dem proletarischen Haushalt zur Verfügung stand, das Gefälle
der sozialen Ungleichheit verschärft. Selbst die kleinste, kümmerlichste Wohnung
kostete – im Vergleich mit dem Arbeitereinkommen, aber auch mit bürgerlichen
Wohnungen – eine extrem hohe Miete. Die „Wohnungsnot" der arbeitenden Klassen
gehörte daher frühzeitig zu den Themen, die sozialpolitische Reformer ins öffentliche Bewußtsein zu haben versuchten. Allzu kraß wirkte selbst auf manchen in der
Wolle gefärbten Liberalen das Elend in jenen Stadtvierteln, die gerade in der An-
laufphase der Urbanisierung durch den unablässig anhaltenden Zustrom von Aber-
tausenden so überfüllt wurden, daß sie aus allen Nähten zu platzen schienen. Die
unersättliche Nachfrage regte zwar fulminante Baukonjunktur an, trieb aber vorerst
einmal jahrzehntelang die Mietpreise stein in die Höhe. In Berlin etwa verdoppelten
sich allein zwischen 1830 und 1870 die durchschnittlichen Mieten. Solche Anstiegs-
raten erhöhten den ohnehin hohen fixen Anteil der Lebenshaltungskosten, die Arbei-
terfamilie bestreiten mußte" (Wehler 2008, S. 148).

Auf diese wachsende Massenarmut reagierten zunächst Einzelpersönlichkeiten,
die sich aus dem Gebot der christlichen Nächstenliebe der Arbeit mit Kranken
und Armen annahmen. Herausragende Persönlichkeiten waren hier der evangelische Pfarrer Theodor Fliedner, der unter anderem in England und Holland In-
spirationen für sein kirchlich-soziales Engagement erhielt. Dieser gründete 1836
in Kaiserswerth eine „Diakonie für die Pflege von Kranken" (Frick 1961). Von
großer Bedeutung ist ferner das Lebenswerk des evangelischen Theologen Johann
Hinrich Wichern, der 1833 unweit von Hamburg das „Rauhe Haus" gründete. Diese Einrichtung bemühte sich unter anderem um straffällige und verwaiste Jugendliche. Aus dem „Rauhe Haus" und weiteren Initiativen entstand 1849 der „Centralausschuss für die innere Mission", der als organisatorischer Zusammenschluss
kirchlicher Initiativen und als Vorläufer der heutigen „Diakonie" das Elend der
Armen und Kranken zu lindern versuchte (Boeßenecker/Vilain 2013, S. 122).
    Schließlich wäre in diesem Kontext aus katholischer Perspektive – im Sinne
einer Entwicklung von unten nach oben – die Gründung von Ordensgemeinschaften und caritative Initiativen vor Ort sowie Anstaltsgründungen zu nennen. Die
drei Säulen der kleinen Initiativen vor Ort, die Arbeit der kleinen und großen Ordensgemeinschaften mit einer klaren diakonischen Grundidee sowie weitere An-
stalten wie Waisenheime, Hospitale usw. sind als Beginn der Institutionalisierung
anzuführen. Aus dieses und einer Vielzahl anderer Initiativen, die von Laien und
einzelnen Priestern verantwortet wurden, entstand im Jahr 1897 der „Caritasverband für das katholische Deutschland", dessen Aktivitäten in der ersten Phase der
Verbandsarbeit von der Amtskirche mit einem gewissen Misstrauen begleitet wurden (Boeßenecker/Vilain 2013, S. 81). Aus den jüdischen Gemeinden folgte in der
Mitte des 1. Weltkriegs 1917 die „Zentralwohlfahrtsstelle der deutschen Juden".

Die vereinsmäßig organisierte Wohlfahrtspflege geriet nach Andersen und Woyke spätestens nach den verheerenden Folgen des ersten Weltkriegs und hieraus resultierenden Notlagen an ihre Grenzen. Hinzu kam die Inflation, die eine Vielzahl von Stiftungsvermögen faktisch vernichtete. Erst zu diesem Zeitpunkt zeigte der Staat Verantwortung und griff in die Wohlfahrt ein, die bis dahin fest in den Händen der Gemeinden lag. Das katholische Zentrum, das in der Weimarer Republik wesentlich die Sozialpolitik prägte, vertrat „den Vorrang nichtstaatlicher Wohlfahrtspflege, die seit 1920 nicht mehr als ‚privat‘, sondern als ‚frei‘ bezeichnet wurde"(Andersen/Woyke 2003). Die kirchenfreundliche Politik führte sukzessive zu einer Stärkung der konfessionellen Wohlfahrtspflege, die durch Subventionierung auf Kooperation mit staatlichen Stellen verpflichtet werden konnte. Damit war in den Grundzügen das Strukturprinzip der Dualität zwischen staatlicher und nichtstaatlicher Wohlfahrtspflege fest verankert, das bis zum heutigen Tag das Wohlfahrtssystem in Deutschland maßgeblich prägt.

Der damit einhergehende „Zentralisierungs- und Normierungsschub" (Andersen/Woyke 2003) erfasste auch andere gesellschaftliche und politische Akteure, die nun nach dem Vorbild der konfessionellen Wohlfahrtspflege weitere Verbände aufbauten. 1920 gründete die „SPD" den „Hauptausschuß der Arbeiterwohlfahrt". Ein Jahr später wurde das „Deutsche Rote Kreuz" als Spitzenverband implementiert. Abgeschlossen wurde die Gründungswelle 1924 mit der Schaffung der „Vereinigung der gemeinnützigen Wohlfahrtseinrichtungen Deutschlands", die später den Namen „Deutscher Paritätischer Wohlfahrtsverband" annehmen sollte und heute unter dem Terminus „Der Paritätische" firmiert.

Außerordentlich schwierige Zeiten begannen für die freie Wohlfahrtspflege mit der Machtergreifung der Nationalsozialisten im Jahr 1933. Das „Deutsche Rote Kreuz" und der „Deutsche Paritätische Wohlfahrtsverband" wurden „gleichgeschaltet". „Caritas" und „Innere Mission" konnten auch unter der Herrschaft der Nationalsozialisten mit einer ambivalenten Haltung ihren Fortbestand sichern.[8] Diese reicht von „Widerstand über Duldung bis hin zur Unterstützung der nationalsozialistischen Ideologie und ihrer rassisch und eugenisch motivierten Diskriminierungs- und Vernichtungsprogramme, denen auch Tausende von Menschen aus evangelischen Einrichtungen zum Opfer fielen" (Boeßenecker/Vilain 2013, S. 123). Für die Wohlfahrtsverbände der jüdischen Gemeinden und der Sozialdemokratie gab es im NS-Staat keine Handlungsspielräume. Die „Arbeiterwohlfahrt" und die jüdische Wohlfahrtspflege wurden verboten und zerschlagen.

---

8   Dieses dunkle Kapitel der konfessionellen Verbände wird in der Monografie von Peter Hammerschmidt ausführlich zur Darstellung gebracht (Hammerschmidt 1999).

Nach der Niederwerfung des NS-Staates reorganisierte sich die freie Wohlfahrtspflege binnen weniger Jahre neu. Die christlichen Wohlfahrtsverbände hatten den Nationalsozialismus organisatorisch überstanden. Die „Arbeiterwohlfahrt" wurde 1946 wiederbegründet. Ein Jahr später nahm der „Paritätische Wohlfahrtsverband" seine Arbeit wieder auf. 1950 erfolgte in der Bundesrepublik die Neugründung des „Deutschen Roten Kreuzes". 1951 begann der Wiederaufbau der „Zentralen Wohlfahrtsstelle der Juden in Deutschland" (Andersen/Woyke 2003).

In der jungen Bundesrepublik wurde durch die Regierung Adenauer die freie Wohlfahrtspflege erneut gestärkt. Mit im Vordergrund stand „das Leitbild staatsfreier kirchlicher Subsidiarität und das parteipolitische Interesse an starken und mit der CDU/CSU verbundenen konfessionellen Organisationen" (Andersen/ Woyke 2003). Das stetige Wirtschaftswachstum in den 50er und 60er Jahren des 20. Jahrhunderts brachte auch für die Wohlfahrtsverbände umfangreiche Mittelzuweisungen, mit deren Hilfe die Arbeitsbereiche professionalisiert werden konnten. Darüber hinaus wurden Verwaltungsstrukturen ausgebaut und die klassischen Tätigkeitsfelder ausdifferenziert. Dadurch entstand eine diakonische Zweitstruktur neben der verfassten Kirche (Vgl. Steinkamp 1994, S. 199ff.). Ein weiterer erheblicher Wachstumsschub der Wohlfahrtsverbände erfolgte nach der Wiedervereinigung Deutschlands. Obwohl in der ehemaligen DDR die für die Bundesrepublik typischen konfessionellen Milieus fehlten, wurde das Verbandssystem auf Ostdeutschland flächendeckend übertragen.

Mit der Einführung des Pflegegesetzes 1994 wurde erstmalig ein Wohlfahrtsbereich für gewerbliche und selbständige Anbieter geöffnet. Hiervon ausgehend gab es auch in den anderen Bereichen der Wohlfahrtspflege ein von staatlicher Seite aus forciertes Effizienzdenken, welches die stetig steigenden Kosten bremsen sollte. Die Folge waren neue Steuerungsmodelle, die mit Fallpauschalen, präzisen Leistungsvereinbarungen und Wettbewerb die etablierten Träger vor neue Herausforderungen stellten.

1.2 Rechtliche Grundlagen und Prinzipien

1.2.1 Das Sozialgesetzbuch (SGB)

Die freie Wohlfahrtspflege in Deutschland, die in ihren pluralen und konfessionellen Verbandsstrukturen bereits seit der Weimarer Republik besteht, kann in ihrer heutigen Gestalt und Wirkweise nur verstanden werden, wenn man die komplexen rechtlichen und sozialpolitischen Rahmenbedingungen zur Kenntnis nimmt, die in den nachfolgenden Ausführungen kurz vorgestellt werden sollen. An erster Stel-

le wäre hier das Sozialstaatsprinzip anzuführen, das – trotz aller Änderungen in
der Sozialgesetzgebung – die Gesellschafts- und Sozialpolitik der Bundesrepublik Deutschland maßgeblich prägt. Das Sozialstaatsprinzip wird insbesondere aus
Artikel 28 Absatz 1 GG abgeleitet, in dem es heißt: „Die verfassungsmäßige Ordnung in den Ländern muß den Grundsätzen des republikanischen, demokratischen
und sozialen Rechtsstaates im Sinne dieses Grundgesetzes entsprechen." Das
Sozialstaatsprinzip bildet quasi die Grundlage für die Mitwirkung freier Wohlfahrtsträger bei der konkreten Ausgestaltung des Sozialstaats in seinen vielfältigen Handlungsbereichen. Die im Grundgesetz knapp gefassten Regelungen geben
jedoch offenkundig keine Auskunft über die Umsetzung des Sozialstaatsprinzips.
Konkrete Rechte lassen sich für Einzelpersonen und Träger hieraus nicht so ohne
weiteres ableiten. Nach Gabriele Moos und Wolfgang Klug wendet sich das Sozialstaatsprinzip in erster Linie an den Gesetzgeber, der bei der Konkretion des
Sozialstaatsprinzips über erhebliche Spielräume verfügt. (Moos/ Klug 2009, S. 34)
    Seine Umsetzung findet das Sozialstaatsprinzip wesentlich durch das System
sozialer Sicherungen,

> „das fast alle Lebensbereiche tangiert und in enger Beziehung zu den […] unterschiedlichen Gleichheits- und Gerechtigkeitsvorstellungen steht. Hauptelemente
> sind soziale Sicherheit bei Arbeitslosigkeit, im Alter, Krankheits- und Pflegefall
> durch Sozialversicherungen, und Existenzsicherung durch Sozialhilfe und Grundsicherung" (Griep/Renn 2011, S. 26).

Die umfangreichen gesetzlichen Regelungen der sozialen Sicherung, die zunächst
in vielen Gesetzen verstreut vorlagen, wurden beginnend ab den 70er Jahren des
20. Jahrhunderts im Sozialgesetzbuch (SGB)[9] neu geordnet und zusammengefasst.
Das SGB wurde in den zurückliegenden vier Dekaden um die Pflegeversicherung
ergänzt und mehrfach modifiziert und umfasst die zwölf nachfolgend aufgeführten
Bücher.

*   **SGB I** vom 11.12.1975, Allgemeinen Regelungen des SGB

Es enthält unter anderem eine Übersicht über die sozialen Rechte, allgemeine
Grundsätze und gemeinsame Regelungen für Sozialleistungen, Grundsätze des
Leistungsrechts und Regelungen zur Mitwirkungen des Leistungsberechtigten.

*   **SGB II** vom 24.12.2003, Grundsicherung für Arbeitssuchende

---

9   Das ganze SGB kann unter http://www.gesetze-im-internet.de eingesehen werden.

Dargelegt sind u.a. die Anspruchsvoraussetzungen, das viel diskutierte Arbeits-losengeld II.

- **SGB III** vom 24.3.1997, Arbeitsförderungsrecht

Hier finden sich unter anderem Regelungen für Aktivierung und berufliche Ein-gliederung, Berufsvorbereitung und Übergang von Schule in den Beruf.

- **SGB IV** vom 23.12.1876, Gemeinsamen Vorschriften für die Sozialversicherung

Darunter Grundsätze, Mitwirkungspflichten der Arbeitgeber und umfassende Re-gelungen zum Aufbau und Arbeitsweise der Sozialversicherungsträger.

- **SGB V** vom 20.12. 1988, Gesetzliche Krankenversicherung

Regelt die Organisation, Leistungserbringung der gesetzlichen Krankenkassen und die Rechtsbeziehungen aller Beteiligten (Ärzte, Apotheker usw.).

- **SGB VI** vom 18.12.1989, Gesetzliche Rentenversicherung

Befasst sich mit der Organisation und den Leistungen der Rentenversicherungs-träger. Regelt unter anderem auch die Leistungen für die berufliche Rehabilitation.

- **SGB VII** vom 07.08.1996, Gesetzliche Unfallversicherung

Behandelt die Organisation, Versicherungspflicht und Leistungen der verschiede-nen Berufsgenossenschaften. Von zentraler Bedeutung sind Aufgaben im Bereich der Prävention, Rehabilitation und Entschädigung.

- **SGB VIII** vom 08.12.1998, Kinder- und Jugendhilfe

Die Regelungen dieses Buches, die für die Träger der freien Wohlfahrtsträger von herausragender Bedeutung sind, betreffen Angebote und Leistungen der Jugend-hilfe an Kinder, Jugendliche und Eltern. Ziel ist die Förderung der genannten Zielgruppen, die Beratung von Eltern und anderen Erziehungsberechtigten, die Beibehaltung positiver Lebensbedingungen und der Schutz von Kindern und Ju-gendlichen.

- **SGB IX** vom 19.06.2001, Rehabilitation und Teilhabe behinderter Menschen

Die Regelungen dieses Buches sollen Menschen mit Behinderungen ein selbst-
bestimmtes und gleichberechtigtes Leben ermöglichen. Fokussiert werden insbesondere die besonderen Bedürfnisse von behinderten oder von Behinderung bedrohten Frauen und Kindern.

• **SGB X** vom 18.08.1980, Verwaltungsfragen und Sozialdatenschutz

Enthält Vorschriften für die öffentlich-rechtliche Verwaltungstätigkeit, die im
Kontext des SGB stattfindet und regelt ferner den Datenschutz und die Zusammenarbeit der Leistungsträger untereinander.

• **SGB XI** vom 26.05.1994, Pflegeversicherung

Enthält Regelungen zur Absicherung des Risikos der Pflegebedürftigkeit. Ferner
Vorschriften für die Träger der Pflegekassen, die von den Krankenkassen wahrgenommen werden.

• **SGB XII** vom 23.12.2003, Sozialhilferecht

Betrifft die Sozialhilfe für Leistungsberechtigte und regelt die Zusammenarbeit
von Träger und Leistungsberechtigten.

Neben dem aufgeführten Sozialgesetzbuch gibt es eine Reihe von weiteren
wichtigen Gesetzen, die bislang nicht in der dargestellten Systematik aufgenommen wurden. Hierzu zählen unter anderem

• das **Bundesausbildungsförderungsgesetz (BAföG)** aus dem Jahr 1971, das
  seit Jahrzehnten vielen jungen Menschen aus einkommensschwachen Familien
  ein Studium mit staatlicher Hilfe ermöglicht,
• das **Wohngeldgesetz (WoGG)** von 1971, das gleichfalls einkommensschwachen Menschen ausreichenden Wohnraum ermöglichen soll,
• das **Bundeskindergeldgesetz (BKGG)** aus dem Jahr 1964, das allen Eltern
  unabhängig vom Einkommen Kindergeld gewährt,
• das **Bundeserziehungsgeldgesetz (BErzGG)** (1985) und das **Gesetz zum El-
  terngeld und zur Erziehungszeit (BEEG)** aus dem Jahr 2006, die Eltern mit
  staatlichen Zuwendungen Erziehungszeiten ermöglichen.[10]

---

10 Die Aufzählung ist nicht vollständig. Einen tabellarischen Überblick über alle Gesetze
    bietet Griep/Renn 2011 auf den Seiten 28-30.

1.2.2 Grundprinzipien der Sozialversicherung

Die Entwicklung des Sozialsystems in Deutschland hat sich seit seinem Bestehen jeweils den aktuellen Bedingungen angepasst. Auch wenn im SGB in den vergangenen Jahren gravierende Änderungen vorgenommen wurden, blieben die Grundprinzipien des Sozialsystems und der sozialen Arbeit weitgehend unangetastet.

- Das **Solidaritätsprinzip** sollte als Leitprinzip an erster Stelle angeführt werden. Es trägt dafür Sorge, dass individuelle Risiken von der gesamten Versicherungsgemeinschaft getragen werden. Das gesetzliche Versicherungssystem – so die Krankenversicherung und Pflegeversicherung – basieren auf einer Solidargemeinschaft. Diese ermöglicht einen Ausgleich zwischen Gesunden und Kranken, Jungen und Alten.
- Das **Prinzip der Versicherungspflicht** sorgt dafür, dass trotz aller Reformdebatten immer noch ca. 90 Prozent der Bevölkerung in der Sozialversicherung pflicht- oder freiwillig versichert sind. (Deutsche Sozialversicherung)
- Das **Prinzip der Beitragsfinanzierung** garantiert, dass die Sozialversicherung gleichermaßen von Arbeitnehmern und Arbeitgebern finanziert wird. Die Höhe des Beitrags orientiert sich am Gehalt des Arbeitnehmers.
- Das **Prinzip der Selbstverwaltung** garantiert die Selbstverwaltung der Träger der Sozialversicherung. Arbeitnehmer und Arbeitgeber sind an der Selbstverwaltung unmittelbar beteiligt.
- Schließlich wäre noch das **Prinzip der Freizügigkeit** anzuführen. Dieses Prinzip wurde mit dem europäischen Binnenmarkt eingeführt. Es steht für den freien Verkehr von Waren, Dienstleistungen und Kapital. Ferner garantiert es die Möglichkeit aller EU-Bürger, sich in einem Land ihrer Wahl aufzuhalten.

1.2.3 Grundprinzipien der sozialen Arbeit

Neben den aufgeführten Prinzipien der Sozialversicherung gibt es weitere Grundprinzipien, die für die Organisation und Arbeit des Non-Profit-Sektors und damit auch der freien Wohlfahrtspflege eine sehr hohe Relevanz haben. Neben dem Selbstverwaltungsprinzip, das bereits kurz skizziert wurde, können das Subsidiaritätsprinzip und das Prinzip der Gemeinwirtschaft angeführt werden (Förschler 2014, S. 14). Das Prinzip der Gemeinwirtschaft besagt, dass nicht die Erzielung von Gewinnen im Mittelpunkt steht, sondern es vielmehr um die Bedarfsdeckung und den Nutzen des Menschen geht. Die Gemeinwirtschaft besitzt eine lange Tradition in Deutschland. Auch wenn ihre Bedeutung seit den achtziger Jahren rückläufig ist, spielt das Wohnungs- und Genossenschaftswesen auch aktuell in nahezu allen größeren Kommunen eine große Rolle. Das Prinzip der Subsidiarität ist nach Moos und Klug das bedeutendste. Es soll daher an diese Stelle ausführlich vorgestellt werden (Moos/Klug 2009, S. 16).

Der Terminus „Subsidiarität" bildet nach Joachim Merchel einen Schlüsselbegriff, der für die „Konstituierung der spezifischen deutschen Trägersystems in der Sozialen Arbeit eine zentrale Bedeutung einnimmt". (Merchel 2008, S. 16) Allerdings werde der Begriff mittlerweile mit einer Vielzahl von unterschiedlichen Inhalten belegt, die mitunter auch zu einer gewissen Verwirrung führen können. An dieser Stelle soll deshalb zunächst ein lexikalischer Zugang gewählt werden. Im Wahrig-Online-Fremdwörterbuch findet man zwei knapp gefasste Formulierungen zum Subsidiaritätsprinzip.

> „1 Prinzip, nach dem eine übergeordnete Gruppe (z.b. der Staat) nur für den Aufgabenbereich zuständig sein soll, den eine nachgeordnete Gruppe (z.b. ein Bundesland) nicht bewältigen kann
> 2 staatliche Unterstützung, die aber nur auf eine Ergänzung der Eigenverantwortung abzielt."[11]

Beide Definitionen zeigen, dass es unterschiedliche Konzepte von Subsidiarität gibt. Merchel und andere unterscheiden daher ideengeschichtlich zwei Ansätze. Der erste Ansatz ist in der Staats- und Gesellschaftslehre des Liberalismus zu finden. Hier wird davon ausgegangen, dass der Staat sich grundsätzlich nur da einmischt, wo Menschen sich nicht selbst helfen können. Es geht folglich um ein liberales Verständnis von Subsidiarität, das auf Selbstregulierung setzt und in dem die individuelle Freiheit aber auch Selbstverantwortung eine sehr große Rolle spielt. (Merchel 2008. S. 16) Der zweite Ansatz ist maßgeblich durch die katholische Soziallehre geprägt:

> „Die katholische Soziallehre basiert auf einem Modell von Gesellschaft, bei dem das Individuum im Mittelpunkt steht, um das herum sich in Form von konzentrischen Kreisen verschiedene ,Schichten' lagern, die jeweils für sich eine Verpflichtung zur Unterstützung der vorgelagerten ,Schicht' haben und die für den Fall, dass sie ihre eigenen Angelegenheiten (einschließlich der Hilfeverpflichtungen) nicht selbst regeln können, einen Anspruch auf Unterstützung durch die jeweils höhere Gesellschaftsgliederung haben. […] Die katholische Soziallehre formuliert das Subsidiaritätsprinzip sowohl als Recht der kleineren Lebenskreise als auch als Anforderung, Gemeinschaftshilfe als Hilfe zur Selbsthilfe in Gang zu setzen" (Merchel 2008, S. 17f.).

---

11   www.wissen.de/search?keyword=subsidiaritätsprinzip (letzter Abruf: 19.06.2015).

Neben dieser eher verbändezentrierten katholischen Variante gab es nach Boeßenecker und Vilain eine protestantische Sichtweise von Subsidiarität, die sich
an den Grundsätzen „der Brüderlichkeit, Gleichheit, Eigenständigkeit und Unabhängigkeit" ausrichtete und die folglich eine „gemeinde-demokratische" Position
ermöglichte.

> „Keine Gemeinde soll andere Gemeinden, kein Pastor über andere Pastoren, kein
> Ältester über andere Älteste, kein Diakon über andere Diakone den Vorrang oder die
> Herrschaft beanspruchen, sondern sie sollen lieber auch dem geringsten Verdacht
> und jeder Gelegenheit aus dem Wege gehen" (Zit. in: Boeßenecker/Vilain 2013, S.
> 29).

Die angeführten Beispiele, die keineswegs den Anspruch auf Vollständigkeit erhe-
ben, zeigen, dass die Idee der Subsidiarität als Gestaltungsprinzip von Gemeinde
und Gesellschaft keineswegs neu ist. Heutige Vorstellungen oder Ausformungen
des Subsidiaritätsprinzips in Deutschland verfügen über lange Traditionslinien,
die über die Weimarer Republik bis weit ins 19. Jahrhundert zurückreichen. Die
wichtige Stellung des Subsidiaritätsgrundsatzes erklärt sich ferner aus den Erfahrungen der NS-Zeit, in der ein totalitärer Staat alle Lebensbereiche vollständig
okkupierte und seiner Kontrolle unterwarf. Die rasche Wiederaufnahme des Subsidiaritätsgrundsatzes nach dem zweiten Weltkrieg schuf wieder eine Differenzierung zwischen Gesellschaft und Staat und legte die Grundlagen für einen Träger-
pluralismus, der religiöse und weltanschauliche Positionen der Zivilgesellschaft
wiederspiegeln kann (vgl. Boeßenecker/Vilain 2013, S. 18).

Das Subsidiaritätsprinzip stieß jedoch in der jungen Bundesrepublik nicht
immer auf ungeteilten Zuspruch. Nach Boeßenecker und Vilain riefen die revi-
talisierten Weimarer Subsidiaritätsregelungen, mit denen der Handlungsvorrang
freier, insbesondere konfessioneller Träger gegenüber staatlichen Zuständigkeiten
abgesichert wurde, vor allem in der Sozialdemokratie Widerstand hervor, der in
den sogenannten „Subsidiaritätsstreit" mündete. Die Stadtstaaten Hamburg, Bremen und die Länder Hessen und Niedersachsen sowie eine Reihe von Großstädten
erhoben Verfassungsbeschwerde über die das Bundesverfassungsgericht am 18.
Juli 1967 entschied. Das Urteil fiel jedoch nicht in der gewünschten Eindeutig-
keit aus, sondern bot lediglich einen Interpretationsrahmen, der im Kern davon
ausging, dass die Regelungen mit dem Grundgesetz konform gingen. Auch wenn
manche Akteure in diesem Urteil eine Bedeutungsminderung des Subsidiaritätsprinzips zu erkennen glaubten, führte die „faktische[n] Macht der konfessionellen
Wohlfahrtsverbände" weiterhin zu einem verbändezentrierten Ausbau der Wohl-

fahrtspflege, „aus der heraus immer stärker eine Vorrangstellung der frei-gemein-
nützigen Verbände abgeleitet wurde" (Boeßenecker/Vilain 2013, S. 31).
Im Prinzip galt diese Vorrangstellung weitgehend bis in die 90er Jahre des 20.
Jahrhunderts. Einschränkungen erfuhr das „Subsidiaritätsparadigma" insbesondere durch die Implementierung des SGB VIII (Kinder- und Jugendhilfegesetz) 1990
und die Einführung des SGB XI (Pflegeversicherung) 1994. Beide Gesetze sehen
nun auch in Teilbereichen die Anerkennung privat-gewerblicher Träger vor. Dieser
Sachverhalt gilt insbesondere im Pflegebereich, in dem die Leistungserbringung
mehrheitlich in den Händen von gewerblichen Trägern liegt.

Abschließend wäre noch darzulegen, wie der Subsidiaritätsgrundsatz die Ebe-
nen der Gestaltung Sozialer Arbeit berührt. Merchel benennt hier zwei wichtige
Punkte. 1. „das Verhältnis zwischen Hilfsbedürftigem und Helfenden" und 2. „das
Verhältnis der öffentlichen, behördlichen Träger und der freien Träger sozialer
Hilfsangebote untereinander" (Merchel 2008, S. 19).

Der erste Punkt umfasst den nicht immer einfachen Aspekt der „Hilfe zur
Selbsthilfe". Hilfestellungen von professionellen Akteuren der öffentlichen oder
freien Wohlfahrtspflege sollen grundsätzlich nicht aus einer paternalistischen
Haltung heraus erfolgen, vielmehr steht die Aktivierung des Hilfsbedürftigen im
Vordergrund. „In diesem Sinne enthält der Subsidiaritätsgedanke eine fachliche
Dimension und eine fachliche Anforderung an sozialpädagogisches Handeln"
(Merchel 2008, S. 19).

Der zweite Aspekt betrifft die Ausgestaltung des Verhältnisses von Staat und
freier Wohlfahrtspflege insgesamt und das Verhältnis der freien Träger untereinander. In der öffentlichen Diskussion wird vor allem über die konkrete Ausgestaltung
der Vorrang-Nachrang-Regelung zwischen öffentlichen und freien Trägern diskutiert, die hier nicht weiter ausgeführt werden soll. Wenig Beachtung fand bisher
das Verhältnis der freien Wohlfahrtspflege untereinander.

In den vorangegangenen Ausführungen wurde bereits mehrfach darauf hingewiesen, dass die Zuwanderung der vergangenen zehn Dekaden zu einer Pluralisierung der deutschen Gesellschaft geführt hat. Dieser Prozess hat auf der Träger-
ebene bislang keine Konsequenzen gefunden, denn bei der Zahl der etablierten
Verbände der Wohlfahrtspflege hat es seit der Weimarer Republik keine Veränderungen gegeben. In der Praxis bedeutet dies, dass z.B. Integrationszentren in
Sozialräumen, die mehrheitlich von Muslimen bewohnt werden, in nicht wenigen
Fällen von der Diakonie oder der Caritas betrieben werden. Faktisch bedeutet dies,
dass ein explizit christlicher Träger Angebote für Menschen einer anderen Religion bereitstellt. Gegen diesen Sachverhalt wären keine Einwände zu formulieren,
wenn auf der Beschäftigtenseite – insbesondere in Leitungspositionen – auch An-
gehörige anderer Religionen zu finden wären. Genau dies ist jedoch nicht der Fall.

Daher besteht hier keine Wahlmöglichkeit für z.B. muslimische Hilfesuchende. Nimmt man das Subsidiaritätsparadigma im vollen Umfang ernst, so sind hier organisatorische Veränderungen und die Gründung neuer Träger, die den Bedürfnissen von Muslimen oder anderer relevanter Glaubensgemeinschaften Rechnung tragen, unumgänglich.

1.3 Aufgaben und Handlungsfelder

„Altenpflege, Blutspende, Erste Hilfe, Flüchtlingsbetreuung, Sorgentelefon – das Spektrum der Freien Wohlfahrtspflege liest sich wie das ultimative Lexikon der Nächstenliebe. Ohne das Engagement der Millionen haupt- und ehrenamtlichen helfenden Hände wäre die soziale Marktwirtschaft in Deutschland wohl nie zu jenem Erfolgsmodell geworden, um das uns viele Länder rund um den Globus lange Zeit beneidet haben" (Institut der deutschen Wirtschaft 2004, S. 21).

Das System der freien Wohlfahrtspflege in Deutschland stellt seit mehr als sechs Dekaden einen bedeutsamen sozialen und ökonomischen Faktor dar, der in Europa seinesgleichen sucht. Ohne Übertreibung kann konstatiert werden, dass die Träger der Freien Wohlfahrtspflege ein verlässliches „Fundament für Gesellschaft und Sozialstaat" bilden (BAFGW (2), 2014, S. 6). Überaus deutlich wird dies bei einer Betrachtung der von der Bundesarbeitsgemeinschaft der Freien Wohlfahrtspflege vorgelegten Zahlen. Die Gesamtstatistik der Verbände erfasst für das Jahr 2012 bundesweit 105.295 Einrichtungen und Dienste mit 3.702.245 Betten bzw. Plätzen. Beschäftigt waren in diesen Einrichtungen insgesamt 1.673.861 Mitarbeiterinnen und Mitarbeiter. Davon waren im Berichtszeitraum 727.694 Vollzeitkräfte und 946.167 Teilzeitkräfte. Hinzu kamen zahlreiche Menschen, die auf Honorarbasis oder ehrenamtlich in der freien Wohlfahrtspflege arbeiteten. Hier lagen keine präzisen Zahlen vor. Schätzungen gehen von 2,5 bis 3 Millionen Menschen aus (BAFGW 2014, (3), S. 10).

Die Träger der freien Wohlfahrtsverbände, seien sie nun konfessionell gebunden oder nicht, erbringen ihre Leistungen in neun Handlungsfeldern, die nachfolgend kurz vorgestellt werden sollen.[12]

---

12 Berichtsgrundlage ist hier die Gesamtstatistik der Einrichtungen der Freien Wohlfahrtspflege aus dem Jahr 2012 (BAFGW 2014, (3).

Gesundheitshilfe

Allgemein bekannt ist die Tatsache, dass die Wohlfahrtsverbände traditionell als Betreiber von Gesundheitseinrichtungen und Krankenhäusern in Erscheinung treten. Auch wenn zwischenzeitlich gewinnorientierte Klinikkonzerne auf dem milliardenschweren Gesundheitssektor Fuß gefasst haben und seit einigen Jahren eine Abnahme bei den Häusern zu verzeichnen ist (seit 2008 um 23 %), verfügen „Caritas", „Diakonie" und andere Träger der Wohlfahrtspflege immer noch über einen beträchtlichen Marktanteil. Im Jahr 2012 betrieben die Wohlfahrtsverbände 1.112 Krankenhäuser mit der stattlichen Zahl von 190.047 Betten und insgesamt 345.503 Beschäftigten. Neben den klassischen Krankenhäusern, betreiben die Wohlfahrtsverbände 174 Tages- und teilstationäre Einrichtungen der Gesundheitshilfe und 6.195 Beratungsstellen und ambulante Dienste (BAFGW 2014, (3), S. 20f.).

Kinder- und Jugendhilfe

Die Kinder- und Jugendhilfe zählt zu den klassischen Handlungsfeldern der freien Wohlfahrtspflege. Sie umfasst eine Vielzahl von Bereichen. Darunter fallen Kindertageseinrichtungen, Kindergrippen, Kindergärten, Horteinrichtungen, stationäre Einrichtungen (Heime, Wohngemeinschaften), Freizeitstätten, Betreuungsangebote im schulischen Ganztag und Jugendbildungsstätten. Die Kinder- und Jugendhilfe bildet in der Freien Wohlfahrtspflege mit 38.367 Einrichtungen den größten und damit wichtigsten Arbeitsbereich. Insgesamt werden in den aufgeführten Einrichtungen täglich über 1,7 Millionen Kinder und Jugendliche betreut. In der Kinder- und Jugendhilfe der freien Träger arbeiten insgesamt 362.950 Mitarbeiterinnen und Mitarbeiter. Hinzu kommen zahlreiche ehrenamtliche Kräfte. Die Kinder- und Jugendhilfe hatte in den vergangenen Jahren zunehmende Beschäftigungszahlen zu verzeichnen. Grund hierfür ist unter anderem der sukzessive Ausbau des schulischen Ganztags, der wesentlich von Trägern der Wohlfahrtsverbände mitgestaltet wird (BAFGW 2014, (3), S. 23f.).

Familienhilfe

In einem engen Zusammenhang mit der Kinder- und Jugendhilfe ist die Familienhilfe zu betrachten. Auch hier sind stationäre Einrichtungen (Familienferienstätten, Häuser der Erwachsenenbildung, Frauenhäuser), Tageseinrichtungen (Familienzentren, Mehrgenerationenhäuser) und Beratungsstellen/ambulante Dienste (Beratungsstellen für Ehe-, Familien-, Erziehungs- und Lebensfragen, Interventionsstellen für Opfer usw.) zu unterscheiden. Insgesamt betrieben die Wohlfahrtsverbände im Jahr 2012 insgesamt 4750 Einrichtungen und Dienste. Die Gesamtzahl der Beschäftigten betrug 9.392 Vollzeitkräfte und 21.914 Teilzeitkräfte. An

Bedeutung gewonnen haben in den vergangenen Jahren die Familienzentren und Familientreffs, deren Zahl um 17 % angewachsen ist. Der Bereich der stationären Einrichtungen (insbesondere Familienferienstätten) ist rückläufig (BAFGW 2014, (3), S. 27f.).

Altenhilfe
Das Feld der Altenhilfe hat in den vergangenen Jahren erheblich an Bedeutung gewonnen. Eine moderne Altenhilfe beschränkt sich längst nicht mehr auf die althergebrachten Pflegeleistungen. Vielmehr geht es um die Beibehaltung von Lebensqualität und Sicherung der gewohnten Lebensräume im Alter (Kuratorium Deutsche Altenhilfe 2012, S. 3f.). Zu den 18.051 Einrichtungen der Wohlfahrtsverbände im Bereich der Altenpflege zählen: Betreutes Wohnen, Seniorenwohnheime, vollstationäre Altenpflegeeinrichtungen, Seniorenbegegnungsstätte, ambulante Pflegedienste, Seniorenbüros, Mahlzeitendienste („Essen auf Rädern") und Hausnotrufdienste. Die umfangreiche Alten- oder Seniorenhilfe zählt mit 445.000 Mitarbeiterinnen und Mitarbeitern zu den größten Arbeitsbereichen der freien Wohlfahrtspflege. Das Stellenvolumen hat in den vergangenen Jahren kontinuierlich zugenommen. (BAFGW 2014, (3), S. 30f.).

Behindertenhilfe
Die Behindertenhilfe zählt gleichfalls zu den Handlungsfeldern, die hohe Beschäftigungszahlen aufweisen. Die Organisationen der freien Wohlfahrtspflege beschäftigten 2012 in 16.446 Einrichtungen 316.953 Beschäftigte. Diese waren unter anderem tätig in Heimen, Wohngruppen, Tagesstätten, Tageswerkstätten, Schulen, Fahrdiensten und beruflichen Trainingszentren (BAFGW 2014, (3), S. 33f.).

Hilfe für besondere soziale Situationen
In diesem Handlungsfeld sind stationäre Einrichtungen, Tageseinrichtungen, Beratungsstellen sowie ambulante Dienste zusammengefasst, die sich um Menschen in besonderen Problemlagen bemühen. Zur Zielgruppe zählen unter anderem Obdachlose, Zuwanderer, Flüchtlinge, Erwerbslose und Menschen mit Abhängigkeitserkrankungen. In diesem Aufgabengebiet der freien Wohlfahrtspflege arbeiten insgesamt 38.998 hauptamtliche Mitarbeiterinnen und Mitarbeiter in 8.830 Einrichtungen. In quantitativer Hinsicht stellen die Beratungsstellen und ambulanten Dienste mit 6.531 Anlaufstellen den wichtigsten Anteil. Danach folgen die Migrationsdienste und Migrantenberatung mit 1.356 Angeboten und 1.281 Beratungsangebote für Menschen mit Abhängigkeitserkrankungen. Anzuführen wären ferner 852 Schuldnerberatungsstellen bzw. Verbraucherinsolvenzberatungen (BAFGW 2014, (3), S. 37f.).

Weitere Hilfen

In der Rubrik „weitere Hilfen" erfasst die Gesamtstatistik der BAFGW Beratungsstellen und ambulante Dienste, die nicht unter die großen Handlungsfeldern subsumiert werden können. Hierzu zählen unter anderem Wohnheime für Berufstätige
und Ausbildungsstätten für soziale Berufe. In der Öffentlichkeit wahrgenommen
werden vor allem Tafeln und Mittagstische, Sozialkaufhäuser und ähnliche Einrichtungen. Die Berichte der Träger listen in diesem relativ kleinen Bereich 9.914
Einrichtungen mit insgesamt 60.775 Beschäftigten (BAFGW 2014, (3), S. 40f.).

Aus- und Fortbildungsstätten für soziale und pflegerische Berufe

Krankenhäuser und Pflegeeinrichtungen für behinderte oder ältere Menschen können bekanntlich nur mit ausreichend qualifiziertem Personal betrieben werden.
Die Kirchen unterhalten seit vielen Jahrzehnten Fachhochschulen für Sozialwesen,
Kranken- und Altenpflegeschulen und weitere Bildungseinrichtungen, die auf ho-
hem fachlichen Niveau Fachkräfte qualifizieren. Insgesamt unterhielten die Träger
der freien Wohlfahrtspflege im Jahr 2012 1.636 Ausbildungsstätten mit 25.714 Beschäftigten (BAFGW 2014, (3), S. 43f.).

Selbsthilfegruppen

Abschließend wäre noch der Bereich der Selbsthilfegruppen anzuführen, die sich
mit einer Vielzahlzahl sozialer und gesundheitlicher Fragen befassen. Im Jahr
2012 befanden sich unter dem Dach der Wohlfahrtsverbände 35.469 Selbsthilfegruppen, deren Gemeinschaftsleben im Regelfall mit großem ehrenamtlichem Engagement organisiert wird (BAFGW 2014, (3), S. 45).

1.4   Spitzenverbände der freien Wohlfahrtspflege

In den vorausgegangenen Ausführungen wurde bereits darauf hingewiesen, dass
sich bei der Zahl der Spitzenverbände im Bereich der freien Wohlfahrtspflege seit
Jahrzehnten keine Veränderung ergeben hat. Seit der Gründung der Bunderepu-
blik Deutschland besteht die Wohlfahrtsliga aus der „Arbeiterwohlfahrt", dem
„Deutschen Caritasverband", dem „Paritätischen Gesamtverband", dem „Diakonischen Werk der der evangelischen Kirche in Deutschland", dem „Deutschen
Roten Kreuz" und der „Zentralwohlfahrtsstelle der Juden in Deutschland". Alle
genannten Organisationen können auf eine lange Organisationsgeschichte zurückblicken und haben grundlegende Transformationsprozesse durchlaufen, die insbesondere ab den 90er Jahren des 20. Jahrhunderts zahlreiche Modifikationen in
Trägerstrukturen, Leitbildern und Leistungserbringung bewirkten. Im folgenden

Kapitel sollen die Spitzenverbände kurz mit ihren wesentlichen Merkmalen vorgestellt werden.

1.4.1 „Caritasverband"

Der katholische „Caritasverband" ist der größte Wohlfahrtsverband in Deutschland. Die Kennzahlen, die der Verband 2013 mit der Gesamtstatistik vorlegen konnte, sind in jedweder Hinsicht beeindruckend. 590.401 berufliche und ca. 500.000 ehrenamtliche Mitarbeiterinnen und Mitarbeiter pflegten, begleiteten, berieten und unterstützten in 24.248 Einrichtungen ca. 12.000.000 Menschen im Berichtsjahr. Trotz zunehmender Konkurrenz durch gewinnorientierte Unternehmen in der Sozialwirtschaft konnte der „Caritasverband" 31.000 neue Mitarbeiterinnen und Mitarbeiter gewinnen. Von den hauptamtlichen Kräften sind 248.204 in der Gesundheitshilfe tätig, die den größten Teilbereich darstellt. 129.609 arbeiten in der Kinder- und Jugendhilfe, 112.514 in der Altenhilfe, 68.959 in der Psychiatrie und Behindertenhilfe sowie ca. 40.000 in weiteren sozialen Einrichtungen und der Familienhilfe (Caritasverband 2014).

Die Anfänge des heutigen katholischen Spitzenverbandes reichen zurück bis ins späte 19. Jahrhundert. Maßgeblicher Initiator eines organisierten Zusammenschlusses der katholischen Wohlfahrtspflege war der Priester Lorenz Werthmann, der am 9. November 1897 in Köln den „Charitasverband für das katholische Deutschland" gründete (Moos/Klug 2009, S. 51). Die Verbandsgründung und die Aktivitäten der „frühen katholisch-karitativen Sozialbewegungen" waren nicht amtskirchlich initiiert und wurden deshalb von den Amtsträgern in der Hierarchie der katholischen Kirche „argwöhnisch beäugt". (Boeßenecker/Vilain 2013. S. 81) Folglich waren die ersten Jahrzehnte der Verbandsarbeit schwierig und in Bezug auf die kirchlichen Entscheidungsstrukturen hindernisreich.

Nach Boeßenecker und Vilain kann von einer Konsolidierung der Verbandsarbeit erst ab den 20er Jahren des 20. Jahrhunderts gesprochen werden (Boeßenecker/Vilain 2013, S. 84). Schwierige Zeiten begannen mit der Machtergreifung der Nationalsozialisten im Jahr 1933. Den NS-Staat konnte der Caritasverband – anders als die Arbeiterwohlfahrt und die jüdische Wohlfahrtspflege – mit einer mitunter ambivalenten Haltung gegenüber dem Regime überstehen.

„Allerdings verließ der caritative Katholizismus den NS-Staat anders, als er in ihn
eingetreten war: Er war pfarrgemeindlicher, kirchlicher, organisierter, hierarchi-
scher geworden. Trotz seiner Einbindung in den NS-Staat bezog er – eingedenk der
antikirchlichen Maßnahmen und der Krankenmorde des Systems – ein hohes Selbst-
bewußtsein aus dem Selbstverständnis, Gegner des Systems und Verkörperung einer
siegreichen weltanschaulichen Alternative gewesen zu sein" (Frie 1997, S. 35).

Unmittelbar nach Kriegsende spielte der „Caritasverband" eine wichtige Rolle bei
der Versorgung der notleidenden Bevölkerung und konnte sich in den Folgejahren
als größter und einflussreicher Wohlfahrtsverband in der jungen Bundesrepublik
etablieren. Mit der Wiedervereinigung endete auch für die „Caritas", die erzwun-
gene Trennung, die die Teilung Deutschlands bewirkt hatte. Die bislang in der
DDR tätigen „Caritasverbände" wurden neu- oder wiedergegründet und Mitglied
im „Deutschen Caritasverband" (Moos/Klug 2009, S. 52).
    Die heutigen Ziele, Aufgaben, theologischen Grundlagen, Organisations- und
Leistungsprofile wurden im Leitbild von 1997 dargelegt, das allen Gliederungen
des „Caritasverbandes" als Orientierung und Richtschnur dient. Die richtungswei-
senden Positionen sind in der Präambel festgehalten. Darin heißt es:

„Caritas ist konkrete Hilfe für Menschen in Not. Richtschnur ihrer Arbeit sind Wei-
sung und Beispiel Jesu Christi."
„Die Hinwendung zu den Hilfebedürftigen und die Solidarität mit ihnen ist prakti-
zierte Nächstenliebe."
„Sie ist Aufgabe und Verpflichtung eines jeden Christen."
„Sie ist zugleich Grundauftrag der Kirche."
„Aus christlicher Verantwortung leistet Caritas vielfältige Hilfe mit und für
Menschen."
„Als Wohlfahrtsverband der katholischen Kirche wirkt der Deutsche Caritasver-
band an der Gestaltung des kirchlichen und gesellschaftlichen Lebens mit."
„Maßgebend für seine Tätigkeit sind der Anspruch des Evangeliums und der Glaube
der Kirche."
„Durch sein Wirken trägt er zur öffentlichen Beglaubigung der kirchlichen Verkün-
digung bei" (Caritasverband 1997).

Die Formulierungen zeigen deutlich, dass eine sehr enge Verbindung zwischen
Kirche und „Cartitasverband" besteht. Die Trägerorganisationen der Caritas verwirklichen durch ihre Praxis – sei es in der Gemeinde-, Jugend-, Altenarbeit, im
Krankenhaus oder in Behinderteneinrichtungen – eine wesentliche Funktion der
Kirche. Das hierin zum Ausdruck gebrachte Selbstverständnis beschreibt die Gliederungen des Caritasverbandes als Bestandteil der Kirche. Das Menschbild und
die Sozialethik bilden dabei die Prämissen:

„Theologisch wird der Mensch beschrieben als Ebenbild Gottes, ein Deutungsrahmen, aus dem heraus sich seine Würde und seine Rechte begründen lassen. Mit der Vermittlung des christlichen Menschenbildes verbunden sind Kenntnisse der christlichen Sozialethik, da das Christentum den Menschen eine bestimmte Gesellschaftsvision, als deren Anwalt nicht zuletzt die Caritas – als gesellschaftspolitischer Akteur – auftritt. Ein Grundverständnis des christlichen Weltbilds (samt des Gottesbildes, auf das es bezogen ist) wird bei allen Mitarbeitenden der Caritas angestrebt" (Reber 2009, S. 63).

Dieser im Zitat ausgedrückte Sachverhalt hat unter anderem weitreichende Folgen für die Gestaltung der Arbeitsverhältnisse. Im kirchlichen Dienst befindliche Mitarbeiterinnen und Mitarbeiter sollen nicht nur Kenntnisse über die Gesellschaftsvision haben, sondern auch ihr Leben entsprechend den grundlegenden Normen der Kirche gestalten. Eine Wiederverheiratung nach der Scheidung oder andere als gravierend empfundene Normenverstöße können die Auflösung des Dienstverhältnisses nach sich ziehen.

Der „Caritasverband" besitzt eine förderalistische Struktur, der eine Vielzahl formal selbstständiger Rechtsträger angehören. Neben 27 „Diözesan-Caritasverbänden" mit über 450 Orts- und Kreisverbänden gibt es 52 zentrale Fachverbände, Arbeitsgemeinschaften und 6 Ordensgemeinschaften. Darüber hinaus gibt es eine Vielzahl von gemeinnützigen Unternehmensgesellschaften, Stiftungen und weitere Ordensgemeinschaften, die dem Caritasverband mittelbar zugeordnet werden können (Boeßenecker/Vilain 2013, S. 96). Auf die innerverbandliche Willensbildung und Gestaltung des Gesamtverbandes und der Diözesanverbände üben Vertreter der Amtskirche einen erheblichen Einfluss aus.

1.4.2   „Diakonisches Werk der Evangelischen Kirche"

Das „Diakonische Werk" ist mit geringem Abstand zum „Caritasverband" der zweitgrößte Wohlfahrtsverband in Deutschland. Auch die „Diakonie" kann beeindruckende Kennzahlen aufweisen. Die Einrichtungsstatistik aus dem Jahr 2012 (Diakonie Deutschland 2013) weist 450.000 hauptamtliche und ca. 700.000 ehrenamtliche Mitarbeiterinnen und Mitarbeiter aus, die in 28.100 ambulanten und stationären Einrichtungen ihre Dienste verrichten. Die „Diakonie" konnte wie der „Caritasverband" im Jahr 2012 ein Wachstum verzeichnen. Die Anzahl der Einrichtungsangebote erhöhte sich um vier Prozent. Parallel hierzu stieg die Zahl der Mitarbeiterinnen und Mitarbeiter um 2 Prozent (Diakonie Deutschland 2014, S. 9).

Das heutige „Diakonische Werk" wurde im Jahr 1975 gegründet. Der neue Wohlfahrtsverband der evangelischen Kirche entstand aus der Zusammenführung

von „Innerer Mission" und „Hilfswerk". Die Geschichte der „Inneren Mission"
(„Centralausschuss für Innere Mission der deutschen evangelischen Kirche")
reicht zurück bis ins Jahr 1849 und ist eng verbunden mit dem Wirken des Hamburger Theologen Johann Hinrich Wichern.

> „In Wicherns Konzept der ‚Inneren Mission' verbanden sich humanitäre Bestrebun-
> gen, Menschen in sozialer Not unmittelbar zu helfen, mit Motiven kirchlich-reli-
> giöser Missionierung. Durch soziale und seelsorgerische Betreuung sollten große
> Bevölkerungsgruppen, die ohne Bezüge zur Kirche lebten […] zum christlichen
> Glauben zurückgeführt werden" (Merchel 2008, S. 106).

Die „Innere Mission" befand sich zu Anfang „in einem gespannten Verhältnis
zur evangelischen Kirche", da die Aktivitäten der neuen Vereinigungen außerhalb
der damals kirchlich anerkannten Handlungsfelder stattfanden (Merchel 2008, S.
106). Die umfangreichen Aktivitäten der in der Bewegung aktiven Privatpersonen
und Pastoren führten überall in Deutschland zu Gründungen von Verbänden, die
sich in rechtlich selbstständigen Einrichtungen um die Belange von Kranken und
weiteren hilfsbedürftigen Menschen bemühten. In der Folgezeit entwickelten sich
in der „Inneren Mission" neben regionalen Strukturen auch Fachverbände, die sich
intensiv mit fachspezifischen Fragen befassen konnten. (Merchel 2008, S. 108)
    Das zweite Hilfswerk, aus dem das heutige „Diakonische Werk" hervorging,
war das in Jahr 1945 gegründete „Hilfswerk der Evangelischen Kirche Deutschlands". Anders als die „Innere Mission" war das „Hilfswerk" ein Bestandteil der
Evangelischen Kirche. Das „Hilfswerk" verfolgte auch keine volksmissionari-
schen Aktivitäten, sondern widmete sich in der Nachkriegszeit dem kirchlichen
Wiederaufbau und der Linderung von Notlagen. Aufgrund von Überschneidungen
in den Arbeitsfeldern kam es nach dem Wiederaufbau zu „Rivalitäten und Effekti-
vitätsverlusten" und es wurde auf der Grundlage von Kirchengesetzen ab 1957 der
sukzessive Zusammenschluss von „Innerer Mission" und „Hilfswerk" eingeleitet,
der im Jahr 1976 abgeschlossen werden konnte (Mecheril 2008, S. 110f.).
    Die theologischen Grundlagen und Handlungsgrundsätze sind in einem Leit-
bild festgehalten.

> „Das Leitbild des Diakonischen Werks der Evangelischen Kirche in Deutschland
> will Orientierung geben, Profil zeigen, Wege in die Zukunft weisen. Wir in der Dia-
> konie sagen damit, wer wir sind, was wir tun und warum wir es tun. Mit dem Leitbild
> beschreiben wir, wie Diakonie ist, und mehr noch, wie sie sein kann. Ob diese Dia-
> konie von morgen Wirklichkeit wird, hängt von unserer Bereitschaft ab, das Leitbild
> gemeinsam mit Leben zu erfüllen. Wir nehmen uns vor, das Leitbild in unserer täg-
> lichen Arbeit vorzuleben, es verbindlich und überprüfbar zu machen. Wir verstehen
> es als Selbstverpflichtung. Das Kronenkreuz ist unser Zeichen."

„Wir orientieren unser Handeln an der Bibel."
„Wir achten die Würde jedes Menschen"
„Wir leisten Hilfe und verschaffen Gehör."
„Wir sind aus einer lebendigen Tradition innovativ."
„Wir sind eine Dienstgemeinschaft von Frauen und Männern im Haupt-
und Nebenamt."
„Wir sind dort, wo Menschen uns brauchen."
„Wir sind Kirche."
„Wir setzen uns ein für das Leben in einer Welt"[13] (Diakonie, Leitbild).

Nach Merchel weist der Organisationsaufbau des „Diakonischen Werkes" viele
Gemeinsamkeiten mit dem Organisationsaufbau der „Caritas" auf. „Er ist geprägt
von zwei Strukturprinzipien: dem Regionalprinzip und dem Fachprinzip. In der
regionalen Gliederung gehören dem Bundesverband des Diakonischen Werkes die
Diakonischen Werke der jeweiligen Landeskirchen an. Daneben haben sich [...]
Fachverbände gebildet" (Merchel 2008, S. 112). Das „Diakonische Werk" verfügt
über eine föderale Struktur. Es umfasst 22 Landesverbände und 81 Fachverbände
(Moos/Klug 2009, S. 55). Die Arbeit der einzelnen Gliederungen basiert auf sub-
sidiären Prinzipien. Die Mitglieder gestalten ihre Arbeit weitgehend selbstständig
(Boeßenecker/Vilain 2013, S. 129).

1.4.3 „Zentralwohlfahrtsstelle der Juden in Deutschland" (ZWST)

Der dritte bekenntnisorientierte Spitzenverband der Wohlfahrtspflege ist die „Zentralwohlfahrtsstelle der Juden in Deutschland" (ZWST). Unter den sechs Spitzenverbänden der Wohlfahrtspflege in Deutschland ist die ZWST mit Abstand der
kleinste Wohlfahrtsverband.

„Die ZWST vertritt rund 102.000 Mitglieder (31.12. 2012) in 17 jüdischen Landesverbänden, 8 selbständigen jüdischen Gemeinden sowie den jüdischen Frauenbund.
Das soziale Engagement der ZWST umfasst u.a. Freizeiten und Erholungsmaßnah-
men für Senioren und Jugendliche, ein professionelles Aus- und Fortbildungsange-
bot und unterstützt die soziale Arbeit in den jüdischen Gemeinden. Dazu kommen
vielfältige Projekte für spezifische Zielgruppen, wie z.B. Menschen mit Behinderung und Überlebende des Holocaust" (BAFGW 2014, S. 49).

---

13 Das Leitbild Diakonie und ihre Erörterung ist auf der Homepage der Diakonie unter
http://www.diakonie.de/leitbild-9146.html komplett zu lesen.

Die ZWST blickt auf eine nahezu hundertjährige Geschichte zurück. Gegründet wurde die „Zentralwohlfahrtsstelle der deutschen Juden" im Jahr 1917 von einem Initiatorenkreis, in dem die Vorsitzende des „Jüdischen Frauenbundes", Bertha Pappenheim, eine maßgebliche Rolle spielte. Der Verband wurde ins Leben gerufen, um die vielfältigen sozialen Aktivitäten der damals blühenden jüdischen Gemeinden zu koordinieren (ZWST 2). In der ersten Phase der nationalsozialistischen Gewaltherrschaft übernahm die ZWST zunehmend die Aufgabe ausfallende staatliche Sozialleistungen mit eigenen Hilfeleistungen zu kompensieren. Die vollständige Zerschlagung der organisierten jüdischen Wohlfahrt erfolgte im Juli 1939 (Merchel 2008, S. 115).

Im Jahr 1951 wurde die ZWST neu gegründet. Die wichtigste Aufgabe bestand in den fünfziger Jahren des 20. Jahrhunderts darin, die unermessliche Not der Überlebenden der Schoah zu lindern. „Schwerpunkte der der jüdischen Wohlfahrtspflege nach 1951 waren zunächst die Gewährung materieller Hilfen, die Sozialberatung, [...] Hilfen bei der Bewältigung von psychosozialen Spätfolgen der traumatischen Erlebnisse aus der Zeit des Nationalsozialismus. Altenhilfe und Aktivitäten in der Jugendarbeit waren und sind weitere Schwerpunkte [...]" (Merchel 2008, S. 116). Große Veränderungen und Herausforderungen brachte der Mauerfall von 1989. Der hiernach einsetzende Zuzug jüdischer Menschen aus Osteuropa – insbesondere aus der ehemaligen Sowjetunion – führte in vielen Gemeinden zu einer Vervielfachung der Mitgliederzahlen. Parallel hierzu nahmen die Aktivitäten der ZWST erheblich zu. Im Fokus der gemeindlichen Aktivitäten standen vor allem vielfältige Beratungs- und Bildungsangebote, die die Integration der zugewanderten Gemeindemitglieder unterstützten (ZWST 2).

Ebenso wie „Diakonie" und „Caritas" verfügt auch die ZWST über ein theologisch fundiertes Leitbild. Von zentraler Bedeutung ist der Bezug auf den Begriff *Zedaka*.

„Der hebräische Begriff Zedaka bedeutete ursprünglich ausschließlich Gerechtigkeit [...] Erst allmählich entwickelt sich der Begriff zu einer allgemeingültigen Bezeichnung für Wohltätigkeit. Zedaka ist keine Wohltätigkeit im christlichen Sinne, keine Mildtätigkeit, kein Almosengeben, sondern ein Gebot zum Schutz der Benachteiligten – mehr noch, sie ist eine Mitzwa, deren Befolgung sowohl dem Gebenden als auch dem Empfänger zugute kommt. Die christliche oder nichtjüdische Grundlage der Wohltätigkeit ist die Liebe zu den Mitmenschen, die Spendenbereitschaft hängt von der persönlichen Einstellung, vom Mitgefühl des Spenders ab. Basierend auf der Gerechtigkeit ist die Zedaka dagegen eines der wichtigsten Gebote des jüdischen Religionsgesetzes und muss von jedem Juden erfüllt werden" (ZWST).

Die ZWST ist ihrem Selbstverständnis nach eine Organisation für jüdische Wohlfahrtspflege und bietet daher – anders als die anderen Wohlfahrtsverbände – ihre
fürsorgerischen und pädagogischen Aktivitäten in ausschließlich für die ca.
102.000 Mitglieder der jüdischen Gemeinden an.

1.4.4 „Deutsches Rotes Kreuz"

Neben den aufgeführten bekenntnisgebundenen Wohlfahrtsverbänden gibt es in
Deutschland drei säkulare Wohlfahrtsverbände, die gleichfalls auf eine lange
Tradition zurückblicken können. Eine besondere Rolle spielt das „Deutsche Rote
Kreuz" (DRK), das neben seiner Funktion als Wohlfahrtsverband die Funktion
einer nationalen Hilfsorganisation im Kontext der internationalen Rotkreuz- und
Halbmondbewegung wahrnimmt. Das DRK ist in Deutschland flächendeckend
und föderal organisiert. Es umfasst den Bundesverband, 19 Landesverbände, den
Verband der Schwesternschaften, 476 Kreisverbände, 33 Schwesternschaften und
die beachtliche Zahl von 4536 Ortsverbänden. Das DRK hat nach Eigenangaben
3,2 Millionen Fördermitglieder, 149.000 hauptamtliche und 400.000 ehrenamtliche Mitarbeiterinnen und Mitarbeiter (Deutsches Rotes Kreuz e.V. 2013, S. 50).
    Die Geschichte der Rot-Kreuz-Verbände reicht weit ins 19. Jahrhundert zurück
und ist auf das Engste mit dem Schweizer Henri Dunan verbunden, der eine Verbesserung verwundeter oder erkrankter Soldaten bewirken wollte. Er zeichnete
maßgeblich verantwortlich für die 1864 erfolgte Verabschiedung der ersten Genfer Konvention „Verbesserung des Loses von verwundeten und kranken Soldaten
im Krieg", die in den einzelnen Ländern von „nationalen Rotkreuzgesellschaften"
umgesetzt werden sollte. In Deutschland wurden die Anliegen der „Genfer Konvention" zügig aufgenommen und es „entstanden mehrere regionale, meist vater-
ländisch gesonnene Männer- und Frauenvereine des Roten Kreuzes, die sich im
Jahr 1908 im ‚Centralkomitee der Deutschen Vereine vom Roten Kreuz' zusam-
menfanden. […] Der Zusammenschluss aller Vereinigungen, die sich in ihrer Auf-
gabenstellung auf die Genfer Konvention und auf das Zeichen des Roten Kreuzes
bezogen, vollzog sich in der Gründung des ‚Deutschen Roten Kreuzes e. V.' im
Jahr 1921" (Merchel 2008, S. 117).
    Ein unrühmliches Kapitel in der Organisationsgeschichte des DRK wurde in
der Zeit der NS-Gewaltherrschaft geschrieben. 1937 wurde das Rote Kreuz unter
„unmittelbare Staatsaufsicht" gestellt und dem Militär angegliedert. Die Tätigkeitsbereiche, die unter der Wohlfahrtspflege subsumiert werden können, wurden
vollständig von der „NS-Wohlfahrtspflege" übernommen. (Merchel 2008, S. 118)
Nach der Zerschlagung des NS-Staates wurde das Rote Kreuz 1950 in der Bundes-

republik und 1952 in der DDR neu gegründet. Nach der Wiedervereinigung löste sich das DRK der DDR auf und die ostdeutschen Verbände wurden 1991 ein Bestandteil des DRK. (Moos/Klug 2009, S. 56)

Ebenso wie alle Spitzenverbände verfügt auch das DRK über ein Leitbild, das kurz und prägnant über die Zielsetzungen und Orientierungen der heutigen Gesamtorganisation und Gliederungen informiert.

> „Wir vom Roten Kreuz sind Teil einer weltweiten Gemeinschaft von Menschen in der internationalen Rotkreuz- und Rothalbmondbewegung, die Opfern von Konflikten und Katastrophen sowie anderen hilfsbedürftigen Menschen unterschiedslos Hilfe gewährt, allein nach dem Maß ihrer Not. Im Zeichen der Menschlichkeit setzen wir uns für das Leben, die Gesundheit, das Wohlergehen, den Schutz, das friedliche Zusammenleben und die Würde aller Menschen ein" (Deutsches Rotes Kreuz e.V. 2015).

Herausgehoben wird insbesondere die „unparteiliche Hilfeleistung" und Neutralität:

> „Wir sehen uns ausschließlich als Helfer und Anwälte der Hilfebedürftigen und enthalten uns zu jeder Zeit der Teilnahme an politischen, rassischen oder religiösen Auseinandersetzungen. Wir sind jedoch nicht bereit, Unmenschlichkeit hinzunehmen und erheben deshalb, wo geboten, unsere Stimme gegen ihre Ursachen" (Deutsches Rotes Kreuz e.V. 2015).

Nach Merchel unterscheidet sich das DRK von den anderen Spitzenverbänden der Wohlfahrt durch seine in Deutschland einmalige Doppelfunktion als nationale Hilfsgesellschaft und Wohlfahrtsverband. Faktisch bedeutet dies, dass ein erheblicher Teil der Leistungen des DRK außerhalb der klassischen sozialen Arbeit angesiedelt ist. Hierdurch nimmt das DRK im Kreise der etablierten Wohlfahrtsverbände eine Sonderstellung ein, die insbesondere in der besonderen Nähe zum Staat ihren Ausdruck findet (Merchel 2008, S. 120). Generiert wird diese durch seine Funktionen im Katastrophenschutz und die Verbindung mit dem militärischen Staatsdienst. Die rechtlichen Regelungen hierzu wurden unter anderem im Rotkreuzgesetz von 2008 festgehalten:

> „• Das Gesetz bestätigt das DRK e.V. als Nationale Gesellschaft des Roten Kreuzes auf dem Gebiet der Bundesrepublik Deutschland und zur freiwilligen Hilfsgesellschaft der deutschen Behörden im humanitären Bereich.
> • Das Gesetz stellt die zentralen Funktionen des DRK heraus, die sich aus den Genfer Abkommen und ihren Zusatzprotokollen ergeben. Dazu gehören insbesondere:

- die Unterstützung des Sanitätsdienstes der Bundeswehr [...]
- die Verbreitung von Kenntnissen über das humanitäre Völkerrecht und die Ideale der Internationalen RK- und RH-Bewegung,
- die Unterhaltung eines Auskunftsbüros [...]
- die Vermittlung von Schriftwechseln [...] sowie die Wahrnehmung des Suchdienstes [...]" (Deutsches Rotes Kreuz 2008).

Die besondere Staatsnähe des DRK findet auch ihren Niederschlag in der Besetzung der Leitungsebenen der Organisation. Nach Merchel bekennt sich das DRK in seinen Leitlinien zu „politischer Neutralität und Unabhängigkeit, jedoch bewirken die personellen und sachbezogenen Verflechtungen, dass eher beharrende, konservative Tendenzen das Bild des DRK prägen" (Merchel 2008, S. 120).

1.4.5 „Arbeiterwohlfahrt" (AWO)

Im Kreise der seit Jahrzehnten fest etablierten Wohlfahrtsverbände nimmt die „Arbeiterwohlfahrt" (AWO) eine besondere Rolle ein, da sie sich weltanschaulich klar positioniert. Im Grundsatzprogramm der „Arbeiterwohlfahrt heißt es: „Wir bestimmen – vor unserem geschichtlichen Hintergrund als Teil der Arbeiterbewegung – unser Handeln durch die Werte des freiheitlich demokratischen Sozialismus: Solidarität, Toleranz, Freiheit, Gleichheit und Gerechtigkeit" (AWO Bundesverband e.V. 2005, S. 8).

Die AWO kann im Kreise der großen Spitzenverbände gleichfalls beeindruckende Zahlen vorweisen. Bundesweit verfügen die Organisationen der AWO über 362.000 Mitglieder. Bei den 14.000 Diensten und Einrichtungen sind 197.000 Mitarbeiterinnen und Mitarbeiter tätig, die von 75.000 ehrenamtlichen Engagierten unterstützt werden. Die AWO unterhält im Bundesgebiet 330.000 Betten bzw. Plätze. Hinzu kommen 2.100 Heime für Kinder und Jugendliche, Alteneinrichtungen, Fort- und Weiterbildungsstätten, Kurheime und Frauenhäuser. Im Kontext der AWO sind ca. 3.500 Selbsthilfegruppen tätig. Darüber hinaus haben sich 800 selbstständige Einrichtungen aus diversen Bereichen der AWO als kooperative Mitglieder angeschlossen (AWO Bundesverband e.V. 2014, S. 6).

Die Gründung der AWO steht in einem engen Zusammenhang mit den verheerenden Kriegsfolgen des 1. Weltkrieges.

„Das Deutsche Reich ist nach dem 1. Weltkrieg zerstört, politisch instabil, wirtschaftlich und sozial ruiniert. Millionen Menschen sind in Not und hungern. Die Kriegsversehrten, die Opfer des Krieges, die Witwen, die Waisenkinder ohne soziale Hilfen. Eine bisher nicht gekannte Massenverelendung in Deutschland fordert die

Selbsthilfe und die praktische Solidarität vieler freiwilliger Helferinnen und Helfer geradezu heraus. Der Gedanke liegt nahe, aus den verschiedenen Organisationen der Arbeiterbewegung eine sozialdemokratische Wohlfahrtsorganisation zu bilden. Doch es ist nicht nur die aktuelle Not der Menschen, die zur Idee einer ‚Arbeiterwohlfahrt' führt. Das politische Ziel sollte sein, die unterdrückende Armenpflege des alten Kaiserregimes abzulösen und die Idee der Selbsthilfe und Solidarität in eine moderne Wohlfahrtspflege hinein zu tragen. Arbeiterinnen und Arbeiter sollten nicht länger nur Objekt der Armenpflege sein. Die Sozialdemokratin Marie Juchacz, […] rief am 13. Dezember 1919 den ‚Hauptausschuss für Arbeiterwohlfahrt' in der SPD ins Leben. Friedrich Ebert, der erste deutsche Reichspräsident, gab dem jungen Wohlfahrtsverband das Motto auf den Weg: ‚Arbeiterwohlfahrt ist die Selbsthilfe der Arbeiterschaft'. So wurde neben der ‚bürgerlichen Wohltätigkeit' ein sozialdemokratischer Wohlfahrtsverband aufgebaut, unter dem man allerdings damals etwas anderes verstand als heute. Die Arbeiterwohlfahrt ist ein Element der sozialdemokratischen Arbeiterbewegung im Übergang vom 19. zum 20. Jahrhundert. Seit ihrer Gründung ist sie eine politische Interessengemeinschaft, deren Mitglieder für soziale Gerechtigkeit und sozialen Fortschritt eintreten, aber die AWO war deshalb niemals eine ausschließlich der Arbeiterschaft dienende Gemeinschaft" (AWO Bezirksverband Oberbayern e.V.).

Die AWO wurde 1919 als Teil der SPD gegründet und war ihrem Selbstverständnis nach in der Weimarer Republik kein reiner Wohlfahrtsverband, sondern eine Organisation, welche die soziale Frage auch im politischen Raum kämpferisch zu vertreten wusste. Im Vordergrund der Verbandsaktivitäten standen folglich nicht caritative Tätigkeiten sondern das konsequente Eintreten für eine staatlich organisierte und gelenkte Wohlfahrtspflege. Nach der Machtergreifung des Nationalsozialismus wurden alle Organisationen der Arbeiterbewegung zerschlagen. Viele Funktionäre wurden inhaftiert oder mussten das Land verlassen. Betroffen von der Zerschlagungs- und Repressionswelle war auch die AWO. 1933 wurde der Verband verboten und bestehende Einrichtungen in die „NS-Volkswohlfahrt" zwangsüberführt. Führende Funktionärinnen und Funktionäre – darunter auch die Gründerin der AWO, Marie Juchacz – mussten Deutschland verlassen. Unmittelbar nach dem Kriegsende begann der Wiederaufbau der AWO. 1946 wurde in Hannover die AWO als eigenständige und formal unabhängige Organisation ins Leben gerufen. In Ostdeutschland wurde die AWO nicht mehr zugelassen (AWO Bezirksverband Oberbayern e.V.).

Was die inhaltliche und organisatorische Ausrichtung betraf, ging die AWO in der Bonner Republik neue Wege. Die enge parteipolitische Bindung mit der SPD wurde aufgegeben. Die AWO trat nun als Wohlfahrtsorganisation in Erscheinung, die mit ihren vielfältigen Angeboten auch Menschen außerhalb der Arbeiterschaft erreichen wollte. In den 60er, 70er, und 80er Jahren des 20. Jahrhunderts übernahm die AWO zahlreiche neue Aufgabenstellungen, die mit gesellschaftlichen Trans-

formationsprozessen in Verbindung standen. Erwähnenswert ist insbesondere die
umfassende Betreuung von Arbeitsmigrantinnen und -migranten ab Beginn der
60er Jahre. Heute ist die AWO ein moderner Spitzenverband der Wohlfahrtspflege,
der Kommunen bei der Bewältigung sozialer Probleme und Aufgaben unterstützt.
Die AWO ist in nahezu allen Bereichen des sozialen Lebens tätig (AWO Bezirksverband Oberbayern e.V.).

1.4.6 „Deutscher Paritätischer Wohlfahrtsverband"

Ein gleichfalls säkular orientierter Spitzenverband ist der „Deutsche Paritätische
Wohlfahrtsverband", der über viele Jahre unter dem Kürzel DPWV bekannt war
und sich in jüngeren Eigendarstellungen unter dem Namen der „Der Paritätische"
präsentiert. „Der Paritätische" konnte in den zurückliegenden Dekaden – insbesondere in den siebziger und achtziger Jahren des 20. Jahrhunderts – ein erheb-
liches Wachstum verzeichnen. Heute zählt man mehr als 10.000 unabhängigen
Mitgliedsorganisationen ca. 545.000 Beschäftigte, die in 43.000 Einrichtungen
und Diensten ihre Arbeit verrichten (Deutscher Paritätischer Wohlfahrtsverband
2006, S. 5).

Die Geschichte des „Paritätischen" beginnt unmittelbar nach dem Ende des 1.
Weltkriegs. Bereits im Jahr 1919 schlossen ein sich eine kleine Zahl von konfes-
sionslosen Krankenhausgesellschaften zum „Verband Frankfurter Krankenanstal-
ten" zusammen. Der zunächst kleine Verband wuchs in den Folgejahren als Interessensvertretung der freien Träger und der Fachverband für Gesundheitspflege
entwickelte sich schließlich zu „einem umfassenden Wohlfahrtsverband", der am
7. April 1924 als „Vereinigung der freien gemeinnützigen Wohlfahrtseinrichtungen Deutschlands" gegründet wurde. Der neue Spitzenverband wurde noch im
gleichen Jahr zum „Fünfter Wohlfahrtsverband" umbenannt. Einige Jahre später
erfolgte erneut ein Namenswechsel. Seit 1932 firmiert der Spitzenverband unter
dem Namen „Deutscher Paritätischer Wohlfahrtsverband" (Boeßenecker/Vilain
2013, S. 236f.). Wie das DRK wurde der „Paritätische Wohlfahrtsverband" im Jahr
1934 vom NS-Regime „gleichgeschaltet". Die Dachorganisation wurde aufgelöst.
1948 wurde der Verband unter dem Namen „Deutscher Paritätischer Wohlfahrtsverband e. V." erneut ins Leben gerufen (Boeßenecker/Vilain 2013, S. 130). Ein
sehr schnelles Wachstum erreichte der Spitzenverband ab Mitte der siebziger Jahre
des 20. Jahrhunderts. Hintergrund ist hier das Entstehen zahlreicher Selbsthilfe-
und Initiativgruppen. Diese Organisationen – darunter viele Elterninitiativen –
fanden unter dem Dach des „Paritätischen" eine Interessensvertretung gegenüber
der kommunalen und staatlichen Verwaltung (Merchel 2008, S. 128).

Wie alle Spitzenverbände verfügt auch „Der Paritätische" über ein Leitbild:

„Der Paritätische ist ein Wohlfahrtsverband von eigenständigen Organisationen, Einrichtungen und Gruppierungen der Wohlfahrtspflege, die soziale Arbeit für andere oder als Selbsthilfe leisten. Getragen von der Idee der Parität, das heißt der Gleichheit aller in ihrem Ansehen und ihren Möglichkeiten, getragen von Prinzipien der Toleranz, Offenheit und Vielfalt, will der Paritätische Mittler sein zwischen Generationen und zwischen Weltanschauungen, zwischen Ansätzen und Methoden sozialer Arbeit, auch zwischen seinen Mitgliedsorganisationen. Der Paritätische ist der Idee sozialer Gerechtigkeit verpflichtet, verstanden als das Recht eines jeden Menschen auf gleiche Chancen zur Verwirklichung seines Lebens in Würde und der Entfaltung seiner Persönlichkeit. Der Paritätische fördert das soziale Engagement für den anderen und den Einsatz für die eigenen sozialen Belange. Er hilft den Betroffenen, ihre Interessen zu formulieren, vorzutragen und durchzusetzen. Der Paritätische vertritt mit seinen Mitgliedsorganisationen insbesondere die Belange der sozial Benachteiligten und der von Ungleichheit und Ausgrenzung Betroffenen oder Bedrohten. Der Paritätische wirkt auf eine Sozial- und Gesellschaftspolitik hin, die die Ursachen von Benachteiligung beseitigen, ein selbstbestimmendes Leben ermöglichen und sachgerechte Rahmenbedingungen für eine zeitgemäße soziale Arbeit schaffen" (Deutscher Paritätischer Wohlfahrtsverband 1989, S. 3).

Im Gegensatz zu den bekenntnisorientierten orientierten Wohlfahrtsverbänden teilen die Mitgliedsorganisationen keine gemeinsamen theologischen oder weltanschaulichen Grundlagen. Nach Boeßenecker und Vilain ist die gemeinsame Basis lediglich „grob konstruiert" und beschränkt sich auf die Aspekte „Nichtstaatlichkeit", „konfessionelle Unabhängigkeit" und der ökonomischen Sicherstellung der Mitgliedsorganisationen (Boeßenecker/Vilain 2013, S. 237). Dieser Sachverhalt resultiert aus der Tatsache, dass „Der Paritätische" als ein Spitzenverband fungiert, deren Mitglieder in jedweder Hinsicht ihre volle Autonomie in Anspruch nehmen können. Bundesverband und Kreisverbände verfügen über kein Instrumentarium, das geeignet erscheint in die Geschicke der Mitgliedsorganisationen einzugreifen oder diese gar zu beaufsichtigen. Der Verband kann daher wesentlich als ein Dienstleister der Mitglieder angesehen werden. Die Heterogenität der Interessenslagen lässt zu vielen Sachfragen keine Konsensbildung zu. Folglich sind effiziente Positionierungen der Verbandsspitzen im öffentlichen Raum eher selten.

1.5   Wohlfahrtspflege in der wertepluralen Gesellschaft

Bereits in der Einleitung wurde darauf hingewiesen, dass die Wohlfahrtsverbände in Deutschland seit einigen Jahren vor außerordentlich großen Herausforderungen stehen. Der beständige gesellschaftliche Wandel, der an Dynamik in den zurückliegenden zwei Dekaden erheblich zugenommen hat, brachte für die Grundlagen und Aufgabenstellungen der Träger der Wohlfahrtspflege erheblichen Modifikationen. Insbesondere die SGB-Reformen in den 90er Jahren des 20. Jahrhunderts haben die Tätigkeitsfelder der traditionellen Wohlfahrtsarbeit erheblich verändert. Gravierend war vor allem die Öffnung traditioneller Handlungsfelder für private gewinnorientierte Anbieter. Resultat war in einigen Bereichen – so im Pflegebereich, aber auch Teilen der Jugendhilfe – ein verstärkter Konkurrenzdruck und in Verbindung damit ein Effizienzdenken, welches bis dahin bei den etablierten Trägern der Wohlfahrtsarbeit weitgehend unbekannt war. Neben diesen neuen ökonomischen Problemlagen, die hier nicht weiter ausgeführt werden sollen, gab es auch in gesellschaftlicher Hinsicht Transformationsprozesse, die in den Handlungsfeldern der Wohlfahrt neue Erfordernisse sichtbar machten. Die meisten Veränderungen stehen mit der Pluralisierung der Gesellschaft, zu der die Zuwanderung erheblich beigetragen hat, in einem unmittelbaren Zusammenhang. Nachfolgend sollen die in diesem Kontext entstandenen Herausforderungen und ihre Relevanz für die Wohlfahrtspflege kurz skizziert werden.

Die traditionelle Arbeitsmigration, die ab Beginn der 60er Jahre des 20. Jahrhunderts einsetzte und die derzeit zu beobachtenden globalen Migrationsprozesse, die durch Bürgerkriege, Staatszerfall, ökologische und ökonomische Krisen ausgelöst wurden, haben alle westeuropäischen Gesellschaften nachhaltig verändert. Sichtbar sind diese Veränderungen vor allem in urbanen Siedlungsräumen, in denen Menschen verschiedenster Herkünfte ein dauerhaftes Zuhause gefunden haben. Die sukzessive Veränderung urbaner Lebenswelten führt nicht selten zu Konflikten mit autochthonen Bevölkerungsgruppen, die Pluralisierung mitunter in Verbindung mit gerechtfertigten oder ungerechtfertigten Bedrohungsszenarien wahrnehmen.

Als Beispiel hierfür sei auf das neue Buch des französischen Intellektuellen Alain Finkielkraut verwiesen. In *L'identité malheureuse* versucht sich der Medienintellektuelle mit viel Pathos als Identitätsbeschwörer und behauptet mit düsteren Prophezeiungen das Ende einer Welt in der Montaigne, Pascal, Voltaire und Rousseau zu Hause waren. Die Ursachen hierfür sind schnell benannt. Frankreich, eine noch bis in die siebziger Jahre homogene Nation, habe sich von einer Kulturnation in ein Land von Unterhaltungsindustrie, Kopftüchern, Pluralismus, Flegelhaftigkeit und Gleichmacherei verwandelt. Heute fühle sich der Franzose inmitten zahlreicher Einwanderer fremd auf eigenem Boden. Diese negative Sicht der Dinge ist in Westeuropa leider kein Einzelfall. Der erfolgreiche Aufstieg rechtspopulistischer Bewegungen konnte in nahezu allen europäischen Ländern beobachtet werden. Allen gemein ist die Vorstellung, dass Zuwanderung – aus welchen Gründen sie auch immer erfolgen mag – überwiegend negative Effekte mit sich bringt.

1.5.1   Was ist Pluralisierung?

Der Terminus Pluralisierung beschreibt ohne jede Frage eine der großen gegenwärtigen gesellschaftlichen Herausforderungen. In der öffentlichen Wahrnehmung wird dieses zumeist zwischen einer scheinbar homogenen Zuwanderergruppe und der Residenzgesellschaft aufgespannt. Übersehen wird hierbei, dass Pluralisierung ein außerordentlich vielseitiger Prozess ist, der auch in scheinbar homogenen Gruppen zu einer hohen Diversität an Werteorientierungen und hieraus resultierenden Lebensentwürfen führen kann. Überaus deutlich wird dies bei „den Muslimen", die in den Zuschreibungsdiskursen der Islam- und Zuwanderungsdebatte nicht selten als ein einheitliches Kollektiv zur Darstellung gebracht werden. Trotz stetiger Aufklärungsbemühungen muslimischer Organisationen ist immer noch nicht ausreichend bekannt, dass es „die Muslime" als eine einheitliche Denomination nicht gibt. Folglich ist unbekannt, dass z.B. erhebliche Teile des deutschen Alevitentums faktisch keine Gemeinsamkeiten mit traditionell sunnitisch orientierten Muslimen aufweisen.

Es fehlt ferner ein Bewusstsein darüber, dass eine erhebliche Zahl von Muslimen sich eher religionsfern positioniert. Schließlich sollte darauf hingewiesen werden, dass viele soziale Problemstellungen von Zuwanderergruppen mitunter „islamisiert" werden. Beispiele hierfür bietet z.B. das Themenfeld „Ehre", dass in den Medien häufig mit „dem Islam" in Verbindung gebracht wird. Mit Fakten lässt sich dies zumeist nicht belegen, denn unter den immer wieder präsentierten Gewaltverbrechen mit Ehrhintergründen lassen sich in der Regel keine religiösen Begründungsmuster finden. Unter den Tätern finden sich Menschen unterschiedlicher Herkünfte und Religionen – darunter irakische Yeziden, kurdische Aleviten und religionsferne Muslime.

Darüber hinaus können im beschriebenen Kontext weitere Phänomene beschrieben werden, welche hier mit den Begriffen „Neotribalismus" und selbstkonstruierte religiöse bzw. weltanschauliche Verortung erfasst werden sollen. Im weitesten Sinne können hiermit auch die Phänomene aufgeführt werden, die unter dem Begriff „Fundamentalismus" subsumiert werden. Olivier Roy hat bereits vor einigen Jahren in seinem Werk „Heilige Einfalt" darauf hingewiesen, dass im Umfeld aller großen Weltreligionen in den vergangenen drei Dekaden neue religiöse

Gruppen (oder „Neostämme") entstanden sind, die fundamentalistische Orientierungen aufweisen. Roy bezeichnet diese Strömungen, die einen sehr hohen Anteil an Konvertiten aufweisen, als „Mutation" von Religion. Anders als die traditionellen Religionsgemeinschaften drängen sie auf öffentlich sichtbare Selbstinszenierung und vertreten kompromisslose, eindeutige und auf sich selbst bezogene Vorstellungen. (Roy 2010, S. 20ff.). Wenig bekannt ist, dass diese Gruppen durchaus auch Wohlfahrtsarbeit in ihrem Sinne betreiben. Als Beispiel angeführt sei hier die Arbeit des Vereins „Ansar Deutschland e.V." genannt, der dem neosalafistischen Spektrum zuzurechnen ist. „Ansar" leistet in Deutschland, Syrien, Somalia und vielen anderen Ländern Nothilfe und kann hierbei auf ein beachtliches Spendenvolumen verweisen.[14]

Schließlich sollte darauf hingewiesen werden, dass unter Pluralisierung (der Lebenswelten) auch zahlreiche andere Phänomene gelistet werden können, die weder mit Religion noch mit Zuwanderung in einem Zusammenhang stehen. Als Beispiel sei hier lediglich auf die Pluralisierung der Geschlechterrollen verwiesen. Die klassischen Unterscheidungsmerkmale „männlich" oder „weiblich" sind aus heutiger Perspektive offenkundig nicht mehr geeignet die vorhandenen Einstellungen abzubilden. Aufgrund dieses Sachverhalts hat unlängst „Facebook" in Kooperation mit dem „Lesben- und Schwulenverband" (LSVD) die Geschlechtereinstellungen auf 60 Auswahlmöglichkeiten erweitert. Möglich sind nun auch Begriffe wie „geschlechtslos" oder „viertes Geschlecht" (Breithut 2014). Die Diversität der Geschlechterrollen findet mittlerweile auch ihren Niederschlag in den Handlungsfeldern der Wohlfahrtspflege. So wurde in Düsseldorf im Jahr 2010 vom „Verein für Schwul-lesbische Jugendarbeit Düsseldorf e.V." das Jugendzentrum „PULS" gerüendet. „PULS" ist seinem Selbstverständnis nach ein Jugendzentrum für junge Lesben, Schwule, Bi-, und Transsexuelle und deren Freunde.[15]

1.5.2 Anforderungen für die Träger in der wertepluralen Gesellschaft

Die skizzierten gesellschaftlichen Veränderungen, die mit dem Begriff Pluralisierung erfasst werden können, haben erhebliche Auswirkungen auf die Leistungsangebote, Orientierung und Struktur der Träger der Wohlfahrtspflege, die konfes-

---

14 Informationen zu den diversen Angeboten können der Website: http://www.ansaarduesseldorf.com entnommen werden. (letzter Abruf am 25.05.2015)

15 Informationen zum Selbstverständnis und den Angeboten finden sich auf der Website: http://www.sljd.de/index.php/ueber-uns.html. (letzter Abruf: 25.05.2015).

sionellen Träger im besonderen Maße. Nachfolgend sollen einige wichtige Punkte
skizziert werde. Im Fokus der Betrachtungen stehen die Punkte, die im Kontext
einer islamischen Wohlfahrtspflege Bedeutung beanspruchen können. [16]

1.5.2.1 Leistungsangebote

Das Spektrum der angebotenen Leistungen der Wohlfahrtspflege ist sehr breit angelegt. Entsprechend der unterschiedlichen Bedarfe der differenzierten Zielgruppen umfassen die Dienstleistungen die Bereiche Soziales, Bildung, Beruf, Jugend
und Gesundheit wie die untere Auflistung thematisiert:

Gesundheitshilfe
Längst hat sich bei Krankenhäusern, Pflegediensten und niedergelassener Ärzte-
schaft herumgesprochen, dass die Behandlung, Pflege und Begleitung erkrankter
Menschen sich nicht nur auf die unmittelbare medizinische Behandlung des jeweiligen Leidens beschränken kann. Moderne ganzheitliche Methoden berücksichtigen in einem hohen Maße das emotionale Befinden der Patientinnen und Patienten.
Selbstverständlich spielen in diesem Kontext kulturelle und religiöse Werte und
Normen und daraus abgeleitete alltägliche Verhaltensweisen eine erhebliche Rolle. Überaus deutlich wird dies bei pflegerischen oder medizinischen Handlungen,
die in den Intimbereich eines Menschen eingreifen. Gläubige Muslime, die sich
einer Krankenhausbehandlung unterziehen müssen, erwarten heute, dass ihren
religiösen Normen unaufgefordert ein gewisser Respekt entgegen gebracht wird.
Gleiches gilt für den Bereich der häuslichen Pflege. Ferner erwarten Menschen
in gesundheitlich schwierigen Phasen Trost und Zuspruch. Dies ist im Kranken-
hausbetrieb eine klassische Aufgabe der Krankenhausseelsorge. Leider ist diese
in vielen Häusern auf Angebote christlicher Theologen beschränkt. Angebote für
Muslime und andere Gruppen sind bislang vielerorts eine Ausnahme.

Kinder- und Jugendhilfe
Die stetige Zunahme von Kindergartenplätzen und schulischen Ganztagsangebo-
ten zeigt, dass für Eltern eine verlässliche und pädagogische wertvolle Betreuung
ein wichtiges Gut ist. Katholische oder protestantische Eltern, die in der Erziehung
der Religion eine Bedeutung beimessen, haben in Deutschland mit Sicherheit keine Schwierigkeiten eine Einrichtung ihrer Konfession zu finden. Dieser begrüßenswerte Sachverhalt ist für die „neuen" Religionen, die unter anderem durch
Zuwanderung hinzugekommen sind, in den meisten Fällen nicht gegeben. Musli-

---

16   Die Auflistung erhebt nicht den Anspruch vollständig zu sein.

mische Träger sind selbst in deutschen Großstädten die Ausnahme. Muslimische Eltern verfügen hierdurch nur über sehr eingeschränkte Wahlmöglichkeiten, die nicht in allen Fällen ihren Ansprüchen genügen. Gleiches kann für große Teile der Jugendhilfe konstatiert werden. Selbst in Wohnquartieren, in denen mehrheitlich Muslime leben, gibt es keine öffentlich geförderten Jugendzentren, die von Muslimen für Muslime gemacht werden.

Familienhilfe

In einem engen Zusammenhang mit der Kinder- und Jugendhilfe muss auch die Familienhilfe betrachtet werden. Auch hier hat es in den vergangenen Jahren einen beständigen Ausbau der Einrichtungen gegeben. Erfolgsmodelle sind vielerorts großzügig ausgestatte Familienzentren, die neben der klassischen Betreuung Spielgruppen, Elternkurse, Beratung und vieles mehr anbieten. Auch diese begrüßenswerte Entwicklung ist durch einen erheblichen Makel gekennzeichnet. Denn die Jugendhilfeplanung hat bislang im Regelfall etablierte Träger – also „Caritas", „Diakonie" und die andere Ligaverbände – mit Finanzmitteln für neue Räumlichkeiten und Material bedacht. Das Leitbild der Träger (oft katholisch oder evangelisch) und die weltanschaulichen oder religiösen Orientierungen der Klienten (z.B. muslimisch, alevitisch oder religionslos) sind folglich nicht immer deckungsgleich und so kann es vorkommen, dass muslimische Kinder und deren Eltern die Feste des christlichen Jahreskreises eifrig mitfeiern und die eigenen Feste lediglich eine private Angelegenheit darstellen, die im Gemeinschaftsleben der Einrichtungen keine Berücksichtigung finden. Unzureichend ausdifferenzierte Angebote können auch für den Beratungsbereich konstatiert werden.

Die Zahl der Familien, die Beratungsleistungen und Hilfen zur Erziehung benötigen, wächst seit vielen Jahren beständig. Darunter befinden sich auch viele Menschen mit Zuwanderungshintergrund und verschiedenen religiösen oder weltanschaulichen Orientierungen. Das Leistungsspektrum, das im SGB VIII von § 28-35 unter anderem Erziehungsberatung, Erziehungsbeistand, sozialpädagogische Familienhilfe, Einzelbetreuung und betreutes Wohnen vorsieht, wird von Trägern durchgeführt, deren Mitarbeiterinnen und Mitarbeiter nicht immer mit dem erforderlichen interkulturellen Handlungswissen oder einer ausgebildeten Differenzsensibilität ausgestattet sind. Gerade in der Arbeit mit Familien sind profunde Kenntnisse über kulturell und religiös geprägte Interaktionsmuster der Familienmitglieder und ausreichende Sprachkenntnisse eine wichtige Gelingensbedingung. Fachkräfte müssen hier mit viel Umsicht und Achtsamkeit agieren, um das Vertrauen und die Mitarbeit aller beteiligten Personen zu gewinnen. Eine religiöse Verortung der helfenden Fachkraft kann den Beziehungsaufbau befördern, sie kann aber auch im Falle der Überbetonung kontraproduktiv sein.

Altenhilfe

Zahlreiche Herausforderungen bestehen auch in den Handlungsfeldern der Altenhilfe. Grundsätzlich gilt hier das, was unter dem Stichpunkt Gesundheitshilfe aufgeführt wurde. Heimunterbringung und häusliche Pflege müssen hier auch im Hinblick auf kulturell und religiös tradierte Handlungsmuster maßgeschneidert sein. Ganz besondere Herausforderungen bestehen bei Menschen mit einer Demenzerkrankung, die der ersten Zuwanderergeneration angehören. Ein häufig angewandtes Konzept zum Umgang mit Menschen mit Demenz ist die Validation. Mit speziellen Methoden, die auf das Erkennen und Wertschätzen der Gefühle des betroffenen Menschen zielen, wird versucht die personale Identität der erkrankten Menschen zu erhalten (Messer 2012, S. 15f.).

Derartige Handlungskonzepte können nur dann erfolgreich sein, wenn das Pflegepersonal mit den Lebensumständen der Erkrankten vertraut ist. Hierzu zählen sicherlich auch kulturelle und religiöse Aspekte. Von außerordentlich großer Bedeutung ist die Sprache. Viele ältere Migrantinnen und Migranten sind ihrer Muttersprache in der Alltagskommunikation treu geblieben. Folglich sollte die Ansprache der Erkrankten möglichst in der tatsächlich alltäglich genutzten Sprache erfolgen. Wichtig ist ferner die Beibehaltung strukturierender Alltagshandlungen. Hat z.B. ein muslimischer Patient Zeit seines Lebens fünf Mal am Tag sein Gebet verrichtet, so sollten die Behandelnden die Fortsetzung der Gebetspraxis ermöglichen. Gerade dieses Beispiel zeigt, dass eine konfessionell gebundene Wohlfahrtsarbeit – in diesem Fall eine religiös hinterlegte Altenpflege – kein Artefakt aus einer vergangenen Zeit darstellt. Die Diakonie, aber auch andere Einrichtungen ermöglichen ihren betagten und oftmals mehrfach behinderten Patienten regelmäßige Besuche des Sonntagsgottesdienstes. Ritual und Gemeinschaft können wichtige Elemente einer ganzheitlichen Lebensführung im letzten Lebensabschnitt sein.

Behindertenhilfe

Für die stationären Einrichtungen der Behindertenhilfen müssen hier keine gesonderten Erfordernisse dargestellt werden. Es gelten die Ausführungen unter den Punkten „Gesundheitshilfe" und „Altenhilfe".

Hilfe für besondere soziale Situationen

Hierunter fallen Hilfen für Obdachlose, Zuwanderer, Flüchtlinge, Erwerbslose und Menschen mit Abhängigkeitserkrankungen. Durch die Bürgerkriege in Afrika, Syrien und Irak hat sich auch in Deutschland die Zahl der Asylsuchenden in den vergangenen vier Jahren stark erhöht. Von Januar bis April 2015 konnten die Behörden 114.125 Asylanträge registrieren. Alleine von syrischen Flüchtlingen lagen mehr als 20.000 Anträge vor (Bundesamt für Migration und Flüchtlinge 2015, S.

2). Die Betreuung der Bürgerkriegsflüchtlinge stellt Kommunen und Wohlfahrtsverbände vor sehr große Aufgaben. Es fehlt vor allem an Sozialarbeiterinnen und
Sozialarbeitern mit arabischen Sprachkenntnissen. Ferner fehlt es an qualifizierter
therapeutischer Betreuung und an geschulten muslimischen Seelsorgerinnen und
Seelsorgern, die traumatisierten Flüchtlingen aus Syrien und Irak einen ersten Bei-
stand leisten können.

Aus- und Fortbildung

Den zahlreichen Ausbildungsstätten und Hochschulen für das Pflege-, therapeu-
tische, und pädagogische Personal, die auch in nicht unerheblicher Zahl von den
Kirchen bzw. Wohlfahrtsverbänden betrieben werden, kommt bei der Thematik
werteplurale Gesellschaft eine Schlüsselfunktion zu, da sie das zukünftige Personal für die insgesamt 105.000 Einrichtungen der Wohlfahrtspflege qualifizieren.
Die konfessionell gebundenen Träger „Diakonie" und „Caritas" sind in Deutschland seit Jahrzehnten hervorragend aufgestellt. Wie nicht anders zu erwarten,
bestehen derzeit Defizite bei akademischen Ausbildungsgängen für Studierende
im Fächerbereich der sozialen Arbeit, die eine explizit muslimische Perspektive
erwarten. Unter anderem die Universität Osnabrück und weitere Partner haben
auf diese Sachlage reagiert und arbeiten an der Implementierung des Studienganges „Soziale Arbeit in der Migrationsgesellschaft", der in Kombination mit dem
Fach „Islamische Theologie" angeboten werden soll. Es wäre zu hoffen, dass auch
im Ausbildungsbereich der Pflegekräfte ähnliche Entwicklungen initiiert werden
könnten. Zumindest sollten in den bestehenden Ausbildungsstätten die Curricula
so erweitert werden, dass eine kultur- und religionssensible Pflege verbindlicher
Gegenstand der Ausbildung wird.

Selbsthilfegruppen

Selbsthilfegruppen sind bekanntlich Zusammenschlüsse von Menschen, die sich
mit einem bestimmten Thema – zumeist einer chronischen Erkrankung aber auch
Lebenskrisen oder belastenden Situationen – befassen. Selbsthilfegruppen sind
seit einigen Jahrzehnten für viele Menschen ein erprobtes Instrument der Lebens-
alltagsbewältigung. Trotz der großen Erfolge, die Selbsthilfegruppen erzielen
konnten, ist der Anteil von Migrantinnen und Migranten bislang gering. Ursache
hierfür sind nach Stefan Nickel ein ganzes Bündel von Barrieren und Hemmnis-
sen. Hierzu zählen unter anderem:

• „Schamempfinden sowie Sprach- und Kulturbarrieren"
• „Geringes Problembewusstsein / Selbstvertrauen"
• „Unkenntnis über Möglichkeiten der Selbsthilfe"

- „Schwierigkeiten bei der Kontaktaufnahme"
- „Finanzielle Barrieren"
- „Mangelhafte Bildung und Vorerfahrungen" (zit. in: NAKOS 2012, S. 9).

Beim Abbau dieser Barrieren können Migrantenselbstorganisationen und vor allem Moscheegemeinden einen erheblichen Beitrag leisten. Es bedarf jedoch der Aktivierung und Schulung der Gemeindeakteure. Ferner wäre es erstrebenswert, dass Gemeinden und gemeindenahe Einrichtungen künftig mit eigenen Angeboten in Erscheinung treten.

1.5.2.2 Orientierung und Struktur der Träger – Interkulturelle Öffnung

Die skizzierten Erfordernisse, die mit der Pluralisierung der Gesellschaft einhergehen, sind von den Verantwortlichen in den Wohlfahrtsverbänden und in der Politik schon seit geraumer Zeit zur Kenntnis genommen worden und es hat in den vergangenen zwei Dekaden bei den öffentlichen und freien Trägern der Wohlfahrtspflege Anpassungsprozesse und Innovationen gegeben, die sich als angemessene Antwort verstehen. Im Kontext einer interkulturell geprägten Reformperiode steht seit geraumer Zeit die „interkulturelle Öffnung" im Mittelpunkt der Anstrengungen. Zu diesem Themenfeld hat es zahlreiche Verlautbarungen und Absichtserklärungen gegeben, die nicht immer präzise darlegen, was genau unter interkultureller Öffnung zu verstehen ist. Eine pointierte und nach wie vor hochaktuelle Darstellung der Gesamtthematik bietet Stefan Gaitanides in dem Artikel *„Interkulturelle Öffnung der sozialen Dienste – Visionen und Stolpersteine"* der bereits im Jahr 2004 erschien (Gaitanides, Stefan, 2004). Unter „interkultureller Öffnung" versteht er den Abbau von Zugangsbarrieren, die in den Kategorien 1. Allgemeine Zugangsbarrieren, 2. Strukturelle Zugangsbarrieren und 3. Barrieren in der Organisationsentwicklung gefasst werden können. Gaitanides hat im Laufe seiner langjährigen Forschung eine beeindruckend lange Liste typischer Zugangsprobleme aufgestellt, die aufgrund ihr ungebrochenen Aktualität hier vollständig wiedergegeben werden soll.

„Da sind einmal die Zugangshindernisse auf Seiten der potentiellen Nutzer.

Zugangsbarrieren von MigrantInnen zu Sozialen Diensten

• Informationsdefizite – über Vorhandensein, Struktur und Nutzwert der Angebote
• sprachliche Verständigungsschwierigkeiten
• mangelhaftes Vertrauen in die interkulturelle Verständigungsmöglichkeit
• Erwartung von Vorurteilen gegenüber MigrantInnen und Mangel an Akzeptanz
• kulturell vermittelte Tabus (Scham, Familienehre, Angst vor Stigmatisierung)
• traditionelle Symptomdeutung: externe Verursachung und geringes Bewusstsein
  von eigenen ‚inneren', psychischen Anteilen (magische Deutung, Unfälle, Schick-
  salsschläge, sozialer Stress usw.).
• Soziokulturell vermittelte hohe Leidensbereitschaft und Stolz
• Vorbehalte gegenüber fremdkulturellen ethischen Positionen der Beratungsdienste,
  Unterstellung von Kolonialisierungsabsichten (‚hetzen die Kinder gegen die Eltern,
  die Frauen gegen die Männer')
• Mittelschichtenorientierte Beratungsansätze (nondirektive Gesprächsführung und
  Erarbeitung von Lösungen durch Selbstreflexion erscheint u.U. als Inkompetenz
  oder Mangel an Engagement), geringe Erwartungen an eine rein psychologischper-
  sonalisierende Beratung (folgenlose ‚Labertherapie', wenig lebenspraktische Hilfe)
• Spezialisierte Problemlösungsbearbeitung bzw. Delegation von Teilproblemen an
  andere Einrichtungen wird als Zurückweisung erlebt
• Behörden- und Institutionen-Angst (einschließlich der Angst vor ausländerrecht-
  lichen Folgen) Es gibt aber auch strukturelle Zugangsbarrieren wie (z.B. in der
  Familienbildung) Wohnortferne, Komm-Strukturen, Öffnungszeiten, die mit der
  Lebenswirklichkeit belasteter MigrantInnenfamilien kollidieren.
• Und nicht unerheblich dürfte auch die religiöse Trägerschaft eines großen Teils
  sozialarbeiterischer Einrichtungen sein.
• Barriere ‚christlicher Tendenzbetrieb'" (Gaitanides, Stefan, 2004, S. 7f.).

Zumindest bei der Beseitigung der Zugangsbarrieren von Zugewanderten zu sozialen Diensten und ihrer breitgefächerten Leistungspalette konnten in den vergangenen Jahren vielerorts durchaus Erfolge erzielt werden. Erheblichen Anteil
daran haben unter anderem in Nordrhein-Westfalen die „Kommunalen Integrationszentren" (KI), die die alten RAA-Strukturen im Jahr 2014 abgelöst haben. Die
KI arbeiten mittlerweile in 49 Kommunen und verknüpfen das Vorhaben „Integration durch Bildung" mit der Querschnittsaufgabe Integration.

„Aufgabenschwerpunkte im Bereich ‚Integration als Querschnittsaufgabe' sind bspw.
die Interkulturelle Öffnung der Verwaltung, der KiTa und Schulen, Themen wie Gesundheit, Wirtschaft, Sport und sozialraumorientierte Konzepte. Zum anderen ist dies
im Bereich ‚Integration durch Bildung' die Weiterentwicklung und Ausgestaltung von
Bildungskonzepten entlang der Biografie der Kinder und Jugendlichen" (Kommunale
Integrationszentren 2015).

Die Fortschritte bei der interkulturellen Öffnung der sozialen Dienste und Verwaltung können jedoch nicht darüber hinwegtäuschen, dass es beim Abbau der strukturellen Barrieren und der Barrieren in der Organisationsentwicklung noch einiges zu tun gibt. Zunächst muss konstatiert werden, dass die gegenwärtige Trägerlandschaft nicht die religiösen und weltanschaulichen Orientierungen der Bevölkerung wiedergeben. Dies ist selbst in sozialen Dienstleistungsbereichen der Fall, die erst nach dem Jahr 2000 entstanden sind. So hat die Stadt Düsseldorf z.b. im Schuljahr 2004/2004 die „Offene Ganztagsschule" flächendeckend im Primarbereich eingeführt. Als Partner fungieren hier hauptsächlich freie Träger der Wohlfahrtspflege und Fördervereine. Erstaunlich ist hier, dass abgesehen von den Fördervereinen ausschließlich die etablierten Träger der Jugendhilfe in Erscheinung treten konnten. Selbst in den Stadtteilen, die stark durch Zuwanderung geprägt sind, fanden Organisationen, die im Spektrum der Migrantenorganisationen zu verorten wären, keine Berücksichtigung. Das Düsseldorfer Beispiel ist mit Sicherheit kein Einzelfall. Die interkulturelle Öffnung wird zwar seit Langem diskutiert und gefordert, findet aber in der Trägerlandschaft (Pluralisierung der Trägerlandschaft) lediglich in einem geringen Ausmaß statt.

Ein gewichtiger Grund ist sicherlich in begrenzten Finanzmitteln zu sehen. Wenn es um die Verteilung finanzieller Ressourcen geht, wird im Kreise der Liga jeder neue Verein als unliebsame Konkurrenz angesehen. Erfolgreiche Trägerneugründungen mit hauptamtlichem Personal, die aus migrantischen Zusammenhängen hervorgehen, sind daher eher selten. Hier stellt sich die Frage, warum dieser unbefriedigende Sachverhalt solange Bestand haben kann. Neben begrenzten Finanzmitteln können weitere wichtige Gründe angeführt werden. Ein Problem ist darin zu sehen, dass die Integrationspolitik seit langer Zeit auf sogenannte „Migrantenselbstorganisationen" (MSO) setzt. Viele MSOs sind herkunftshomogen organisiert und verfügen nur über einen geringen Professionalisierungsgrad. Hinzu kommt, dass die Wirkmöglichkeiten dieser Vereine, die als ein Artefakt einer überholten Ausländerpolitik gelten können, gering sind, da sie durchweg nur über geringe Finanzmittel verfügen.

Die kommunale Förderung versorgt den Tross der MSOs seit vielen Jahren mit kleinen Zuwendungen, die in der Regel ehrenamtliches Engagement ermöglichen sollen. Maßnahmen, die eine Professionalisierung bewirken sollten – z.B. durch Fachberater des Paritätischen – war bislang wenig Erfolg beschieden. Das Misslingen des Transformationsprozesses der MSOs hin zu dynamischen und professionell agierenden Akteuren in der Zuwanderungsgesellschaft kann jedoch nicht nur Verwaltung und Politik angelastet werden. Massive Hindernisse bilden teilweise Vereinsstrukturen und Vorstände. Manche Vereinsführungen sind auf ihre Herkunft fixiert. Innovation und Öffnung finden wenig Interesse. Überdies ist eine Überalterung der Mitglieder zu beobachten.

Das Engagement junger Menschen nimmt ab. Ein Weg aus dem skizzierten Dilemma wäre sicherlich die Gründung neuer Trägervereine mit einem modernen Erscheinungsbild, gut ausgebildeten Vorständen und einem Leistungsprofil, das passgenau auf die jeweils spezifischen Erfordernisse der Wohnquartiere zugeschnitten ist. Doch das ist gegenwärtig lediglich in Ansätzen zu beobachten. Vorbilder sind hier Organisationen wie der Kölner Verein „Phoenix e.V."[17], der im Jahr 2002 von Zuwanderern aus Gebieten der ehemaligen Sowjetunion gegründet wurde. Der Verein entwickelte sich binnen weniger Jahre zu einem professionell agierenden Träger der unter anderem mit Erfolg als Integrationsagentur und Jugendhilfeträger tätig ist. Auf eine ähnliche Erfolgsgeschichte kann der Düsseldorfer Verein „AVP e.V."[18] verweisen, der gleichfalls von Menschen aus der ehemaligen Sowjetunion im Jahr 2002 gegründet wurde. Auch „AVP e.V." verzeichnete ein schnelles Wachstum und erreichte in wenigen Jahren die Anerkennung nach § 75 KJHG (anerkannter Jugendhilfeträger). Heute beschäftigt AVP e.V. 40 Mitarbeiterinnen und Mitarbeiter in der Familienberatung, Bildungsarbeit, Jugendarbeit und Kulturarbeit.

Schließlich sind die wichtigen Punkte Organisations- und Personalentwicklung zu thematisieren. Bei der Frage, ob diese den dargestellten Erfordernissen gerecht wird, scheiden sich derzeit die Geister. Insbesondere „Der Paritätische", der bekanntlich eine heterogene Mitgliedschaft vertritt, machte sich das Thema zu Eigen. In Nordrhein-Westfalen, dem mitgliederstärksten Landesverband, veröffentlichte „der Paritätische" einen Leitfaden für die Interkulturelle Öffnung, der auch die Punkte Organisations- und Personalentwicklung umfasst. Darin heiß es unmissverständlich:

> „Den Anteil von Migrantinnen/Migranten in der Mitarbeiterschaft in allen Hierarchien einer Organisation zu erhöhen, ist eine Möglichkeit, interkulturelle Orientierung nach außen unter Beweis zu stellen. Durch die Darstellung dieses Ziels anhand einer konkreten Kennzahl (zum Beispiel zehn Prozent der Stellen bis 2020) kann der für die Zukunft gewünschte prozentuale Anteil an Mitarbeitenden mit Migrationsgeschichte klar kommuniziert werden" (Der Paritätische NRW 2014, S. 17).

Angesichts der Tatsache, dass der Anteil von Migrantinnen und Migranten an der deutschen Gesamtbevölkerung bei ca. 20 Prozent liegt, ist das hier formulierte Ziel von 10 Prozent (bis 2020) nicht besonders hoch. Betrachtet man die Verbandstruk-

---

17   Informationen über Leitbild und Tätigkeitsbereiche können der nachfolgen genannten Website des Vereins entnommen werden. http://www.phoenix-cologne.com/index.php.

18   Informationen unter: http://integrationavp.de/ueber-uns/.

turen „Des Paritätischen" in NRW, so kommt man nicht umhin zu konstatieren, dass die selbstgesetzten Ziele offenkundig noch lange nicht in den Führungsebenen der verbandlichen Gliederungen angekommen sind. Als Beleg hierfür sei auf die Herkunft der Vorsitzenden aus den Kreisgruppen verwiesen. Die Durchsicht der Namensliste für das Jahr 2012 lässt die Vermutung zu, dass an der Spitze der 50 Kreisgruppen keine Menschen mit Zuwanderungshintergrund zu finden sind.[19]

Ähnlich verhält es sich auch bei den anderen großen Verbänden der freien Wohlfahrt. Die gute Nachricht lautet, alle Verbände messen der interkulturellen Öffnung eine erhebliche Bedeutung bei. Gerade die christlichen Verbände zeigen sich hier engagiert. So hat der „Caritasverband" in Stuttgart im Kontext eines Modellvorhabens erhebliche Anstrengungen unternommen, um den Anteil der Beschäftigten mit Migrationshintergrund zu erhöhen. Insgesamt betrachtet ist jedoch eine gewisse Skepsis durchaus angebracht. Denn es muss bei allen Erfolgsmeldungen der Verbände stets gefragt werden, was denn nun genau mit interkultureller Öffnung in der Organisations- und Personalentwicklung gemeint ist. Erstens wäre zu prüfen, ob der Öffnungsprozess z.B. bei „Caritasverband" und „Diakonie" auch Menschen mit anderer oder keiner Religionszugehörigkeit umfasst. Ein Blick in aktuelle Stellenanzeigen des „Caritasverbandes Köln" im Sommer 2015[20] lässt die Vermutung zu, dass bei der Religionszugehörigkeit nach wie vor keine Offenheit gegeben ist, denn in den Ausschreibungen ist jeweils der Satz zu lesen: „Verbundenheit mit dem Leitbild des Caritasverbandes Köln und seinen Unternehmenszielen sowie Mitgliedschaft in einer christlichen Kirche."

Zweitens wäre zu analysieren, welche Beschäftigungsbereiche hier miteinbezogen sind. Anders formuliert: Beschränkt sich der Öffnungsprozess lediglich auf Tätigkeitebereiche mit geringer Entlohnung und Teilzeit (z.B. Reinigungs- und Küchenpersonal, Kinderpflegerinnen usw.) oder sind hiervon auch Bereiche mit guten Gehältern betroffen? Genaue Zahlen zu den Beschäftigten in der freien Wohlfahrtspflege mit Migrationshintergrund liegen leider nicht vor. Es gibt jedoch eine Sonderauswertung des Mikrozensus, die erkennen lässt, dass der Anteil der Fachkräfte mit einem Migrationshintergrund in z.B. Kindertagesstätten lediglich 8 Prozent erreicht. Ferner konnte festgestellt werden,

---

19 Die Kreisgruppenvorsitzenden sind im Jahresbericht von 2012 namentlich aufgeführt. http://flipviewer.paritaet-nrw.org/Jahresbericht_2012_2013_gross/flipviewerxpress. html. (letzter Abruf: 06.06.2015).

20 http://caritas.erzbistum-koeln.de/koeln-cv/arbeitgeber_caritas/stellenangebote/ (letzter Abruf 06.06.2015).

„dass die Fachkräfte mit Migrationshintergrund überproportional häufig in atypi-
schen Beschäftigungsverhältnissen mit einer wöchentlichen Arbeitszeit von unter 21
Stunden beschäftigt sind (29 Prozent im Vergleich zu 18 Prozent bei den Fachkräften
ohne Migrationshintergrund), wobei 39 Prozent der teilzeitbeschäftigten Fachkräfte
mit Migrationshintergrund gerne mehr arbeiten würden (verglichen mit 30 Prozent
bei den Fachkräften ohne Migrationshintergrund). Hinzu kommt, dass 24 Prozent
der Fachkräfte mit Migrationshintergrund befristet beschäftigt sind, was bei den
Fachkräften ohne Migrationshintergrund nur für jede zehnte zutrifft" (AGJ 2011,
S. 5).

Auch wenn an dieser Stelle keine präzisen Zahlen präsentiert werden können, zeigen die Beispiele offenkundig, dass Menschen mit Zuwanderungshintergrund und
einer nichtchristlichen Religionszugehörigkeit nicht bei allen Trägern der Wohlfahrtspflege wirklich gute Karrieremöglichkeiten haben. Dieser Sachverhalt ruft
insbesondere bei einigen migrantisch geprägten Organisationen seit ein paar Jahren wachsenden Missmut hervor. Manche sind auch nicht mehr gewillt langwieri-
ge Entwicklungen abzuwarten und haben zwischenzeitlich auf der Verbandsebene
neue Fakten geschaffen. So haben die „Türkische Gemeinde in Deutschland", der
„polnische Sozialrat", der „Bund der spanischen Elternvereine in der Bundesrepublik Deutschland" und weitere Organisationen im Juni 2014 einen neuen Wohlfahrtsverband gegründet, der den Namen „Verband für interkulturelle Wohlfahrtspflege, Empowerment und Diversity" (VIW) trägt.

Der Leitgedanke des neuen Verbandes wird im ersten Positionspapier formuliert: „Wir möchten die transethnische und transkulturelle Perspektive der Migran-
tengruppen in die gemeinsame Gestaltung der Zukunft unseres Landes einbringen" (Verband für interkulturelle Wohlfahrtspflege, Empowerment und Diversity
2014, S. 1). In den weiteren Ausführungen des Gründungspapiers wird auch pointiert Kritik an den etablierten Ligaverbänden geübt.

„Deutschland und seine Bevölkerung haben sich in den letzten Jahrzehnten entscheidend verändert. Die Pluralität der heutigen Gesellschaft bildet sich in den bestehenden Strukturen der Wohlfahrtspflege in ihren Planungs- und Entscheidungsprozes-
sen nicht ausreichend ab. […]"

In den deutschen Verbänden spielen (mit wenigen Ausnahmen) weder die migrantischen Vereine noch die Personen mit Migrationshintergrund eine (mit-) entscheidende Rolle. Deutsche Organisationen und Verbände nehmen bisher quasi
kommissarisch die Interessen der Personen mit Migrationshintergrund (und Migrantenorganisationen) wahr. Die Pluralität der Bedürfnisse verschiedener Zielgruppen, wie die Pluralität der Formen sich im eigenen Umfeld (Sozialraum) zu

engagieren findet kaum Eingang in Planungs- und Vergabeprozesse" (Verband für interkulturelle Wohlfahrtspflege, Empowerment und Diversity. 2014, S. 3).

Ob diese Neugründung, der bislang nur wenige Organisationen angehören, Erfolge beschieden sein wird, kann zum gegenwärtigen Zeitpunkt noch nicht abgesehen werden. Ungeachtet dieser offenen Frage setzt die Neugründung ein deutliches Signal gegenüber den etablierten Trägerstrukturen der Wohlfahrtsliga. Die Zeiten der asymmetrischen und paternalistischen Migrantendiskurse gehen offenkundig dem Ende entgegen. Mit alten verkrusteten Strukturen, die Migranten und ihre Organisationen weitgehend ausschließen, ist eine moderne, auf Partizipation angelegte Wohlfahrtsarbeit nicht zu machen. Ein Paradigmenwechsel scheint überfällig.

Zu einem solchen Paradigmenwechsel gehört mit Sicherheit auch das Thema interreligiöse Öffnung, das bislang lediglich im Windschatten der interkulturellen Öffnung diskutiert wurde. Wenn z.B. die „Caritas" in Wohngebieten mit überwiegend muslimischer Bevölkerung Integrationszentren und andere Einrichtungen betreibt, die explizit mehrheitlich muslimische Kundschaft ansprechen, kann auch nach der religiösen Orientierung der dort beschäftigten Mitarbeiterinnen und Mitarbeiter gefragt werden. Der Ausschluss von Muslimen und Menschen mit nichtchristlichen Bekenntnissen kann auf die Dauer nicht hingenommen werden. Abhilfe brächten hier ohne jede Frage muslimische Träger. Sie könnten insbesondere in den urbanen Wohnquartieren die konfessionell gebundenen Leistungsangebote der etablierten christlichen Träger sinnvoll erweitern. Für einen solchen Prozess gelten allerdings drei wichtige Prämissen. Die erste Prämisse betrifft Muslime und ihre Organisationen und Verbände. Wie die weiteren Ausführungen in einem späteren Kapitel zeigen werden, besteht multipler Handlungsbedarf bei Strukturen und Personal.

Die zweite Prämisse betrifft die Politik in Bund Länder und Kommunen. Trägergründungen ist nur dann Erfolg beschieden, wenn Sie von der öffentlichen Hand zur Kenntnis genommen werden und wenn der ernsthafte Wille zur Anerkennung und anschließenden Förderung besteht. Wünschenswert wäre darüber hinaus eine fachliche Flankierung in der Gründungsphase. Der Weg eines Jugendhilfeträgers zur Anerkennung nach § 75 KJHG ist mitunter hindernisreich und beschwerlich. Eine gezielte Fachberatung kann mit geringem Aufwand den Weg zur Anerkennung erheblich verkürzen. Die vierte Prämisse betrifft die etablierten Verbände der Wohlfahrtsliga. Für viele Träger gab es in ihren Handlungsbereichen in den Kommunen seit Jahrzehnten keine Konkurrenz. Deshalb ist es nicht verwunderlich, dass nahezu alle Träger – trotz so mancher Krise – stetig wachsende Beschäftigtenzahlen zu vermelden hatten. Aufgrund ihrer „Marktmacht" sind die großen Verbände bei Ausschreibungen und Vergabeverfahren gegenüber kleineren

Organisationen stets im Vorteil. Sie sitzen in allen wichtigen Gremien – so in der AG § 78 und ihren diversen Untergruppen – und können auf Planung und Verwaltung Einfluss nehmen. Neue Organisationen haben nur dann eine Chance, wenn sie die Möglichkeit auf Förderung haben. Die großen Verbände können einen wichtigen Beitrag zur Pluralisierung der Trägerlandschaft leisten, wenn sie sich bei der Ressourcenvergabe in Zurückhaltung üben.

Muslimische Wohlfahrtspflege

2

Theologische Grundlegung
aus den islamischen Quellen und der Historie

Nachdem im vorausgegangenen Kapitel die freie Wohlfahrtspflege, die gesetzlichen Rahmenbedingungen und die Akteure sowie die aktuellen Herausforderungen vorgestellt wurden, bietet das folgende Kapitel einen Einstieg in die muslimische Wohlfahrtspflege und seine theologischen und historischen Grundlagen. Die Reflexion dieser theoretischen Grundlegungen erfährt für Muslime deshalb eine große Wichtigkeit, da sie es ihnen ermöglicht, sich mit ihrem Gottesbild, ihrem Menschenbild sowie ihrem Verständnis von einer Wohlfahrt in das vorhandene Feld der freien Wohlfahrtpflege einzubringen.

Des Weiteren bietet dieser Reflexionsprozess Verknüpfungspunkte für die christlichen Partner, um sich in einem interreligiösen Diskurs im Kontext eines säkularen Umfeldes als konfessionelle Anbieter der freien Wohlfahrtspflege über die gegenwärtige Legitimation auszutauschen. Zwar steckt die Grundlagenforschung für eine muslimische Wohlfahrtspflege noch in den Kinderschuhen, doch die Konzeption einer muslimischen Wohlfahrtspflege in Deutschland – als eine „fürsorgende oder beaufsichtigende Tätigkeit, die das Gedeihen und Wohlbefinden eines anderen bezweckt" und „Bestandteil des Systems der sozialen Sicherung" (Hüdepohl 1996, S. 12) ist – beginnt trotzdem nicht bei Stunde „Null". Sie blickt auf eine jahrhundertelange muslimische Tradition in der Fürsorge für sozialbedürftige Menschen und Personengruppen zurück.

Beim Aufbau einer muslimischen Wohlfahrtspflege hierzulande können diese Erfahrungen nicht nur die Legitimität eines neuen Berufsbildes garantieren, sondern zugleich Impulse für die inhaltliche bzw. theoretische Gestaltung der unterschiedlichen Felder der sozialen Arbeit liefern. Denn Theologie als Bezugswissenschaft einer genuin konfessionellen Sozialarbeit schöpft ihre Legitimation nach Stephanie Bohlen darin, dass sie dazu verhelfen soll, „die Wahrnehmung soziale Probleme und die Sensibilisierung für menschliches Leiden" sowie eine „kritische Beurteilung der Gesellschaft" zu fördern und dem Menschen Hoffnung für eine „menschlichere Gesellschaft" zu geben (vgl. Bohlen 2006, S. 302ff.).

Zugleich sollen die Analysen der theologischen Quellen Ansätze einer muslimischen Individual- und Sozialethik begründen, die als Grundlage für die Muslime in Deutschland dafür dienen kann, sich mit den Kirchen gemeinsam in den Diskurs über aktuelle Gesellschaftstheorien und -kritik einzubringen. Aus einer Gottesbeziehung heraus nehmen dabei die Schlüsselbegriffe *Gerechtigkeit, Verantwortung* und *Solidarität* eine zentrale Rolle ein. Ebenso lassen sich zentrale sozialpolitische Prinzipien aus dem *sozialen Verantwortungsbewusstsein* ableiten, das in den koranischen Prinzipien für eine humane Gesellschaft vorausgesetzt wird. Vor diesem Hintergrund soll in diesem Kapitel die Grundzüge einer theologischen und historischen Wohlfahrtspflege rekonstruiert werden, um auf dieser Grundlage die Konturen einer genuin „muslimischen Diakonie" zu gewinnen und um Impulse für einen vertiefenden theologischen Diskurs in Deutschland zu liefern. Erste Denkanregungen zu dieser wichtigen theologisch-philosophischen Frage sollen folglich mit den folgenden Ausführungen gegeben werden.

2.1 Das Gottesbild im Islam

In seiner Rede vor einem Abschlussjahrgang eines US-Colleges greift der Schriftsteller David Foster Wallace folgende „didaktische Parabel" auf, um die unterschiedliche Deutung der Realität bzw. des eigenen Schicksals durch die Menschen zu veranschaulichen:

> „Sitzen zwei Männer in einer Bar irgendwo in der Wildnis von Alaska. Der eine ist religiös, der andere Atheist, und die beiden diskutieren über die Existenz Gottes mit dieser eigentümlichen Beharrlichkeit, die sich nach dem, sagen wir mal vierten Bier einstellt. Sagt der Atheist: ‚Pass auf, es ist ja nicht so, dass ich keine guten Gründe hätte, nicht an Gott zu glauben. Es ist nämlich nicht so, dass ich noch nie mit Gott oder Gebeten experimentiert hätte. Letzten Monat erst bin ich wie weg vom Camp in so einen fürchterlichen Schneesturm geraten, ich konnte nichts mehr sehen, hab mich total verirrt, vierzig Grad unter Null, und da hab ich's gemacht, ich hab's probiert: Ich bin im Schnee auf die Knie und hab geschrien: ‚Gott, wenn es dich gibt, ich stecke in diesem Schneesturm fest und sterbe, wenn du mir nicht hilfst!'. Der religiöse Mann in der Bar schaut den Atheisten ganz verdutzt an: ‚Na, dann musst du jetzt doch an ihn glauben', sagt er. ‚Schließlich sitzt du quicklebendig hier.' Der Atheist verdreht die Augen, als wäre der religiöse Typ der letzte Depp: ‚Quatsch, Mann, da sind bloß zufällig ein paar Eskimos vorbeigekommen und haben mir den Weg zurück ins Camp gezeigt'" (Wallace 2014, S. 12f.).

Diese kurze Parabel beinhaltet theologische, aber insbesondere religionssoziologische Interpretationsmöglichkeiten, die auch für eine religiös motivierte Sozialarbeit heranzuziehen sind. Eine objektive Realität existiert demnach nicht, sondern ist von subjektiven Zugängen und Überzeugungen abhängig. Daten und Fakten mögen objektiv sein, doch die Interpretation dieser ist sehr subjektiv. Um die sehr komplexe und unberechenbare Realität zu verstehen bzw. „beherrschbar" zu machen, arbeiten Menschen daher mit Sinndeutungen bzw. Orientierungssystemen, denn die scheinbare objektive Welt ist nicht selbsterklärend. Je nach Sinn- und Orientierungsschablone des Einzelnen werden daher existentielle Herausforderungen im menschlichen Leben unterschiedlich gedeutet. Für den Atheisten in der Parabel ist das glückliche Zusammentreffen mit den Eskimos daher kein göttlicher Akt, sondern reiner Zufall. Auch ohne sein Gebet wäre nach seiner Deutung Hilfe infolge glücklicher Umstände herbeigeeilt. Für den gläubigen Menschen dagegen stellt dieses kein zufälliges Zusammentreffen dar, sondern göttliche Fügung, ein direktes Ergebnis des vorher gesprochenen Bittgebets. Eine transzendente Kraft interveniert und setzt andere Menschen in Gang, um dem Flehenden aus einer Not zu retten.

So gesehen ist das Produkt in beiden Fälle zwar dasselbe, denn in beiden Interpretationen wird der Hilfesuchende gerettet, jedoch steht das Ergebnis in unterschiedlichen Deutungsmustern und hat auch unterschiedliche Konsequenzen für die weitere Lebensführung. Während der Atheist sich immer als ein „Glückspilz" verstehen wird, wird der Gläubige in seinem Glauben an Gott gestärkt sein und womöglich in religiösen Kreisen diese Geschichte seiner göttlichen Rettung immer wieder als Zeugnis der Wahrheit berichten.

Gläubige Menschen führen ihr ganzes Leben innerhalb religiöser Sinn- und Orientierungssysteme, die für sie bei der Krisenbewältigung im Alltag als spirituelle Stützen fungieren. Soziale Probleme und Fragen mögen für alle Betroffenen dieselben sein, die Art der Copingstrategien im Sinne von Akzeptanz und sinnvoller Einordnung in die eigene Biografie unterscheiden den jüdischen, christlichen oder muslimischen Hilfesuchenden von eher materialistisch oder atheistisch orientierten Menschen, die eben eine andere Lebensphilosophie befolgen. Unabhängig davon, dass die rein „weltlichen" Methoden der Sozialarbeit für alle Hilfesuchenden dieselben sind, unterscheidet sich daher ein theologisch begründetes Hilfeangebot in der Art und Weise, wie mit Krankheiten, unvorhersehbaren Krisen, Armut und letztlich mit der existentiellsten Frage überhaupt, mit dem Tod, umgegangen wird. Das Leben wird als eine ganzheitliche Phase betrachtet, wobei das Sterben nur als ein Übergang in eine andere Realität verstanden wird.

Diese Einstellung zu Leben und Tod muss infolgedessen in den Prämissen einer spezifisch islamischen Sozialarbeit berücksichtigt werden[21] Der Transzendenzbezug einer muslimischen Wohlfahrtspflege muss an das koranische Gottesbild und an das Menschenbild anknüpfen sowie die Frage des Sinns und des Umgangs mit existentiellen Herausforderungen bzw. die Rolle und das Verhältnis des Helfenden und Hilfesuchenden klären.

Die Frage nach dem Sinn der menschlichen Existenz bzw. des Menschseins ist eines der zentralen Themen, die der Koran[22] in zahlreichen Versen behandelt. Bereits in der ersten Sura „Die Eröffnung" des heiligen Textes wird Gott als der „Gnadenspender", der Richter „des Tages des Gerichts", dem allein die Bitten und Hilferufe gebühren und der die Rechtleitung der Menschen bestimmt sowie den Menschen segnen als auch verdammen kann, beschrieben (vgl. Asad 2011). Damit ist das ganze Leben des Muslims theozentrisch ausgerichtet und der Mensch schöpft seinen ganzen Lebenssinn aus dieser Gottesbeziehung. Gott ist dem Menschen dabei näher als seine Halsschlagader und somit besteht eine permanente Beziehung – durch Bittgebete und Gottesgedenken – zwischen Schöpfer und Geschöpf, die sich über das irdische Leben hinaus bis in Jenseits hindurchzieht:

> „Aufgabe des Menschen ist es, im diesseitigen Leben die Nähe Gottes (*qurbat ila Allah*) zu suchen. Jede rituelle Handlung und jede gute Tat muß von diesem Bestreben geprägt sein. Aus diesen Handlungen und Werken des Menschen leitet sich aber kein ‚Recht auf Belohnung' ab; die Beziehung zu Gott ist vielmehr bestimmt durch Hoffnung und Vertrauen auf die göttliche Güte und Barmherzigkeit" (Falaturi/Tworuschka 1992, S. 14).

---

21 Diese Berücksichtigung gilt auch in der Medizin, wenn man für muslimische Patienten eine kultursensible Pflege bzw. Verpflegung anbieten möchte. Mittlerweile sind aufgrund der hohen Zahl dieser religiösen Zielgruppe auch Krankenhäuser gewillt, den islamischen Hintergrund konzeptionell aufzugreifen. Die interkulturelle Ausrichtung der Kliniken ist in der Regel monetär begründet, weil dieses neue Feld eine noch nicht ausgeschöpfte Finanzquelle darstellt. Ein Beispiel ist die Reha-Klinik in Bad Oeynhausen, die sich auf die religiösen Bedürfnisse der Muslime erfolgreich ausgerichtet hat; vgl. Median-Kliniken 2015. Die Bundesregierung versucht insgesamt die interkulturelle/-religiöse Öffnung in Deutschland zu forcieren, wie die Broschüre „Das kultursensible Krankenhaus. Ansätze zur interkulturellen Öffnung" unterstreicht. Dort werden konkrete Maßnahmen und Handlungsfelder zur erfolgreichen Umsetzung des Zielvorhabens formuliert; vgl. Integrationsbeauftragte 2013. Erste wissenschaftliche Studien zu „muslimischen Patienten" und ihren „religionsspezifischen Bedürfnissen" hat beispielsweise Ina Wunn vorgelegt und konkrete Bedürfnisse sowie Problemfelder beleuchtet; vgl. Ina Wunn 2006.

22 Alle Verse aus dem Koran werden in diesem Buch aus der Übersetzung von Muhammad Asad zitiert; vgl. Asad 2011.

Der Koran ist die direkte Kommunikation zum Gläubigen und erläutert wie man im irdischen Leben Zeugnis für ein gottgefälliges Leben ablegen kann. Der Koran selbst charakterisiert sich in vielen Versen als die direkte Offenbarung Gottes und wird in der Theologie als das „authentischste Zeugnis" seiner Mitteilung akzeptiert (vgl. Akbulut 2011, S. 147). Das Gottesvertrauen bildet dabei eine wichtige Maxime, um die „Launen des Schicksals" zu ertragen, sinnvoll zu verarbeiten und in den eigenen (religiösen) Lebenslauf einzuordnen.

Da das ganze Leben als eine Prüfung bzw. als Beweis dieses Gottesvertrauens – daher auch der Islam als „Hingabe"– aufgefasst wird, sollen existentielle positive wie auch negative Erfahrungen wie Geburt, Armut, Reichtum, Krankheit, Gesundheit, Tod usw. mit Geduld und Dankbarkeit ertragen werden. In dieser Prüfung ist der Gläubige nicht alleine, sondern diese ist vielmehr eine kollektive Prüfung. Involviert ist der Betroffene, der entsprechend mit Geduld seine Situation zu verbessern versuchen soll. Allerdings soll dieses absolute Vertrauen in guten wie in schlechten Zeiten das Leben des Gläubigen begleiten:

"Muslims should cultivate a state of reliance upon God. A person who 'thinks they are sufficient' (96:7) is sorely mistaken and will reap the consequences of that delusion at the final judgment. Instead, one should turn to God, the 'most trustworthy handhold' (2:256), in the face of life's difficulties. Surat al-Fatihah, which Muslims recite daily in **prayer**, contains the affirmation that it is God alone whom they **worship** and God alone to whom they turn for aid. This trust in God should not only appear in moments of vulnerability. Those who call on God when in peril, such as crossing the sea, but forget their creator when safe on land, are guilty and will face the consequences for their lack of **faith** on the day of **judgment**" (Leaman/Ali 2008, S. 145).

Erika Schuchardt stellt auf der Basis ihrer „Auswertung der Biografien von Krisen betroffener" Menschen ein Modell des Lernprozesses auf, das sie in acht Spiralphasen gliedert – Ungewissheit, Gewissheit, Aggression, Verhandlung, Depression, Annahme, Aktivität, Solidarität –, die bei positivem Durchlauf dieser Phasen die soziale Integration gewährleisten. Menschen müssen diese Phasen – die durchaus eine „Achterbahn der Emotionen" darstellen und viel Kraft erfordern, durchlaufen, um wieder voll am Leben partizipieren zu können. Allerdings weist Schuchardt darauf hin, dass in zwei Drittel der Fälle der untersuchten Lebensgeschichten diesen Lebensprozess abbrachen und in die soziale Isolation gerieten. Ein wesentlicher Faktor für diesen Abbruch bestand darin, dass sie „auf sich allein gestellt" waren bzw. die Begleiter keine „Beziehungsfähigkeit" besaßen, bzw. keine Beziehung zu ihnen aufbauen konnten (vgl. Schuchardt 2006, S. 35ff.). Das Stichwort „Beziehung" ist daher – neben der Gottesbeziehung – für die islamische

Wohlfahrtspflege entscheidend, weil die Gemeinschaft eine Verantwortung für andere (hilfebedürftige) Individuen trägt. Der Mensch hat als *khalif* auf Erden eine Verpflichtung zum Dienst gegenüber Gott. Aus dieser Beziehung resultieren Vertrauen und auch Verantwortung gegenüber sich selbst und gegenüber seinen Mitmenschen. Erst auf der Grundlage dieses dreigliedrigen theologischen Komplexes lässt sich eine muslimische Wohlfahrtspflege begründen. Dem von Krisen betroffenen Menschen gilt es daher auch zu helfen, seine Beziehung zu Gott, die in schweren Zeit erschüttert sein kann, aufrechtzuerhalten und ihn zugleich vor einer (selbst-/fremdverschuldeten) sozialen Isolation schützen. Die Bedeutung dieser Trias soll im Folgenden in ihrer Bedeutung für die Sozialarbeit expliziert werden. In diesem Zusammenhang ist auch die theologische Anthropologie des Korans herauszuarbeiten. Dieser leitet sich von der Selbstcharakterisierung Gottes (Gottesbild) im heiligen Buch der Muslime, durch das dort skizzierte Menschenbild und durch die beschriebene Gottesbeziehung ab:

> „Über Gott, den sie – wie die arabischen Christen – Allah nennen, wissen die Muslime nur auszusagen, was Gott über Sich Selbst in den Heiligen Schriften geoffenbart hat. Im Koran finden sich zahlreiche von Gottes ‚schönsten Namen' (al-asma al-husna), worunter Attribute Seiner Vollkommenheit zu verstehen sind, wie der Liebende/ Geliebte (wadud), aber auch der Rächer (al-muntaqim)."

Gottes Eigenschaften stehen offenbar in einem dialektischen und daher scheinbaren widersprüchlichen Verhältnis zueinander; nur so kann wohl die numinose Wirklichkeit angedeutet werden" (Hofmann 2001, S. 28).

Im Kontext der Explizierung des Gottesbildes in der Selbstoffenbarung weist Murad Hofmann auf die 99 Namen Gottes hin, die zwar nicht „alle koranischen Namen" bzw. „noch ausschließlich koranische aufführen", allerdings habe diese Zahl in die Tradition der Muslime Eingang gefunden. Die Attribute *ar-rahman* und *ar-rahim* seien dabei die am „häufigsten im Koran" erwähnten (vgl. ebd., S. 29). Dazu Charles Le Gai Eaton:

> „Im Arabischen haben die drei Konsonanten R Ḥ M, aus denen das Wort rahmah (Barmherzigkeit) und seine Ableitungen ar-Rahman (der Erbarmer) und ar-Rahim (der Barmherzige) geformt werden, die Grund-Bedeutung von ‚Schoß', was deutlich auf den mütterlichen Charakter der Barmherzigkeit hinweist, welche die hilflose menschliche Kreatur in ihrer sanften Umarmung nährt und beschützt. In einer dem Arabischen verwandten Sprache, dem Syrischen, hat diese gleiche Wurzel die Bedeutung von ‚Liebe'" (Eaton 2000, S. 134).

Muhammad Asad übersetzt dagegen in seiner Koranexegese *ar-rahman* mit „Allergnädigster" und *ar-rahim* mit „Gnadenspender", die beide von der Terminologie *rahma* abgeleitet seien. Den Unterschied zwischen diesen vermeintlich ähnlichen Terminologien des Korans erklärt er auf der Grundlage klassischer Korankommentatoren:

> „Der Begriff *rahman* umschreibt die der Auffassung von Gottes *Wesen* inhärente und davon untrennbare Eigenschaft der überreichen Gnade, während *rahim* die Manifestation dieser Gnade in Seiner Schöpfung und ihre Wirkung auf sie zum Ausdruck bringt – mit anderen Worten, einen Aspekt Seiner *Aktivität*" (Asad 2011, S. 25).

Nach Muhammad Sameer Murtaza kann man also den Unterschied von *ar-rahman* und *ar-rahim* so verstehen, dass der erste Begriff

> „als kosmologisches Prinzip ontologisch die gesamte Schöpfung umgibt und durchdringt, während Letzterer eine besondere Gunst, Gnade und Zuwendung aus der Überfülle Gottes an die Gläubigen bedeutet" (Murtaza 2014, S. 61).

So ist in diesem Zusammenhang weiterhin im Koran (Sure 6, Vers 12) zu lesen:

> „Sag: ‚Wem gehört alles, was in den Himmeln und auf Erden ist?' Sag: ‚Gott, der für Sich Selbst das Gesetz der Gnade und Barmherzigkeit gewollt hat.'" (Asad 2011, S. 235).

Obwohl alle Attribute Gottes im Koran ihre Relevanz haben, scheint die Barmherzigkeit alle anderen zu umfassen bzw. zu dominieren. Der Koran zeichnet zwar nicht nur einen „Kuschelgott", wie Navid Kermani in seiner philosophischen Abhandlung im Kontext der „Theodizee"-Frage darstellt (vgl. Kermani 2005). Doch verweist Asad zu Recht im Hinblick auf diese „außerordentliche Eigenschaft von Gottes Gnade und Barmherzigkeit" und auf den 156. Vers der 7. Sure „Meine Gnade übergreift alles" und zementiert diese Annahme (vgl. ebd., S. 253). Damit ist Gott also die eigentliche Quelle der Barmherzigkeit und daher zieht sich ein grundsätzlich optimistischer Grundtenor als roter Faden – trotz zahlreicher Prüfungen und Leiden der Menschen – durch den Koran hindurch. Daher sieht der muslimische Philosoph Muhyiddin Ibn Arabi (1165-1240) eine Differenz zwischen dem (universellen) Namen Gott, weil dieser die „Totalität" – welches „Leiden und ebenso Erbarmen" mit einschließe – bezeuge, doch das „Bezeugen[s] Gottes von Gottes Absolutem Mitgefühl" sei nur den wahren Gläubigen zuzuschreiben.

Während also Gott der Schöpfer aller Dinge durchaus von Menschen anerkannt werden kann, stelle das Leugnen seiner Barmherzigkeit ein unvollkommenes Gottesbild und somit ein Form des Unglaubens dar (vgl. Hirtenstein 2008, S. 347). Die Barmherzigkeit Gottes zeigt sich auf dieser Welt durch seine Schöpfung, durch seine Gaben, durch sein Mitgefühl, aber auch darin, dass er die zwischenmenschliche Kommunikation ermöglicht hat:

> „Wenn ar-Rahan [sic!] einfach nur das ist, was da ist – ein Himmel voller Licht –, dann könnte dieser Begriff auch als ‚Freude' übersetzt werden; und Freude breitet sich schon ihrem Wesen nach aus und vermittelt sich anderen; in diesem Fall steht ar-Rahim für diesen Akt der Vermittlung. Das kann auf alle menschlichen Kommunikationsakte angewendet werden – den der Kunst eingeschlossen –; daher auch die Aussage des Koran über ‚Sprache' als einer ‚Schöpfung des Erbarmers'. Zwischen menschlichen Wesen, die in dieser Welt durch solche Barrieren getrennt sind – jedes kleine Ego in seiner eigenen Schale –, ist Kommunikation die Barmherzigkeit, die vereinigt, das Instrument der Liebe, wie es auch heilige Kunst ist, und als solche ist sie ein Vorgeschmack des Paradieses. Wir sprechen und wenn wir verstanden werden, ist eine Mauer von Eis geschmolzen, und dann fließen von dort Ströme gleich denen, welche die Gärten des Paradieses bewässern" (Eaton 2000, S. 134).

Der Mensch ist in diesem Kosmos nicht auf sich allein stellt, denn als Zeichen seiner Barmherzigkeit tritt auch der Schöpfer in Kommunikation mit seinen Geschöpfen. Der Koran als Verbaloffenbarung ist dabei das Medium dieser Kommunikation, der durch das Hören, durch das Rezitieren und Memorieren des heiligen Textes die unmittelbare Gotteserfahrung sowie das Leben im göttlichen Licht im Alltag ermöglichen soll (vgl. Robinson 2003, S. 9ff.). Es ist also der „Kommunikationskanal", durch den „Gott und Mensch in Kontakt" treten (vgl. Abu Zaid 2008, S. 122ff.). Die Raum-Zeit-Mauer zwischen der göttlichen und menschlichen Dimension wird somit durchbrochen:

> „Doch Kommunikation zwischen dem Unendlichen und dem Endlichen, dem Absoluten und dem nur Bedingten scheint logisch unmöglich und ist deshalb im wahrsten Sinne des Wortes ein Wunder, und deswegen wird der Koran auch das höchste Wunder des Islam genannt. Über unvorstellbare Fernen hinweg spricht Gott zu den Menschen und wird gehört, und was nicht in Worten beschrieben werden kann (so wie wir einen Baum oder ein Haus beschreiben), wird trotzdem beschrieben, freilich nicht so, daß wir nur bei der oberflächlichen Bedeutung innehalten wie Tiere, die nur sehen, was sichtbar ist, sondern daß es zum Köder wird, um uns aus diesem Universum der Bedeutungen zu ziehen" (Ebd., S. 135).

Erst durch diese Verbindung über den heiligen Text wird offenbart, wie der Gläubige sich Gott „vorzustellen" und wie er oder sie seine/ihre Beziehung zu Ihm
zu gestalten hat. Nach Mehdi Aminrazavi besteht ein enges Verhältnis zwischen
dem Gottesbild, der Schöpfung sowie dem Menschenbild. Das monotheistische
Gotteskonzept des Islam beinhalte einerseits einen unumstrittenen transzendenten
Aspekt. Gott ist Eins, unbeschreiblich und seine „Natur" übersteige die menschliche Vorstellungskraft, daher sei er nur teilweise erfahrbar. Als es dann in der
islamischen Geschichte zur Konkretisierung bestimmter immanenter Aspekte des
Gotteskonzeptes kam, nahmen nach Aminrazavi die theologisch-philosophischen
Kontroversen zu. So wurden in der islamischen Philosophie Dispute über die At-
tribute Gottes geführt, vor allem aber über die scheinbar anthropomorphischen
Andeutungen wie Gottes Hand, Augen oder Thron.

Zwischen den Rationalisten, die eher die metaphorische Auslegung bevorzug-
ten, und den buchstabengetreuen Gelehrten, die vor Interpretationen warnten und
diese menschlichen Eigenschaften – ohne in einen klassischen Anthropomorphis-
mus zu verfallen – zunächst einfach hinnahmen, kam es zu unüberwindbaren Differenzen (vgl. Aminrazavi 2001, S. 95ff.). Hierzu Zulfiqar Ali Shah, der diesen
Disput am Beispiel zweier islamischer Gelehrten widergibt:

"It must be noted from the outset that the anthropomorphic tendency under discussi-
on is neither crude nor graphics; nor is the problem, in addition, one of absolute cor-
porealism or physical anthromorphism (for the Muslim sects or individuals involved
at least), which would have been dealt with rather summarily. What we have rather is
a sort of relatively refined anthropomorphism, which is crept into thoughts of certain
traditionalists such as Muqatil ibn Sulayman and some early Shiite figures such as
Hisham ibn al-Hakam [...]. In spite of his literal disposition Muqatil metaphorically
interpreted many Quranic phrases that could have lead to corporeal depictions of
God if taken literally. [...] According to Hisham God had a body but one unlike other
bodies, meaning that no resemblance or likeness exists between the divine body and
non-divine ones. Proponents of this supposed anthropomorphism rationalized their
speculation with the assumption that as all things existent have bodies, but one of
course unlike other bodies" (Shah 2012, S. 544).

Ein anderer kontroverser Gegenstand war die Frage nach der Gerechtigkeit Gottes
im Kontext einer Vorherbestimmung menschlichen Lebens. Denn wie Abdoldja-
vad Falaturi und Udo Tworuschka konstatieren, leitete sich aus der allumfassen-
den Barmherzigkeit Gottes konsequenterweise seine Gerechtigkeit ab, die ja durch
seine Namen wie „der Gerechte", „der schlichtende Richter", „der den Ungerech-
ten der Gerechtigkeit Unterwerfende" usw. im Koran besiegelt sind (vgl. Falaturi/
Tworuschka 1992, S. 15).

Wie Lutz Berger in seiner historischen Rekonstruktion der „Formierung theologischer Schulen" aufzeigt, dienten diese frühen Debatten – bereits ab dem 1. Jahrhundert der islamischen Zeitrechnung – dazu, das „theologische Profil zu schärfen." Nach Berger wurde dieses jahrhundertlang anhaltende Streitgespräch vor allem durch die rationalistische Schule der Mu'tazila initiiert. Mit ihren Lehren, die sie in folgenden fünf Grundprinzipien vereinigten, mussten sich insbesondere die heutige Hauptströmung – die Sunniten – auseinandersetzen und konnten sich – zwar in Abgrenzung, aber dennoch gezwungenermaßen „argumentativ" – ihr eigenes theologisches Profil bilden: „Gott ist einer", „Gott ist gerecht", „Verheißung und Drohung", „Der Sünder steht zwischen Glauben und Unglauben", „Das Anbefehlen des Guten und das Verbieten des Tadelnswerten" (vgl. Berger 2010, S. 75ff.).

Hans Küng identifiziert in diesem Kontext zwei große theologische Dispute, und zwar in der Phase des „arabischen Reichs-Paradigmas" (661-750) sowie der des „klassisch-islamischen Weltreligions-Paradigmas" (750-1258), die die oben genannte Schärfung des theologischen Profils forcierten. Die eine betraf die bereits erwähnte Auseinandersetzung um die Frage der Vorherbestimmung und Selbstbestimmung des Menschen im Kontext der Gerechtigkeit Gottes. Also bereits Jahrhunderte bevor die heftige Diskussion der Prädestinationslehre während der Reformation tobte, in der Philip Melanchthon, und vor allem Martin Luther den „angeblich freien Willen des Menschen [...] in diesem Zusammenhang zu einem Slaven der Sünde [erklärte]" (Jung 2010, S. 84), wurde dieser theologische Streit in der islamischen Welt heftig geführt. Allerdings war der Disput nicht nur rein theologisch zu verstehen, sondern hatte eindeutig politische Dimensionen. Denn somit konnten die damaligen Machthaber ihr politisches Handeln als gottgewollt bemänteln und hatten sich somit eine „theologische Immunität" zugelegt (vgl. Aslan 2006, S. 172f.). Während also der religiöse Determinismus den politischen Status quo – die Lehre des Gottesgnadentum des Kalifats – legitimierte, stellte die Lehre der Selbstbestimmung des Menschen diese Herrschaftsordnung völlig in Frage (vgl. Küng 2007, S. 280ff.).

In der zweiten theologischen Kontroverse sei einer neuer Themenschwerpunkt, und zwar die Rolle der Ratio in der Religion, aufgegriffen worden. Hierzu Küng:

„• Die **Sachproblematik** verlagert sich vom Themenkreis ‚Vorherbestimmung Gottes – Selbstbestimmung des Menschen' auf die Problematik ‚**Gottes Offenbarung – menschliche Vernunft**' sowie in der Folge auf die Natur des Koran: Ist er geschaffen oder ungeschaffen?

• Noch in P II[23] war der Glaube an die Einheit Gottes weithin fraglos akzeptiert worden; er bedurfte keiner besonderen Reflexion. Jetzt aber wird **Gottes Einheit und Einzigkeit** (tauhid) ein breit diskutiertes theologisches Thema, bisweilen sogar als erste Glaubenswahrheit des Islam bezeichnet: das erste von fünf ‚Fundamenten' (usul) des Glaubens (iman), die man in Parallele setzen könnte zu den fünf ‚Säulen' (‚Gliedern': arkan) oder praktischen Geboten.

• Bisher galt die Gottesvorstellung weithin als dem Menschen angeboren: der Mensch (auch der Ungläubige!) kann Gott aus sich erkennen. Jetzt aber beginnt man – ähnlich wie später in der christlichen Scholastik – **zwei Ebenen der Gotteserkenntnis** zu unterscheiden: was der Mensch von sich aus erkennen kann (zumindest die Existenz Gottes) und was er durch Gottes Offenbarung erkennt. Wofür sich im Koran nur Ansätze finden, wird jetzt rational entfaltet: ausformulierte Gottesbeweise (sowohl aus der Teleologie wie aus der Kontingenz der Welt) und eine durchdachte Lehre von Gottes Eigenschaften (Attributen).

• So kommt es schließlich zu einer **Vereinheitlichung des islamischen Denkens** und zur Blütezeit der islamischen Theologie" (Ebd., S. 346f.).

Wie Küng weiterhin skizziert, kommt es zwar zu einer „Vereinheitlichung des islamischen Denkens" – in dessen Verlauf sich das theologische Denken systematisierte und im Zuge dessen unterschiedliche Rechtsschulen entstanden –, allerdings währte die Polarisierung zwischen den Rationalisten und den Traditionalisten über das Gottesbild sowie über das heilige Buch noch jahrhundertelang. Zudem hatte es „Folgen für das Menschenbild", in der Frage des Zusammenhangs zwischen der „freien Wahlmöglichkeit" des Menschen sowie der „Verbindung zwischen Gottes Schöpfungshandeln und dem menschlichen Tun", Gottes Attributen und der Gotteskonzeption und in der Frage der Gerechtigkeit, wobei sich letztendlich die „Traditionstheologie" gegenüber der „Vernunftstheologie" (vgl. ebd., S. 357ff.) mit folgenden Veränderungen durchgesetzt habe: „Sieg des konkret-koranischen über das abstrakt-philosophische Gottesbild", „Sieg des Glaubens an die Ewigkeit des Koran über seine Geschichtlichkeit", „Sieg der Metaphysik über die Physik" im Sinne von Rückführung aller Handlungen des Menschen – gute und sündhafte Handlungen – auf „Taten Gottes" und somit auf Gott als den eigentlichen Verursacher (weil nur er die Handlungsoptionen schafft und sich der Mensch diese durch sein Handeln erwerben kann). Mit dem Weg einer Normierung dieser Theologie – trotz unterschiedlicher Rechtsschulen und Strömungen (z.B. die Mystiker) innerhalb der „Traditionstheologie" – wurden somit die zentralen Aspekte weit-

---

23   Steht für Paradigma 2 in der islamischen Geschichte: Arabisches Reichs-Paradigma.

gehend festgelegt. Mit dem wichtigsten sunnitischen Theologen al-Ghazali[24] habe
schließlich sich diese Theologie „zur führenden dogmatischen Schulrichtung im
sunnitischen Islam" entwickelt (vgl. ebd., S. 367ff.). Die intellektuelle Bemühung
von al-Ghazali fasst Murad Hofmann wie folgt zusammen:

> „Al-Ghazali übernahm dieses Konstrukt, verschob es aber noch ein Stück in Rich-
> tung freier Wille: ‚Gott, der alleinige Verursacher des Handelns seiner Geschöpfe,
> hindert sie nicht daran, durch Anerwerbung willentliche (maqdura) Handlungen zu
> vollziehen; denn Gott hat den Willen (qudra) und das Gewollte (maqdur) geschaf-
> fen, die Wahlmöglichkeit ebenso wie das Gewählte.' ‚Wie könnten anerworbene
> Handlungen vollständig auf Zwangsläufigkeit (dschabr) zurückgehen, wo doch jeder
> Mensch instinktiv den Unterschied zwischen freiwilligen Handlungen und unfrei-
> willigen (daruri) Reflexen versteht?'
> Dies ist denn das Ergebnis der muslimischen Bemühungen, ohne Abstriche an der
> ambivalenten Offenbarung und ohne Übertreibungen in einer der beiden möglichen
> Richtungen mit dem Problem der Prädestination intellektuell fertig zu werden"
> (Murad Hofmann 1999, S. 84).

Rüdiger Lohlker zeigt in seiner Einführung in die islamische Ideengeschichte,
dass in dem gesamten Disput das Feld der sunnitischen Theologie mit dem Auf-
tauchen und Wirken zahlreicher Gelehrter mehrmals „restrukturiert" und schließlich eine Synthese zwischen Ratio und Tradition gefunden wurde (vgl. Lohlker
2008, S. 77ff.).

Zwischen diesen beiden Polen verlief folglich die theologisch-philosophische
Debatte, wobei eindeutig die Tendenz der Traditionalisten über Jahrhunderte do-
minierte, auch wenn es später Anknüpfungsversuche in Form einer Neo-Mutazi-
litischen Widerbelebung in der Konfrontation mit der westlichen Kolonialmacht
entstand und wie bei Muhammad Abduh der Ratio eine größere Rolle zugespro-
chen wurde. Die alten Themen wie Willensfreiheit und die Frage der Eigenverantwortung des Menschen für seine Handlungen gewannen wieder an Aktualität
(vgl. Haußig 2009, S. 121).

Verdrängen konnten diese rationalistischen Zugänge die inzwischen etablierte
traditionelle Theologie nicht mehr. In der Alltagsreligiosität, also in der muslimischen Praxis, dort wo religiösen Texten und Geboten Leben eingehaucht wird,
entwickelte sich fern von den theologischen Debatten ohnehin ein eigenes Ver-

---

24 Der muslimische Gelehrte Abu Hamid al-Ġhazālī ist in seiner Bedeutung für die is-
    lamische Ideengeschichte vergleichbar mit dem christlichen Gelehrten Thomas von
    Aquin. Er hat mit seinen Schriften wesentlich zur Systematisierung und Entwicklung
    des islamischen Sufismus beigetragen (vgl. Günes 2011).

ständnis von Schicksal, Fatalismus und Eigenverantwortung. Der „Otto-Normal-Muslim" glaubt an die Allmacht und an das Schicksal, betont aber zugleich die Eigenverantwortung für das eigene Handeln. Wenn ihm oder ihr etwas Schlechtes widerfährt, dann bedeutet Schicksal vor allem, diese Krise im Leben mit Geduld, also wieder mit Aktion, auszuhalten und durchzustehen (vgl. Hofmann 1996, S. 111ff.). Hofmann bringt diese Gottesbeziehung und die spirituelle Bewältigung der Herausforderungen für den Muslim im Alltag auf den Punkt:

> „Der Muslim bemüht sich wie der Christ und wie der Marxist (der bei Ernstnehmen seines Histomat eigentlich Fatalist sein müßte) um Erreichung seiner Ziele im Leben nach dem Motto ‚Hilf dir selbst, dann hilft dir Gott.'"

Dabei empfindet er persönliche Verantwortung für sein Handeln und Unterlassen. Er vertraut darauf, daß Gott ihn für gute Taten belohnt – nicht weil Er dazu gezwungen wäre, sondern weil er sich in Selbstbindung Unrecht verwehrt. Der Muslim befürchtet Bestrafung für Untaten, wobei er um Gottes Barmherzigkeit und Bereitschaft zum Verzeihen weiß. Weil er sich bewußt ist, daß letztlich alles in Gottes Hand steht, beginnt er jede Tätigkeit in Seinem Namen – ‚bismillah' –, stellt Ihm den Erfolg anheim – „inschà`allah!' (wenn Gott will) – und schreibt Ihm jeden Erfolg zu – ‚mascha'allah!' (was Gott will/wollte). Dabei fühlt er sich in der Vorsehung Gottes, zu dem allemal seine Heimkehr ist (10:4), geborgen. Erst wenn ein Muslim trotz aller Bemühungen an einem Projekt gescheitert oder einem Unglück ausgesetzt ist, kommt seine ‚kismet'-Haltung zum Tragen; er wird nicht verzweifeln [...], sondern erkennen und akzeptieren, daß das Geschehene ‚maktub' (festgeschrieben) war [...]" (Hofmann 1999, S. 85).

Diese Exemplifizierung anhand einiger theologisch-philosophischer Dispute zeigt die innermuslimische Diskussionsdynamik bezüglich des Gottesbildes, der für eine muslimische Wohlfahrtspflege eine elementare Bedeutung zukommt. Diese wissenschaftliche Reflexion ist nicht abgeschlossen, sondern wird vor allem infolge der gesellschaftlichen Herausforderungen, anhalten wie auch das Beispiel des Christentums zeigt. In der christlichen Wohlfahrtspflege fungiert das biblische Gottesbild als Leitbild für die diakonische, caritative Arbeit, wobei das Konzept des Schöpfers immer wieder theologisch reflektiert wurde. Ausschlaggebend waren gesellschaftliche Transformationsprozesse wie etwa zu Beginn der Frühzeit in beispielsweise den Diskussionen über die Folgen der „Abwuerdigung der Feyertage" und Gottes Zorn (vgl. Schreiner 2007, S. 283) sowie zu Beginn der Moderne, infolge des sich anbahnenden gesellschaftlichen Bedeutungsverlustes der Kirchen und der Wandel in der Beziehung zu den Gläubigen, die sich ebenso im Gottesbild niedergeschlagen haben. Das Gottesbild wandelt sich infolge gesellschaftlicher

Herausforderungen von einem „Herrscher" zu einem „Helfer". Die theologischen
Beweggründe waren also immer da, nur wurden sie im Zuge der gesellschaftlichen
Umbrüche neu interpretiert und für eine christliche Sozialethik fruchtbar gemacht:

> „,Theologische Motive' haben für die christliche Sozialethik den Sinn, grundlegen-
> de Orientierungen zur Gestaltung des Gesellschaft zu vermitteln. Der Mensch als
> Ebenbild Gottes und Sünder verlangt nach entsprechenden gesellschaftlichen Ord-
> nungen. Die Reich-Gottes-Botschaft hält die Hoffnung auf Veränderung wach. Die
> Kirche als Gemeinschaft jener, die an Christus glauben, solidarisiert sich vor allem
> mit den Benachteiligten" (Vgl. Wilhelms 2010, S. 55).

Für die christliche (Sozial-)Ethik der Wohlfahrtspflege wurden infolgedessen
Nächstenliebe und Mildtätigkeit zu wichtigen Schlagwörtern, insbesondere im
Kampf gegen die dramatischen Folgen der Industrialisierung im 19. Jahrhundert
und fungieren über ihr soziales Wirken bis in die Gegenwart, also in einer säkulari-
sierten Gesellschaft, als theologische Motive (vgl. Rommelspacher 2013, S. 133ff.).
Die Diskussionen infolge der „Krise der Transzendenz" lieferten nach dem zweiten
Weltkrieg wichtige Denkanstöße für die Legitimation der Transzendenz sowie für
die Frage nach religiöser Vergemeinschaftung (vgl. Ziemann 2006, S. 397).

In Deutschland existieren unterdes mehrere Standorte für Islamische Theologie, die sich in diesen Diskurs einbringen können. Eine jahrhundertelange islamische Wissenschaftstradition bildet eine solide und ideale Grundlage, das Gottesbild den zeitgemäßen Herausforderungen entsprechend immer wieder neu zu
reflektieren und zu kontextualisieren. Für die vorliegende Abhandlung kann an
dieser Stelle jedoch ein kurzes Fazit gezogen und für eine muslimische Wohlfahrtspflege daher – ohne Anspruch auf Vollständigkeit – ein Leitbild skizziert
werden, das auf koranischen Prinzipien fußt. Für das Leben des Menschen und
seine Beziehung zum Schöpfer, zu seinen Mitmenschen sowie seiner sozialen
Verantwortung wird grundsätzlich ein optimistischer Grundtenor skizziert. Die
muslimische Wohlfahrtspflege und somit auch eine muslimische Sozialarbeit als
angewandte Wissenschaft muss daher an diese positive Lebenseinstellung anknüpfen, die dem unten zusammengefassten Gottesbild entspringt:

• *Gott ist absolut barmherzig*: Gottes Eigenschaften, auch als strafender Gott,
  werden von seiner Barmherzigkeit umfasst. Der Mensch kann sich völlig auf
  diese Barmherzigkeit verlassen und sie von seinem Schöpfer erwarten. Genau-
  so wird jedoch die Barmherzigkeit unter den Menschen von Gott erwartet. So
  wird diese Barmherzigkeit in folgendem, in diesem Zusammenhang oft zitier-
  ten Hadith zum Ausdruck gebracht:

„Einmal wurden Gefangene vor den Propheten gebracht. Unter ihnen befand sich auch eine Frau. Von Sehnsucht nach ihrem Kind zerfressen ging die Frau auf und ab, griff sich jedes Kind, das sie sah, und presste es an ihre Brust, um es zu stillen. Der Prophet zeigte auf diese Frau und fragte: Glaubt ihr, diese Frau würde ihr Kind ins Feuer werfen? „Nein", sagten sie (die Gefährten), „diese barmherzige Mutter würde ihr Kind niemals ins Feuer werfen." Da sagte der Prophet: Gott ist noch barmherziger zu Seinen Dienern als diese Frau zu ihrem Kind" (Budak/Altay 2012, S. 11).

- *Gott ist absolut gerecht*: Der Mensch kann sich völlig auf die Gerechtigkeit Gottes verlassen. Diese Gerechtigkeit wird Gott dem Menschen entweder im Diesseits oder im Jenseits widerfahren lassen. Gleichzeitig sollen die Menschen untereinander Gerechtigkeit walten lassen.
- *Gott gewährt Freiheiten*: Gott gewährt dem Menschen seine Freiheit, so zu handeln wie er möchte. Diese Freiheit soll der Mensch dazu nutzen, gute Werke zu leisten.
- *Gott überträgt Verantwortung*: Mit der Freiheit geht die Verantwortung einher. Er ist ein Gott, der den Menschen auf der Erde mitverantwortlich macht.
- *Gott ist dem Menschen sehr nahe*: Wie der 16. Vers der 50. Sura offenbart, ist Gott dem Menschen „näher als seine eigene Halsschlagader". Damit wird dem Menschen das Gefühl der Geborgenheit vermittelt, die er in jeder Situation durch die Gottesbeziehung erfahren kann.
- *Gott hört den Menschen*: Im Koran (2:186) heißt es: „Und wenn Meine Diener dich nach Mir fragen – siehe, Ich bin nahe; Ich erhöre den Ruf dessen, der ruft, wann immer er zu Mir ruft: so sollen sie denn auf Mich hören und Mich glauben, auf daß sie dem rechten Weg folgen mögen." Und in diesem Zusammenhang ist in der Sura Furqan, Vers 77, zu lesen, dass Gott dem Menschen auch nur dann einen Wert beimisst, wenn sie ihn rufen. Der islamische Gott möchte also die Kommunikation mit seinen Geschöpfen, und diese sollen ihn in allen Situationen anrufen. Die Gottesbeziehung lebt von den Bittgebeten.
- *Gott ist der Trostspender*: Indem der Schöpfer auf die Gebete reagiert, beruhigt er auch den Menschen. Gott ist die eigentliche Quelle des Trosts.
- *Gott vergibt*: Er ist ein bedingungslos vergebender Gott, wenn der Mensch Reue zeigt. Vergeben ist wichtig, damit auch der Mensch vergeben kann. Damit muss der Mensch sich auch selbst verzeihen können, um sich gerade in schwierigen Lebenslagen nicht noch mit Selbstvorwürfen zu plagen.

2.2 Die theologische Anthropologie und die Rolle des Menschen im Leben

Das Menschenbild im Islam ist eng mit dem oben herausgearbeiteten Gottesbild verknüpft. Dem Menschen ist von Gott Würde verliehen worden, so dass ihm mit seinem Geist und seinem Körper eine Sonderstellung unter den Lebenswesen zukommt. Diese Würde für alle Menschen zu wahren und zu schützen stellt ein besonderes Anliegen des Islam dar, wie zahlreiche Koranverse belegen. Darunter fällt der Schutz des Körpers und des Geistes, da diese beiden Elemente für die Menschenwürde ein Ganzes darstellen (vgl. Hashim 2013, S. 21ff.). Zugleich formuliert der Koran explizit ethisch-moralische Handlungsweisen, die sich nach Bülent Ucar und Yasar Sarikaya in den Kategorien „Mensch-Gott-Beziehung", „zwischenmenschliche Beziehungen" sowie in „Gebote für ein friedliches Zusammenleben" zusammenfassen lassen (vgl. Ucar/Sarikaya 2010, S. 56) und die in der Bestimmung des „Homo-Islamicus" herangezogen werden müssen.

Wie üblich für heilige Texte sind die behandelten Themen nicht systematisch angeordnet, sondern müssen durch historische, systematische, hermeneutische und komparative Zugänge erschlossen werden (vgl. Tworuschka 2003, S. 588). Das gilt insbesondere für den Koran, wie der evangelische Theologe Paul Schwarzenau aus eigener Rezeptionserfahrung berichtet:

> „Der Koran macht es dem, der sich ihm nähern will, nicht gerade leicht, einen Zugang zu seinem Gehalt zu finden. Auf den ersten Blick scheint der Leser einer ungeordneten Masse von Sentenzen, Bildern und Erzählungen gegenüberzutreten, die eher ein Konglomerat als ein richtiges Buch ergeben. Darstellungen von hoher poetischer Kraft und Schönheit wechseln mit juristischen Themen, die ein Gefühl der Öde erregen können; dazu kommen Wiederholungen über das ganze Buch hin und abgerissene Geschichten, die einem nicht in ihrer vollständigen Gestalt begegnen, sondern wie zitiert erscheinen, als wüßte der Leser bereits im voraus, worum es sich handelt. Ausgeschlossen, daß es dem Anfänger gelingen könnte, einen Aufbau des Ganzen zu erkennen, der mehr ist als nur eine äußerliche Aneinanderreihung von Abschnitten oder Suren. Selbst die Gliederung einer einzigen größeren Sure läßt sich nur schwer aus einem inneren Prinzip begreifen" (Schwarzenau 1990, S. 13).

Der Koran kann vor diesem Hintergrund formal und inhaltlich analysiert werden. Eine Gliederung nach inhaltlichen Fragen erfasst thematische Schwerpunkte (Gott, Mensch, Natur usw.), die „10 Gebote" des Islam sowie Strukturanalysen (vgl. Hofmann 2009, S. 37ff.). Die Untersuchung nach inhaltlichen Aspekten aus seinem Gesamtkontext heraus muss auch für das Menschenbild im Koran angewandt werden, da die Behandlung dieses Themas auf die 6200 Verse des Korans verteilt ist und mit unterschiedlichen Kontexten verwoben ist wie etwa mit den Prophetengeschichten oder mit direkten Aussagen zum Menschen. Daher müssen diese Aussagen zum Menschen zunächst gesammelt und dann nach thematischen Schwerpunkten klassifiziert werden, um ein Gesamtbild zu erstellen. Behandelt wird die Gattung Mensch dabei im Koran in unterschiedlichen Kategorien, die man wie folgt zusammenfassen kann.

Zunächst kann man die erste Kategorie als „Vor-irdisches Konzept des Menschen" titulieren, weil im göttlichen Plan über die Gattung Mensch gesprochen wird. Unmittelbar in der zweiten Sura (Verse 30-34) des Korans wird der Leser in eine Szene im Jenseits eingeführt, in der Gott seine Intention, den Menschen zu schaffen, äußert. Gott vertraut anscheinend dem Menschen, obwohl die Engel ihre Skepsis darüber kundtun. Das „Konzept Mensch" scheint dem Engel nur negativ konnotiert zu sein („ein Wesen, dass Blut fließen lassen wird auf der Erde"), während Gott in dieser Jenseitsszene lediglich diesen Lichtwesen mitteilt, dass „Er wisse was sie nicht wissen könnten". Nachdem Gott den Prototyp des Menschen erschaffen hat, verlangt er von den Engeln die Niederwerfung vor dem neuen Geschöpf, woraufhin sie – bis auf den hochmütigen Iblis – diesem Befehl Folge leisten. Damit wird die Besonderheit der Gattung Mensch vom Schöpfer unterstrichen. Zugleich wird ihm Iblis als negatives Konzept gegenübergestellt, der sich der Barmherzigkeit Gottes entzieht und aktiv daran arbeitet, dasselbe Schicksal für die Gattung Mensch herzustellen (vgl. Kaya 2003).

In einer zweiten Kategorie wird im Koran die Funktion des „Homo Sapiens" behandelt. In Vers 30 der zweiten Sure wird zugleich die Funktion des Menschen auf der Erde, nämlich als „Khalifa", offenbart. Laut Asad kann man diese arabische Terminologie mit „auf Erden einen Nachfolger einzusetzen" bzw. „Statthalter" übersetzen. Demnach sei diese allegorische Szene im Jenseits so zu verstehen, dass Gott „die rechtmäßige Oberhoheit" auf der Erde dem Menschen zuschreibt (vgl. Asad 2011, S. 34). Damit „erbt" der Mensch also die Erde von Gott – hier wird wieder das Vertrauen ausgedrückt – er delegiert dem „Khalifa" eine besondere Verantwortung als sein Statthalter. Damit hat der Mensch zwar nicht die absolute Souveränität über die Natur und das Leben, jedoch kann er stellvertretend über das „Anvertraute" regieren. Aus dieser Funktion folgt also eine große Verantwortung der Spezies Mensch gegenüber der Natur und dem Leben in ihr (vgl. Manzoor/ Sardar, S. 792f.):

„Equipped with the ethical insights of *khalifa* and *amana*, and impelled by the Quranic dictates to assume personal moral responsibility in the world of nature, Muslims have a responsibility to meet the challenge of ecology to religious consciousness and provide mankind with a healing vision of the harmony of man and nature under God. Like everything else of value in Islam, its ecological insight can be summed up under the seminal concept of *tawhid* (unity). Tawhid, Islam's eternal quest for the unity of life and purpose, spirit and matter, human beings and nature, law and ethics, faith and morality, implies that man does not dominate the earth or commit violence in any form" (ebd., S. 793).

Chronologisch beginnt dann der harmonische „paradiesische Ur-Zustand", der zwar Ähnlichkeiten mit der biblischen Geschichte von Adam und Eva aufweist, doch in vielen elementaren Fragen davon abweicht. Nachdem Gott dem Menschen den Namen aller Dinge lehrt – laut Asad „die Fähigkeit des Menschen zur logischen Begriffsbestimmung und somit zum begrifflichen Denken", werden Adam – in diesem Kontext bestimmt als „die gesamte Menschheit" – und seine Frau in eine „Umgebung vollkommenen Wohlbehagens, der Glückseligkeit und Unschuld" versetzt. Dieser Ur-Zustand wird durch den Sündenfall des Menschen aufgehoben (vgl. Asad 2011, S. 34f.).

In einer weiteren Kategorie wird der Mensch mit seiner „Gottbegabung und seiner Angewiesenheit auf Rechtleitung" thematisiert. Der Mensch hat die Fähigkeit und das Potenzial, die Existenz eines Schöpfers zu erkennen, um seine Funktion im irdischen Leben zu erfüllen (vgl. Ceylan 2014, S. 139f.). Nach der Beendigung des Ur-Zustandes beginnt entsprechend der Verse 36-39 in der zweiten Sure das uns vertraute irdische Leben. Der Mensch zeigt Reue und Gott beweist, dass nur Er der „Reueannehmende, der Gnadenspender" ist und vergibt dem Menschen seine Sünde. Zugleich wird deutlich, dass die im paradiesischen Ur-Zustand bestehende Gottesbeziehung bzw. Kommunikation zwischen Schöpfer und Geschöpf durch die „Rechtleitung", die sowohl in Form von Offenbarungsschriften als auch durch die intrinsische Entfaltung der Gottesbegabung des Menschen verwirklicht werden kann, weiter besteht. In den Worten von Frithjof Schuon:

„Der Mensch also solcher, das heißt, nicht als gefallenes Geschöpf betrachtet, das eines erlösendes Wunders bedarf, sondern als gottförmiges (theomorphes) Geschöpf, das mit einer Intelligenz begabt ist, die das Absolute zu erkennen vermag, und mit einem Willen, der fähig ist, zu wählen, was dahin führt" (Schuon 1991, S. 9).

Doch allein die Veranlagung des Menschen zur Gotteserkenntnis ist nicht ausreichend, sondern erst durch die Kombination mit der Offenbarung kann sich diese Begabung des Menschen entfalten und der Mensch seine gottgewollte Rolle auf diesem Planeten erfüllen (vgl. Macit 1996, S. 59ff.). In der Sure 4, in den Vers 163-165, wird zum Ausdruck gebracht, dass Gott durch seine Offenbarungen an alle biblischen Propheten seine Verantwortung umgesetzt habe:

> „SIEHE, Wir haben dir (o Prophet) eingegeben, geradeso wie Wir Noah und allen Propheten nach ihm eingaben – wie wir Abraham eingaben und Ismael und Isaak und Jakob und ihren Nachkommen einschließlich Jesus und Hiob und Jona und Aaron und Salomon; und wie Wir David ein Buch der göttlichen Weisheit gewährten; und wie (Wir anderen) Gesandten (eingaben), die Wir Dir gegenüber zuvor erwähnt haben, wie auch Gesandte, die Wir dir gegenüber nicht erwähnt haben; und wie Gott Sein Wort zu Moses sprach: (Wir sandten alle diese) Gesandten als Verkünder froher Kunde und als Warner, so daß die Menschen keine Entschuldigung vor Gott haben mögen nach (dem Kommen von) diesen Gesandten: und Gott ist fürwahr allmächtig, weise."

Im 56. Vers der 51. Sure wird nochmals bekräftigt, dass das Ziel des Menschen auf Erden der Dienst an Gott ist. Dieser impliziert die oben genannte Rolle als „Khalifa" auf Erden, d.h. die Verantwortung gegenüber Gott und seinen Geschöpfen. Sinn und Ziel des menschlichen Lebens ist es also, Gott zu dienen. Ein „Gotteskomplex", wie ihn Horst Eberhard Richter attestiert hat, darf sich also nicht entwickeln (vgl. Richter 2001).

Die „Natur des Menschen" ist eine vierte, noch konkretere koranische Kategorie zur Bestimmung der theologischen Anthropologie. Über die Natur des Menschen existieren zahlreiche ambivalente Koranverse. Der Mensch kommt ohne Erbsünde zur Welt und ist – neben seiner Veranlagung der Gottbegabung – mit einem Potenzial für gute und schlechte Eigenschaften ausgezeichnet. Einerseits ist er eine *tabula rasa*, andererseits kann er mit der Erlangung – in der Regel ab der pubertären bzw. postpubertären Phase – für sein Handeln zur Rechenschaft gezogen werden, weil er zwischen Gut und Böse differenzieren und so seine Verantwortung im Diesseits erfüllen kann:

> „1 Geheiligt sei Er, in dessen Hand alle Herrschaft liegt, da Er die Macht hat, alles zu wollen: 2 Er, der den Tod erschaffen hat wie auch das Leben, so daß Er euch einer Prüfung unterziehen möge (und also zeige), welcher von euch am besten im Verhalten ist, und (euch erkennen lasse, daß) Er allein allmächtig, wahrhaft vergebend ist" (Sura 67, Vers 1-2).

Im Koran werden in diesem Zusammenhang alle Lebensphasen des Menschen – erneut den gesamten Text hindurch und in unterschiedlichen Kontexten – thematisiert. Jede Altersstufe wird nicht nur mit den für sie typischen Herausforderungen aufgegriffen, sondern es wird dem Leser das Menschenleben in seiner Gesamtheit und Vergänglichkeit vor Augen geführt. Die Formel *inna lillahi ve inne ileyhi raciun*" (Wir sind von Gott und zu ihm ist die Rückkehr) ist charakteristisch für diese Lebenseinstellung.

Auf der Grundlage der Natur des Menschen als einem freien Vernunftwesen wird im Koran das Spektrum der positiven und negativen Handlungen ausgearbeitet. Die Natur des Menschen wird den gesamten heiligen Text hindurch in Form von lehrreichen Geschichten dargestellt. Mit seiner Verantwortlichkeit soll er selbstbestimmt das für ihn vorgesehene Leben nach den koranischen Prinzipien führen. Im Koran wird dabei genau skizziert, welche Handlungen als moralisch verwerflich bzw. empfohlen gelten. Wieder werden diese menschlichen Handlungen im Trias Gott, Mensch und Gesellschaft ausgeführt. Die Idee des Guten soll umgesetzt werden. Diesbezüglich hat sich eine eigene Wissenschaft entwickelt, um Ethik und Recht aus den theologischen Grundlagen des Islam abzuleiten. Die Methodologie des Islam hat sich dabei – um das Wohl des Individuums und der Gesellschaft herzustellen – an folgenden Prinzipien orientiert, aus denen sich die (flexiblen) Vorschriften ableiten lassen, ebenso eine muslimische Individual- und Sozialethik:

- „Öffentliches Wohl (maslaha; istislah)
- Unabweisbare Notwendigkeiten (darura)
- Übung und Sitte ('urf)
- Bedürfnis (hadscha)
- Kontinuität
- Vorrangigkeit" (Hofmann 2001, S. 55).

Der Mensch als soziales Wesen und die Verantwortung gegenüber Verwandten bilden einen weiteren wichtigen analytischen Bezugsrahmen, um die Rolle des Menschen im irdischen Leben bzw. in einer sozialen Ordnung zu definieren. Der Mensch lebt in sozialen Zusammenhängen und kann nur in diesen den Fortbestand seiner Spezies garantieren. Familie und Verwandtschaft kommt im Islam eine wichtige Bedeutung zu, so dass der Schutz durch die religiösen Gemeinschaftsregeln wie zu Sexualität garantiert wurde. In diesem Zusammenhang schreibt José Casanova:

„daß sofern Religionen diskursive Systeme des Glaubens und der Praxis sind, die Strukturen einer Moralordnung, kulturelle Bedeutung und Motivationsgründe für Individuen und Kollektive über die symbolischen Mittel der Transzendenz und der spirituellen Kommunikation mit einer höheren, übermenschlichen, übernatürlichen oder einer göttlichen Realität bieten, diese Religionen immer in die Aufgabe einbezogen waren, Sexualität, biologische und Geschlechterrollen im Einklang mit einem transzendenten Prinzip, das natürliche, heiliger oder göttlicher Herkunft war, zu regulieren. Besonders monotheistische Religionen, die eine absolute göttliche Transzendenz als Quelle allgemeingültiger und unveränderlicher Prinzipien behaupten, stehen vor der Herausforderung diese universellen Prinzipien hermeneutisch auf sich ändernde Umstände anzuwenden" (Casanova 2009, S. 68).

Zu der biologischen tritt die soziale Regelung hinzu, indem die durch materielle und immaterielle Zuwendungen – angefangen von der Kernfamilie und sich wie ausbreitende konzentrische Kreise auf die jeweils nächsten Verwandtschaftsgrade ausbreitend – Hilfestellungen zu leisten sind. Ebenso wird im Koran darauf verwiesen, dass die unterschiedlichen Klassen und Lebenslagen einem göttlichen Plan entspringen, um die Verbundenheit und die gegenseitige Hilfen in einer Gesellschaft zu forcieren. Das prosoziale Verhalten in Form von Solidarisierung mit den Armen und Schwachen ist dabei höchstes Gebot, der Dienst am Menschen ein Dienst für Gott. Dementsprechend hat der Mensch ein Recht auf die Gemeinschaft. Die Verwirklichung von sozialer Gerechtigkeit war daher von Anbeginn der Verkündung des Islam eine zentrale Botschaft. Die Vision einer besseren Gesellschaft hat stets für alle muslimischen Strömungen eine starke treibende Kraft innegehabt, unabhängig von ihren differierenden Konzeptionen (vgl. Ceylan/Kiefer 2013, S. 26f.).

Die Menschheit wird dabei im Koran als pluralistisch aufgefasst. Der Mensch ist laut Koran nicht nur ein soziales Wesen, darüber hinaus sind die Menschengruppen in unterschiedlichen Ethnien und Kulturen aufgeteilt. So heißt es im 13. Vers der 49 Sure im Koran:

„O Menschen! Siehe, Wir haben euch alle aus einem Männlichen und einem Weiblichen erschaffen, und haben euch zu Nationen und Stämmen gemacht, auf daß ihr einander kennenlernen möget. Wahrlich der Edelste von euch in der Sicht Gottes ist der, der sich Seiner am tiefsten bewußt ist. Siehe, Gott ist allwissend, allgewahr."

Daher sind Pluralismus und positive Beziehungen untereinander gottgewollt. Ebenso stellt die Verpflichtung zur „Sozialen Solidarität und Sozialversicherungsrecht" gegenüber allen Menschengruppen demnach eine koranische Anweisung dar und schärft damit das „Bewusstsein der Brüderlichkeit" unter den Menschen (vgl. Köse 2013, S. 120ff.).

Prüfungen gehören zum Menschenleben dazu. Dem Mensch wird im Leben Glück und Unglück, Krankheit und Gesundheit, Armut und Reichtum, Verfolgung und Rettung sowie Tod und Trauer zuteil. Im Koran werden diese positiven und negativen Lebensumstände mit einem Sinn versehen, d.h. diese werden als Prüfungen Gottes beschrieben, um die Menschen in ihrem Gottesvertrauen zu testen. Durch seinen *iman* und seine *taqwa* muss der Mensch sein absolutes Vertrauen beweisen. Entsprechend der anfangs erzählten „didaktischen Parabel" hat der Mensch durch die Offenbarung ein System, mit dessen Hilfe er diese Prüfungen deuten und in seine Biografie einordnen kann. Schwere Zeiten, Engpässe und Krisen verkörpern folglich keine sinnlosen und zufälligen Krisen bzw. Umbrüche, sondern sie fügen sich schlüssig in das Leben des *khalifa* ein.

Schließlich wird auch das Verhältnis des Menschen zum irdischen, materiellen Leben thematisiert. Das irdische Leben vergeht und der Mensch sollte sein Leben nur als eine „Durchreise" verstehen. Insofern werden Leid und Glück, Armut und Reichtum usw. relativiert, weil sie nur als eine kurze Phase in Relation zum ewigen Leben im Jenseits betrachtet werden müssen. Der Mensch „besitzt" daher auch nicht wirklich, sondern ist nur der „temporäre Verwalter". Der wahre Besitzer über die materielle und immaterielle Welt ist Gott. Ein Reicher verwaltet also nur Gottesvermögen und darin ist auch das Recht bzw. der Anteil für die Bedürftigen vorgesehen. Die Eschatologie und die Gerichtsbarkeit spielen folglich eine große Rolle im Koran. So beschreibt etwa Hellmut Ritter das „Lebensgefühl" im islamischen Mittelalter, „dass es sich nicht lohne, sich allzu viel in dieser welt vorzunehmen, seelische und materielle bindungen in ihr einzugehen, weil der tod doch nur allzu schnell allem ein ende bereitet" (Ritter 1955, S. 34), doch ist diese Lebenseinstellung nicht repräsentativ, denn der Gläubige soll laut Koran dem irdischen Leben nicht den Rücken kehren und sich in Askese üben, sondern voll partizipieren. Rückzug aus dem sozialen Leben ist nicht erwünscht, weil dies einem Sich-Entziehen von der sozialen Verantwortung gleichkommt. Diesseits und Jenseits hängen zusammen wie dies der 77. Vers der 28. Sura pointiert wiedergibt:

„Suche statt dessen durch das, was Gott dir gewährt hat, das (Gute des) kommenden Lebens ohne dabei deinen eigenen (rechtmäßigen) Anteil in dieser Welt zu vergessen; und tue (anderen) Gutes, wie Gott dir Gutes getan hat; und suche nicht Verderbnis auf Erden zu verbreiten: denn, wahrlich, Gott liebt nicht die Verbreiter von Verderbnis."

2.3 Der religiöse Auftrag einer Wohlfahrt und das prophetische Vorbild

Der kurze Abriss über die theologischen Impulse für eine muslimische Wohlfahrtspflege, die zu individuellem und gesellschaftlichem Wohl führen soll, lassen bereits die Grundzüge dieser sozialpolitischen Bemühung erkennen. Das Gottes- und das Menschbild des Islam bilden das Fundament einer muslimischen Sozialarbeit. Auf dieser theologisch-philosophischen Grundlage soll das Wohlbefinden und das „Problemlösen" von Individuen, Menschengruppen und der Gesellschaft insgesamt realisiert werden.

Die Wohlfahrtspflege versucht wie oben dargestellt die Trias „Gott, Mensch und Gesellschaft" in einem organischen Ganzen zusammenzubringen, indem durch Solidarisierung mit den Bedürftigen und die Brücke zwischen Arm und Reich eine Mindestlebensqualität für jeden gewährleistet werden soll. Jeder Muslim ist entsprechend seinen finanziellen, zeitlichen oder fachlichen Ressourcen in seinem Alltag mit dieser Aufgabe – sei es mit materiellen oder immateriellen Zuwendungen – verpflichtet, dem Ziel des Wohlergehen seiner Mitmenschen zuträglich zu sein. Die soziale Verantwortung und die Herstellung einer gerechten sozialen Ordnung ist eine Pflicht für das Kollektiv, und zwar für diejenigen, die aufgrund ihrer Kompetenzen und günstigen Lebenslagen dazu in der Lage sind. Überzeitliche Grundwerte wie Mitgefühl, Empathie, soziale Verantwortung, Hilfsbereitschaft, der Schutz der Armen und Bedürftigen, Waisenfürsorge, Witwenfürsorge und eine Sensibilität für die gesellschaftliche Misere sind an erster Stelle zu nennen. Daher stellt es ein kollektives Versagen dar, wenn Hunger, Leid, soziale Isolation usw. in einer Gesellschaft existieren, weil eben die charakterisierte Trias nicht funktioniert.

Die materiellen und sozialen Grundbedürfnisse von benachteiligten Menschen zu decken, bezeichnet das Ziel einer muslimischen Wohlfahrtspflege. Der Koran definiert in unterschiedlichen Versen die Zielgruppen einer individuellen bzw. gemeinschaftlichen Fürsorge entweder vereinzelt oder fasst wie im folgenden 60. Vers der 9. Sura einige Zielgruppen wie folgt zusammen:

> „Die um Gottes willen gegebenen Gaben sind (gedacht) nur für die Armen und die Bedürftigen und jene, die damit betraut sind, und jene, deren Herzen gewonnen werden sollen, und für das Befreien von Menschen aus Knechtschaft und (für) jene, die mit Schulden belastet sind, und (für jede Anstrengung) für Gottes Sache und (für) den Reisenden: (dies ist) eine Verordnung von Gott – und Gott ist allwissend, weise."

Die Verpflichtung einer immateriellen Zuwendung ergibt sich laut Koran in Form von verbaler Zuneigung, um Wärme und Akzeptanz zu vermitteln sowie die soziale Isolation von sozial schwachen Menschen zu unterbinden. Demzufolge hat jedes Individuum das Recht auf eine Gemeinschaft. Diese immaterielle Zuwendung wie durch mündliche Wohltätigkeit, durch Nächstenliebe, ist nach koranischer Angabe seit der Offenbarung an die Kinder Israels ein göttlicher Imperativ, der bis in die Gegenwart seine Gültigkeit besitzt. Die Muslime werden in Sure 2, Vers 83, mit dem historischen Hinweis an die Kontinuität dieser „mündlichen Gabe" erinnert:

> „UND SIEHE! Wir nahmen dieses feierliche Versprechen von (euch) den Kindern Israels an: ‚Ihr sollt keinen Gott anbeten; und ihr sollt Gutes tun euren Eltern und euren Verwandten und den Waisen und den Armen; und ihr sollt zu allen Leuten auf gütige Weise sprechen; und ihr sollt beständig das Gebet verrichten; und ihr sollt ausgeben aus Mildtätigkeit.‘"

Im Koran wird Muhammad wegen einem Ereignis getadelt, und zwar als er einen blinden Muslim, der in Mitten eines Gesprächs mit nicht-muslimischen Mekkanern – die er zum Islam bekehren will – stört und trotz mehrfacher Anfragen keine Antwort von dem sichtlich verärgerten Muhammad erhält (vgl. Asad 2011, S. 1137). Daraufhin zieht sich der Blinde enttäuscht zurück, sodass der unmittelbar eine Offenbarung Muhammad mit folgenden Versen 1-9 der 80. Sura mahnte:

> „1 Er runzelte die Stirn und wandte sich ab, 2 weil der Blinde zu ihm kam! 3 Doch bei allem, was du wußtest, (o Muhammad) er wäre vielleicht an Reinheit gewachsen 4 oder er hätte (an die Wahrheit) erinnert werden können und ihm hätte durch diese Erinnerung geholfen werden können. 5 Was nun den angeht, der sich für selbstgenügend hält 6 – ihm hast du deine ganze Aufmerksamkeit gegeben, 7 obwohl du nicht verantwortlich bist für sein Versagen, Reinheit zu erlangen; 8 aber was den angeht, der voller Eifer zu dir kam 9 und in Ehrfurcht (vor Gott) 10 – den hast du mißachtet!"

Nach diesem Vorfall soll der Prophet den Blinden jedes Mal mit folgenden Worten gegrüßt und empfangen haben:

> „Willkommen ihm, wegen dem mein Erhalter mich gerügt hat (‘atabani)!" (Asad 2011, S. 1137).

Dieser Vorfall ist in der muslimischen Tradition besonders präsent, weil diese koranische Mahnung den Schutz der Schwachen und den Wert eines Menschen nicht aufgrund seiner sozialen Position bzw. materiellen Reichtums misst, sondern aufgrund seines Menschseins. Zugleich wird die besondere Behandlung von bedürftigen Menschen untermauert.

Die materielle Zuwendung kann in Form von Geld, Speisen, Unterkunft usw. erfolgen. Der Koran differenziert dabei zwischen der obligatorischen Steuer – der *zakat* –, die eine religiöse Grundpflicht darstellt und zwischen dem freiwilligen Spenden – der *sadaqat* –, die also über die religiöse Pflicht hinaus entrichtet werden kann. Die Abgabe dieser Armensteuer stellt einen der fünf Grundpfeiler des Islam dar und bildet also eines der Fundamente der religiösen Pflichten. Etwa 2,5 Prozent des Vermögens sind jährlich – nicht von der eigenen Lebensgrundlage, sondern vom Überschuss – zu entrichten (vgl. Halm 2011, S. 69ff.). Bis in die Gegenwart hinein, dient die *zakat*[25] bei der Bekämpfung von Armut und Benachteiligung. In zahlreichen juristischen Regelwerken ist dabei penibel geregelt, wer die *zakat* bzw. die *sadaqat* zu entrichten hat (vgl. Diyanet, S. 426ff.), wobei hingegen folgende Zielgruppen diese Leistung erhalten: Waisen, Arme und Mittellose, für die Sklavenbefreiung, Kranke, Reisende/Flüchtlinge, Schuldner (vgl. Dalgin 2004, S. 62ff.).

Weiterhin wird in den theologischen Quellen – in zahlreichen historischen Erzählungen, Gleichnissen und direkten Predigten an den Leser – plastisch gemacht, an welchen Leitlinien sich der Mensch als Helfer und Hilfesuchender orientieren kann. Nicht nur ist der Mensch als Diener in seiner Beziehung zu Gott vollkommen, sondern auch in seiner Beziehung zu seinen Mitmenschen. Diese Vollkommenheit zeigt sich nicht nur darin, dass man den Bedürftigen Hilfe zukommen lässt. In der Position der Helfers sind ethische Richtlinien einzuhalten. Der Koran weist daraufhin, dass es sich bei diesem Verhältnis zwischen Helfer und Hilfesuchenden um keine Machtbeziehung handeln darf, sondern stets die Demut und die *taqwa* – das Gottesbewusstsein – des Gebenden sich in dieser Interaktion widerspiegeln muss. Die Würde des Hilfesuchenden muss also gewahrt werden, ansonsten ist die Hilfe nutzlos wie die Verse 262 und 263 der 2. Sura explizit aussagen:

„Diejenigen, die ihre Besitztümer ausgeben um Gottes willen und danach ihre Ausgaben nicht beeinträchtigen durch Betonen ihrer eigenen Wohltätigkeit und Verletzen (der Gefühle der Bedürftigen), werden ihren Lohn bei ihrem Erhalter haben, und keine Furcht brauchen sie zu haben, noch sollen sie bekümmert sein. Ein gütiges Wort und das Verdecken des Mangels eines anderen sind besser als eine milde Tat gefolgt von Verletzung; und Gott ist selbstgenügend, nachsichtig."

---

25 Durch die Regelung für die Zakatsteuer, kein Kapital anzuhäufen, sondern die eingenommene Summe noch im selben Jahr an Bedürftige zu verteilen, soll nach dem Tod Abu Bakrs nur ein Dirham hinterlassen worden sein. Für die spätere Diskussion einer Finanzierung der Wohlfahrtspflege muss diese religiöse Regelung beachtet werden, da sie sich von den anderen Finanzierungskonzepten der nicht-muslimischen Wohlfahrtspflege unterscheidet.

Für die Hilfesuchenden sind ebenso Richtlinien formuliert, an denen er oder sie sich in allen Lebenslagen orientieren sollte, wie etwa kein Missbrauch bzw. sich keinen Vorteil aus der ihm zugestandenen Hilfe zu ziehen. Neben dem bereits ausführlich behandelten Gottesvertrauen sollte der Hilfesuchende ferner nicht in Verzweiflung geraten. Hier beginnt die theologische Frage einer Theodizee, wenn der Gläubige beginnt, sich zu fragen: „Warum ich? Wieso passiert mir das? Womit habe ich das verdient?" Bewältigung von Lebenskrisen und Krankheiten wird daher als Gotteslohn verstanden. Als ein Vorbild für die spirituelle Haltung zu Krankheit und Tod wird dabei das geduldige Leiden von Hiob angeführt, das zu einem anderen Zugang zu Krankheit führen soll. Im christlichen Kontext leidet Hiob ebenfalls, allerdings beklagt sich der Leidende, sodass Joseph Ratzinger auf die Notwendigkeit des Gottesvertrauens hinweist, wenn Gott Hiob auf sein Leiden hin antwortet:

> „Die Antwort Gottes an Hiob erklärt ja nichts, sondern weist nur unseren Wahn, über alles urteilen und abschließend sprechen zu können, in die Schranken und erinnert uns an unsere Grenzen. Dem Geheimnis in seiner Unbegreiflichkeit zu trauen, ermahnt sie uns" (Ratzinger 2011, S. 23).

Wie Navid Kermani in Bezug auf das islamische Motiv von Hiob nachzeichnet, wird eine „teilweise spiegelverkehrt" erzählte Leidensgeschichte im Koran offenbart. Hiob protestiert nicht und klagt Gott wegen seiner Krankheit nicht an. Mit der Zitation der Sure 21, Vers 83, führt Kermani weiterhin an, dass Hiobs Erzählung sich lediglich auf den „Aspekt des Leidens" reduziere (vgl. Kermani 2011, S. 165). So wird im Koran Hiobs Geduld als positives Beispiel dafür gegeben, wie sich der „Hilfesuchende" in seiner Not zu verhalten habe:

> „Als Aufrührer kommt Hiob nicht zu Wort. ‚Was für ein trefflicher Diener er war', lobt ihn denn auch Gott im Koran: ‚Siehe, er war bußfertig.' (38,44). Wo es keine Strafe ist, dient das Leid im Koran wie in der Sunna der Prüfung, nicht anders als in den vorherrschenden Exegesen des Judentums und Christentums. Daß Gott Hiob sein früheres Glück zurückgegeben hat, wie der Koran erwähnt, deuten die klassischen Kommentare denn auch als Lohn für seine stille Geduld und als Anreiz, es ihm gleichzutun. Der Koran läßt keine Form der klagenden oder gar Gott anklagenden Frömmigkeit gelten. Die muslimische Theologie mußte im Unterschied zur christlichen das Aufbegehren Hiobs, den Protest der Menschen gegen ihren Gott oder auch nur ihre Nachfrage nicht eigens verdrängen, insofern der Koran dies selbst in Sure 21, 23 abgewehrt[26] hatte."

---

26 „ER kann nicht zur Rechenschaft gezogen werden für das, was immer Er tut, während sie zur Rechenschaft gezogen werden". Damit wird Gottes Allmacht unterstrichen, da keine Macht und keine Kraft außer Ihm existiert, die ihn anklagen könnte.

Der Prophet wird ausdrücklich davor gewarnt, dem Beispiel Jonas zu folgen, der wütend war und aufbegehrte, statt die Entscheidung seines Herren geduldig abzuwarten (Sure 68, 48)" (Kermani 2011, S. 165f.).

Auch wenn immer wieder einige islamische Denker, Dichter und Philosophen bei der Geschichte auf die biblische Version der Hiobs Geschichte zurückgegriffen hätten, so habe man nach Kermani in der islamischen Orthodoxie und mehrheitlich auch im Sufismus „den Menschen das Ergebenheitsmaxim eingebleut" (vgl. ebd., S. 167ff.). Im Volksislam wird daher Hiob mit seiner Eigenschaft als „der Geduldige" gehuldigt, weil er trotz seiner jahrelangen Krankheit sein Gottesvertrauen nicht verloren hat und nicht rebellierte. Für die Klagekultur in den volksreligiösen Handlungen wie etwa bei Verlust und Trauer hat diese Geschichte, aber auch, wie die folgenden direkten Aussagen des Propheten Muhammad belegen, dazu geführt, dass man seine Trauer und sein Leid mit Geduld – mit der Hoffnung auf Gotteslohn – zu ertragen hat:

„Der Prophet sagte: Den Gläubigen trifft nicht ein Dorn und was darüber ist, ohne dass Gott ihn deswegen eine Stufe erhöht und eine Sünde von ihm ablädt.
[...]
Der Prophet sagte: Wenn dem Diener eine Stellung von Gott vorherbestimmt ist, die er aber durch seine Taten noch nicht erreicht hat, prüft ihn Gott in seinem Körper oder in seinem Eigentum oder in seinen Kindern und lässt ihn dies geduldig ertragen, bis er die Stellung erreicht hat, die Gott ihm vorherbestimmt hat.
[...]
Der Prophet sagt: Wenn der Diener krank wird oder auf Reisen ist, dann schreibt ihm Gott dafür so viel an Lohn an wie für das, was er sonst tut, wenn er gesund ist oder zu Hause bleibt" (Khoury 2008b, S. 152).

Während der Koran als Primärquelle sicherlich die Hauptinspiration für die Muslime bis heute liefert, war diese Quelle nur in Kombination mit der Sunna – der Handlungen und Aussprüche des Propheten Muhammad (ca. 570-632 n. Chr.) – als komplettiert verstanden worden. Denn erst das vorbildliche Handeln Muhammads kann viele Korantexte konkretisieren und für die Praxis Handlungsempfehlungen eröffnen, insbesondere für die Position des Helfers (vgl. Sibai 1996, S. 49ff.). Der Koran selbst sagt hierzu in Sura 33, Vers 21:

„WAHRLICH, im Gesandten Gottes habt ihr ein gutes Beispiel für jeden, der (mit Hoffnung Ehrfurcht) dem Letzten Tag entgegensieht und unaufhörlich Gottes gedenkt."

So heißt es in einer Überlieferung, dass die Ehefrau Aisha über Muhammad gesagt haben soll, er sei wie ein wandelnder Koran gewesen, weil er als Modellperson den Koran empfangen und zugleich praktiziert habe. Besonderen Vorbildcharakter erhalten Muhammads Wohltaten in Form von besonderer Nähe zu den Benachteiligten und Ausgegrenzten in der Gesellschaft. Eine Parallele ist an dieser Stelle zur Rolle von Jesus und seinem selbstlosen Handeln für die christliche Sozialarbeit ziehen, der für alle Lebenslagen und für alle Schichten mit seinem Wirken in den Evangelien vorbildhaft war. Die eigene Armut hinderte ihn nicht daran, „Zuwendung, Heilung und Rat" anderen bedürftigen Menschen zukommen zu lassen (vgl. Pompey 1999, S. 38). In den ersten vier Jahrhunderten hat sogar das diakonische Wirken dazu geführt, dass – beeindruckt von dem Altruismus – die Mitglieder stark anwuchsen (vgl. Haslinger 2009, S. 70). Diese „Liebeswerke" sollten nach Ulrich Luz das Verständnis aufkommen lassen, „dass diakonisches Handeln eine Grunddimension christlichen Lebens ist und dass Diakonie nie einfach nur in professioneller Distanz betrieben werden kann (vgl. Luz 2005, S. 19).

Ein zentrales Beispiel für die Grundlegung einer christlichen Wohlfahrtspflege ist das Gleichnis vom barmherzigen Samariter, der als Symbolfigur für Nächstenliebe Eingang in die Tradition gefunden hat (vgl. Hoppe 2006, S. 25ff.). Ein anderes Beispiel bildet die Ankündigung des Weltgerichts aus dem Matthäus-Evangelium (25: 31-46) der den Weltenrichter Jesus mit den Armen identifiziert und eine Solidarisierung postuliert. Das Heil oder Unheil wird somit vor allem im gerechten Verhalten gegenüber Armen abhängig gemacht:

> „31 Wenn aber der Menschensohn kommen wird in seiner Herrlichkeit und alle Engel mit ihm, dann wird er sitzen auf dem Thron seiner Herrlichkeit, 32 und alle Völker werden vor ihm versammelt werden. Und er wird sie voneinander scheiden, wie ein Hirt die Schafe von den Böcken scheidet, 33 und wird die Schafe zu seiner Rechten stellen und die Böcke zur Linken. 34 Da wird dann der König sagen zu denen zu seiner Rechten: Kommt her, ihr Gesegneten meines Vaters, ererbt das Reich, das euch bereitet ist von Anbeginn der Welt! 35 Denn ich bin hungrig gewesen und ihr habt mir zu essen gegeben. Ich bin durstig gewesen und ihr habt mir zu trinken gegeben. Ich bin ein Fremder gewesen und ihr habt mich aufgenommen. 36 Ich bin nackt gewesen und ihr habt mich gekleidet. Ich bin krank gewesen und ihr habt mich besucht. Ich bin im Gefängnis gewesen und ihr seid zu mir gekommen. 37 Dann werden ihm die Gerechten antworten und sagen: Herr, wann haben wir dich hungrig gesehen und haben dir zu essen gegeben, oder durstig und haben dir zu trinken gegeben? 38 Wann haben wir dich als Fremden gesehen und haben dich aufgenommen, oder nackt und haben dich gekleidet? 39 Wann haben wir dich krank oder im Gefängnis gesehen und sind zu dir gekommen? 40 Und der König wird antworten und zu ihnen sagen: Wahrlich, ich sage euch: Was ihr getan habt einem von diesen meinen geringsten Brüdern, das habt ihr mir getan.

41 Dann wird er auch sagen zu denen zur Linken: Geht weg von mir, ihr Verfluchten, in das ewige Feuer, das bereitet ist dem Teufel und seinen Engeln! 42 Denn ich bin hungrig gewesen und ihr habt mir nicht zu essen gegeben. Ich bin durstig gewesen und ihr habt mir nicht zu trinken gegeben. 43 Ich bin ein Fremder gewesen und ihr habt mich nicht aufgenommen. Ich bin nackt gewesen und ihr habt mich nicht gekleidet. Ich bin krank und im Gefängnis gewesen und ihr habt mich nicht besucht. 44 Dann werden sie ihm auch antworten und sagen: Herr, wann haben wir dich hungrig oder durstig gesehen oder als Fremden oder nackt oder krank oder im Gefängnis und haben dir nicht gedient? 45 Dann wird er ihnen antworten und sagen: Wahrlich, ich sage euch: Was ihr nicht getan habt einem von diesen Geringsten, das habt ihr mir auch nicht getan. 46 Und sie werden hingehen: diese zur ewigen Strafe, aber die Gerechten in das ewige Leben."

Ein anderes Beispiel hierfür liegt etwa in der Passionsgeschichte, die als „Schlüsseltext" in der Sozialarbeit mit gesellschaftlich Gescheiterten und Ausgegrenzten herangezogen wird. Jesus' Handeln und die frohe Botschaft des Evangeliums werden als Quelle für die spirituelle Inspiration einer christlichen Sozialarbeit aufgefasst (vgl. Weiß-Flache 2004, S. 209). Die biblisch-christliche Ethik basiert grundlegend auf Jesus von Nazareth, der in seinem Handeln – mit Anlehnung an das Alte Testament – Gottesliebe zu den Menschen hat transparent werden lassen (vgl. Keller 2010, S. 20). „Soziale Arbeit als Ort der Gotteserfahrung" wird demgemäß dadurch möglich, dass, wie das Vorbild Jesus, Gott in der Hilfe für Arme erlebbar wird. Greifbar wird hier die starke Verbindung von Gottesliebe und Nächstenliebe. Am Tag des jüngsten Gerichts wird dieser Gottesdienst, nämlich die Nächstenliebe, daran gemessen, wie weit man Armen und Bedürftigen zur Seite gestanden hat (vgl. Babo 2011, S. 133f.). Konkret bedeutet das Vorbild Jesus' und der christliche Glaube für die tägliche Arbeit der christlichen Sozialarbeit:

„Sozialarbeiterinnen und Sozialarbeiter, die in der Nachfolge Jesu stehen, wissen außerdem um ihre Verantwortung für die Gestaltung der Welt, die sich aus dem Schöpfungsauftrag ergibt; sie wissen sich in ihrem ‚heilsamen' Handeln in der Welt von Gott getragen und können daraus nötige Motivationen zum Handeln überhaupt und auch zu einem hohen Einsatz schöpfen. Sie werden sich vielleicht nicht mit einer bloßen Gerechtigkeitsforderung begnügen, sondern den Hilfebedürftigen persönliche Zuwendung, Liebe und Barmherzigkeit zuteil werden lassen. Sie werden vielleicht nicht nur ‚ihren Job' machen, sondern sich auch politisch zu Gunsten der Armen einsetzen. Und sie werden für solidarisches Handeln keine Gegenleistungen erwarten. Kurz: Der christliche Glaube orientiert, motiviert und radikalisiert das Handeln des Einzelnen."

Andererseits werden Sozialarbeiterinnen und Sozialarbeiter, die um die Bedingt-
heit und die Grenzen dieser Welt und ihres eigenen Bemühens wissen, die also darum wissen, dass auf dieser Welt keine volle Gerechtigkeit herstellbar ist, weil das
Reich Gottes mit Jesus war begonnen hat, aber noch nicht vollendet ist, vielleicht
auch eine gewisse Gelassenheit ausbilden, d.h. sie können vor kurzatmiger Hektik
ebenso bewahrt werden wie vor Enttäuschung und Resignation und werden trotz
vieler Erfahrungen des Scheiterns weiter an der Seite der Notleidenden stehen"
(S. 135).

Ähnlich verhält es sich mit dem islamischen Propheten, der den koranischen
Auftrag der sozialen Fürsorge und Gerechtigkeit in seinem Leben praktizierte. Die
Sendung Muhammads wird im Koran selbst als ein Zeichen der Barmherzigkeit
Gottes verstanden, weil nicht nur die Offenbarung – nach einer fast 600jährigen
Offenbarungspause nach den Evangelien – zwischen Gott und Menschheit fort-
gesetzt wurde, sondern auch weil durch einen Gesandten die Gläubigen einem
menschlichen Vorbild in ihren Gottesdiensten folgen konnten. Die Muslime unter-
teilen das Leben des Propheten in zwei große Lebensphasen. Die erste Phase ist
sein Leben bis zu seinem vierzigsten Lebensjahr, also bis zur seiner Sendung. Die
zweite Lebensphase beginnt mit der Verkündung des Islam endet mit seinem Tod.

In der ersten Lebensphase wird für die Begründung einer Fürsorge auf die
Hilfsbereitschaft, Spendierfreudigkeit und vor allem auf das Engagement Muhammads in der Vereinigung „Hilf al-Fudul" hingewiesen. Martin Lings beschreibt
die Gründung dieses „Ritterlichen Bundes" in seiner Biografie zum islamischen
Propheten, der persönlich in jungen Jahren Zeuge dieses historischen Moments
wurde und sich ihnen später anschloss:

> „Nach einer ernsthaften Debatte faßten sie den Entschluß, einen Orden der Ritter-
> lichkeit zur Wahrung der Gerechtigkeit und zum Schutz der Schwachen zu gründen.
> Sie begaben sich zur Kab'ah, wo sie Wasser über den Schwarzen Stein in ein Gefäß
> laufen ließen. Dann trank jeder von dem so geheiligten Wasser, und sie schworen
> mit erhobener rechter Hand, daß sie künftig bei jeder ungerechten Tat, die in Mekka
> begangen wurde, auf der Seite des Opfers gegen den Täter wie ein Mann zusammen-
> stehen wollten, bis diesem Gerechtigkeit widerfuhr, gleich ob er ein Quraysh oder ob
> er ein Fremder war" (Lings 2008, S. 51).

So nahm es sich dieser Bund nach seiner Gründung als einzige Vereinigung zur
Aufgabe, diejenigen Menschen, die nicht unter den Schutz der Stammesgesetze
fielen, zu verteidigen. Für die damalige Stammesgesellschaft wurde er vor allem
für Ausländer, die in die Handelsstadt Mekka kamen, eine wichtige Stütze und
inspirierte in der islamischen Geschichte die Gründung ähnlicher Organisationen.
Nicht nur für viele muslimische Menschenrechtsorganisationen stellt dieser „Rit-

terliche Bund" noch heute ein Vorbild dar, ebenso für viele soziale und humanitäre
Hilfsinstitutionen. Nach Karen Armstrong hatte dieses Bündnis auch das Ziel, der
ausbeuterischen Monopolstellung der reichen Kaufleute in Mekka die „Stirn zu
bieten" (vgl. Armstrong 1993, S. 95).

Die zweite Lebensphase, die Periode der Prophetie, liefert schließlich die
eigentliche islamische Quelle für die muslimische Fürsorge. Blickt man in die
Hadithsammlungen, so erkennt man schnell, dass zu zahlreichen Themen die Praxis des Propheten Muhammad dokumentiert ist. Ein Beispiel hierfür bietet in der
deutschsprachigen Literatur die Auswahl und Übersetzung des Islamwissenschaft-
lers Adel Theodor Khoury, der die Hadithe in drei Bände mit den thematischen
Schwerpunkten „Der Glaube", „Religiöse Grundpflichten und Rechtschaffenheit"
und „Ehe und Familie, Soziale Beziehungen, Einsatz für die Sache des Islam" ein-
geteilt hat. In tausenden Überlieferungen wird damit ein ganzheitliches Bild über
das Wirken Muhammads nachgezeichnet (vgl. Khoury 2008a-c). Relevant für eine
muslimische Fürsorge sind vor allem Muhammads

- selbstlose Hilfsbereitschaft,
- Großzügigkeit,
- Fürsorge für Waisenkinder und Witwen,
- Umgang mit Armen und Bedürftigen,
- Befreiung von Sklaven,
- Umgang mit Kranken und gesellschaftlich ausgestoßenen Menschen.

Der Gottesdienst wird also mit dem Dienst am und für den Menschen praktiziert.
Motiviert wird der Gläubige durch die Aussagen Muhammads, kranke Menschen
zu besuchen, großzügig sein und viel zu spenden (vgl. Denffer 1998, S. 85ff.). Muhammad als „Medium" der Offenbarung und sein vorbildliches Verhalten bilden
daher die Grundlage für eine islamische Sozialethik, die zugleich für die muslimische Wohlfahrt, vor allem für die Praktiker, die Motivationsquelle bildet.

2.4 Institutionalisierte Wohlfahrtspflege in christlichen und islamischen Gesellschaften. Ein kurzer Abriss zu Geschichte und Gegenwart

Die institutionalisierte Wohlfahrtspflege in der islamischen Geschichte weist viele
Parallelen, aber auch Unterschiede zur westlich-christlichen Tradition auf. Insbesondere seit der Moderne, hat sich die Kluft zwischen beiden Gesellschaften ver-
größert. Während die Idee der sozialen Gerechtigkeit und die religiöse Pflicht des

Einstehens für sozial Benachteiligte in beiden Weltreligionen Gemeinsamkeiten aufweisen, verlief die Realisierung dieser Idee historisch unterschiedlich.

2.4.1 Geschichte und Gegenwart institutionalisierter christlicher Wohlfahrtspflege

Frevel und Dietz datieren die europäischen Wurzeln des Sozialstaates zurück ins 11. Jahrhundert, und zwar mit den Beginn der Städtebünde infolgedessen die meisten Menschen demnach in „Abhängigkeit zersplitterter Herrschaftsstrukturen", insbesondere von ihren „Haus- und Grundherren" lebten, denen sie nicht nur als Arbeiter dienten, sondern sozusagen mit Leib und Seele gehörten. Dafür konnten sich die Menschen auf das „Schutzversprechen" als soziales Absicherungssystem vertrauen, das zudem durch die Organisation der Machthaber in Zweckverbänden, nochmals eine andere Qualität gewann. Zwar stand in der „Regionalisierung der Macht" oft auf der höchsten Stufe der Hierarchie ein König, doch war Kirche die „einzige umfassende Macht", die sich als „Religion der Armen" verstand (vgl. Frevel/Dietz 2004, S. 14f.).

Besonders der Kirchegelehrte Thomas von Aquin (1224-1274) setzte sich theologisch mit der Frage der Armut auseinander und prägte das Bild der Armen im Mittelalter unter den Christen. Seine „thomistische Almosenlehre" behandelt die Bereiche „Gesellschaftsordnung", „Arbeit" und „Betteln". Nach Aquin steht das Gemeinwohl vor dem Wohl des Einzelnen und die Armen werden als ein eigener Stand zusammengefasst, der sich in die „gottgewollte" soziale Standesordnung einfügt. Das Leben auf der Erde sei ohnehin nur als eine Durchreise zu verstehen, sodass es im irdischen Leben daher „um die Verherrlichung Gottes und um das Seelenheil" gehe. Zwar relativierten sich mit dieser Sichtweise auf das Leben die weltlichen Güter, dennoch müsse der Mensch für seinen Lebensunterhalt arbeiten. Zugleich werden die Armen theologisch funktionalisiert, indem sie eine Möglichkeit für wohlhabende Sünder darstellen sich durch Almosen zu bereinigen. Aufgrund der Funktionalisierung geht also nicht um die Armutsbekämpfung an sich, sondern um Erhalt des gegenwärtigen Standes, damit die Möglichkeit der Mildtätigkeit erhalten bleibt (vgl. Schilling/Zeller 2012, S. 21f.).

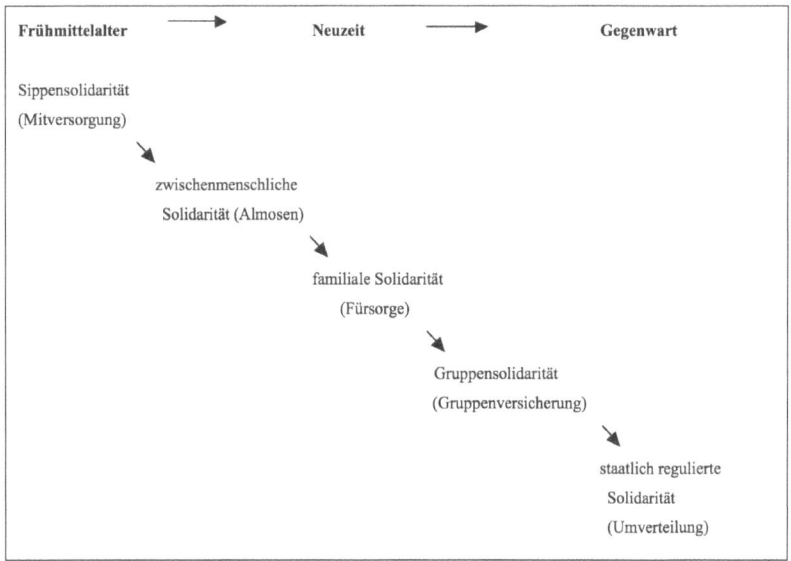

Quelle: Frevel/ Dietz 2004, S. 13

Abbildung 1 Entwicklung von Solidaritätsformen als Grundzug sozialer Sicherung

Mit der Gründung von Klöstern und Bruderschaften, die sich als „Bettelorden"
(Franziskaner, Dominikaner, Karmeliten) etablierten und als „karitative Einrichtungen" ihre „Einnahmen" als Almosen an Bedürftige abgaben, prägte sich diese Entwicklung weiter aus. Bei den Wohlhabenden wurde als Gegenleistung für
die Spenden das Heilsversprechen gegeben. Zugleich wurde mit dem System des
„Gebens und Nehmens", das die Barmherzigkeit „als zentrales gesellschaftliches
Tausch- und Umverteilungsmittel" neu begründete, die soziale Ordnung und damit
der Status Quo stabilisiert (vgl. ebd., S. 15). Dazu Frevel und Dietz:

„Die Kirchenherrschaft erkannte schnell die gesellschaftspolitische Bedeutung des
Gebens und Nehmens, hielt sie doch die soziale Ordnung aufrecht, indem sie eine
wechselseitige Abhängigkeit von Arm und Reich als gesellschaftliche Notwendigkeit konstruierte (zwischenmenschliche Solidarität). Ohne Armut kein Reichtum
und umgekehrt. Dass sich schnell aus der Ökonomie des Heils eine kirchliche Ab-
gabenwirtschaft entwickelte, tat dem Erfolg der „Sozialpolitik" natürlich keinen Abbruch. Der „Zehnte", schon zu Zeiten Karls des Großen eine Art Kirchensteuer, war
in zwei gleiche Teile aufzuteilen. Eine Hälfte war zur Verteilung der Armen an die
Armen gedacht, die andere verblieb der Kirche zur Deckung der Kosten.

An Stelle dieser ‚Ökonomisierung des Heils' wurde später der Ablasshandel gesetzt, der Freikauf von Sünden durch Geld. Dieser Handel wurde auf die gesamte christliche Gesellschaft ausgedehnt und nahm regelrecht Züge eines monokapitalistischen Handels an" (Ebd., S. 16).

Die Autoren führen in ihrer historischen Rekonstruktion der Entwicklung des europäischen Sozialstaates an, dass mit dem Übergang zum Hoch- und Spätmittelalter, das ökonomisch gesehen stark agrarisch geprägt und daher die erfolgreiche Ernte für Leibeigene und Bauern lebensnotwendig war, neben der kirchlichen Almosenunterstützung und den Wohltätigkeiten des Adels vor allem der Familienverband bei ökonomischen Krisen und Krankheiten zur Seite stehen musste. Mit der zunehmenden Verstädterung, der Landflucht – und somit der Entwicklung vom unfreien zum freien Menschen – und der zunehmenden Durchsetzung des Geldes „als vorherrschendes Tausch- und Abgabenmittel", schwächte sich der Familienzusammenhalt und damit auch die soziale Sicherung und zugleich nahm das Proletariat in den Städten zu (vgl. Frevel/Dietz 2004, S. 16f.). Während man als Bauer im Dorf durch seine Waren oder auch sein handwerkliches Geschicklichkeit sich auf einen Tauschhandel einlassen konnte, war aber zugleich eine Spezialisierung bestimmter Professionen nicht möglich. Dies konnte man zu jener Zeit dann schließlich mit der Durchsetzung des Geld in den Städten erreichen, sodass die Grundlage für eine komplexe Wirtschaft entstand (vgl. Harari 2013, S. 214ff.).

Um die Folgen der Armut zu kompensieren und die Bettelei in geordnete Bahnen zu lenken, wurden ordnungspolitische Maßnahmen ergriffen wie „behördliche Bettelgenehmigungen" und die Einführung einer Armenpolizei. Zugleich trat zur „Steuerung der Almosenhilfe" neben den Kirchen die „urbane patrizische Macht" als weiterer Akteur und kontrollierende Instanz auf (vgl. Frevel/Dietz 2004, S. 16f.).

Im 14. Jahrhundert bilden sich mit dem Aufstieg der Handwerker und mit der Organisation gegen „Berufsunfähigkeit" wird die Keimzelle für die zukünftigen Zünfte gelegt, die als Interessenvertretung und soziales Sicherungssystem für die Handwerker und ihrer Familien fungierten (vgl. ebd., S. 17). Damit traten sie als Gegengewicht zu den reichen Ständen auf:

„Die Handwerksgilden verdrängten die Korporationen der Kaufleute, indem sie später als ‚Innungen' die Ausübung eines Handwerkes und die Vermarktung der Handwerksprodukte in einer Stadt wie auch die für die soziale Ordnung grundlegende Rangordnung des Handwerks monopolisierten (Macht der Meister). Handwerkerzünfte, Korporationen und später auch die Gesellenbruderschaften bildeten Unterstützungsklassen, durchaus Frühformen von Sozialklassen.

Die ständische Gesellschaft und mit ihr die starre Sozialstruktur und das System des berufsständischen Härteausgleichs (Gruppensolidarität) hielt sich bis ins 17. Jahrhundert, über den Feudalismus hinweg bis in die Phase der beginnenden Industrialisierung" (Frevel/Dietz 2004, S. 18).

Im 17. Jahrhundert wurden als Reaktion auf die zunehmende Armut – infolge des Dreißigjährigen Krieges durch zurückkehrende Soldaten und Invaliden – Zucht- und Armenhäuser eingerichtet, um Bettelei, Vagabundieren und Obdachlosigkeit konsequent entgegenzutreten. Zugleich verrichteten diese Armenhäuser Manufakturarbeiten, in denen Rohmaterialien zu fertigen Waren weiterverarbeitet wurden, sodass sich die Besitzer der Armenhäuser den Gewinn mit den Manufakturbesitzern teilten (vgl. ebd.). Die Ausbeutung der billigen Arbeitskräfte zerstörte jedoch Arbeitsplätze in den benachbarten Manufakturen, sodass also die erwünschte „regulative Wirkung" der Armutsfolgen ausblieb. Zwar wurde im 18. Jahrhundert mit dem Sieg über den Absolutismus in der Französischen Revolution auch in Deutschland die Hoffnung auf eine sozialere Entwicklung gesehen, doch die soziale Frage sollte erst richtig mit dem Beginn der Industrialisierung in den Städten zeigen.

Die industrialisierten Gesellschaften erlebten einen radikalen Bruch in ihren traditionellen wirtschaftlichen und sozialen Strukturen, sodass die Entwicklungen in den letzten Jahrhunderten ihresgleichen suchen, zugleich aber der Druck für eine staatliche Regulierung der sozialen Frage immer dringender werden ließ (vgl. ebd., S. 18f.).

Ein Diskurs über die Missstände führte zu Ursachenforschungen sowie das Aufkommen der Frage nach gerechten ökonomischen Konzepten. Im Zuge beginnt eine Ideologisierung und es entstehen unterschiedliche politische Parteien – Sozialisten, Konservative, Liberale[27] – die je um ihr eigenes Verständnis der Formel „Freiheit, Gleichheit und Brüderlichkeit" kämpfen (vgl. Wendt 2008, S. 103ff.).

Die Kirchen blieben in der sozialen Frage nicht tatenlos, sondern es entsteht ein „sozialer Konservatismus und christliche Erneuerung", um die Nächstenliebe aus einem normativen christlich-ethischen Kern heraus gesellschaftlich umzusetzen. Eine umfassende Entwicklung wird angestoßen, sodass sich im Zuge dessen die

---

27 Wichtig im Zusammenhang der Ausdifferenzierung der Gesellschaft im 19. Jahrhundert ist auch zu erwähnen, dass neben dem kulturprotestantischen Milieu als Mainstreamströmung und dem katholischen Milieu, ein sozialistisches Milieu entstanden ist. Aus diesen Strukturen heraus sind die Verbände hervorgegangen. Auf der Grundlage dieser Milieustrukturen fand dann schließlich auch eine Verdoppelung der Gesellschaft statt, sodass z.B. Kirchenmitglieder sich vom Bildungssystem bis hin zu Freizeitaktivitäten nur in ihrer jeweiligen „Parallelgesellschaft" bewegen konnten.

Kirchen in das Diskurfeld zur sozialen Frage einbringen, christlich-soziale Werke
entstehen und Kongresse organisiert werden (vgl. ebd., S. 195ff.). Zugleich waren
sie infolge der umgreifenden gesellschaftlichen Umbrüche mit der Gefahr der Ent-
fremdung ihrer Gläubigen von der Kirche konfrontiert, sodass sich erst vereinzelt
in der ersten Hälfte, verstärkt aber in der zweiten Hälfte des 19. Jahrhundert in die
Sozialpolitik einmischte (vgl. Wehler 2008, S. 458ff.).

Wie Martin Jung in seiner Monographie zur Kirchengeschichte nachzeichnet,
war die Fürsorge für Arme und Kranke von Anbeginn der christlichen Religion
an ein wichtiges Anliegen der jungen Gemeinde. Darüber hinaus bildeten sich
im Laufe des Mittelalters religiöse Vereine und Spitalorden. Mit der Reformation
wurde nach Jung auch die Armenfürsorge stärker reglementiert und zudem waren
mit dem Pietismus Waisenhäuser errichtet. Bis zu den dramatischen Folgen der
Industrialisierung sei jedoch für die Kirchen die Fürsorge keine primäre Aufgabe
gewesen und hier sollte im 19. Jahrhundert ein Perspektivwechsel stattfinden (vgl.
Jung 2014, S. 184):

> „Katholische Ordensgemeinschaften engagierten sich zunächst und vorbildlich für
> Waisenkinder, für Kranke und für Arme. Im Protestantismus waren es zuerst priva-
> te Vereine, gegründet von Männern und Frauen, die pietistisch geprägt waren und
> den Erweckungsbewegungen angehörten. Bald schon kam die Idee auf, die soziale
> Arbeit stärker zu institutionalisieren und professionalisieren. In diesem Zusammen-
> hang wurde das alte Diakonenamt in den evangelischen Kirchen neu belebt, und
> zwar als Amt für Frauen. Diakonissen, so die neue Amts- und Berufsbezeichnung,
> arbeiteten in der Sozialfürsorge und lebten, wie katholische Nonnen, arm und ehe-
> los" (Jung 2014, S. 184f.).

Im Protestantismus setzte sich im sozialen Engagement die Idee der „Inneren
Mission" durch. So schritt unter der gleichnamigen neuen sozialen Organisation
„Innere Mission" die Institutionalisierung durch die Gründungen von zahlreichen
Einrichtungen wie Krankenbetreuungsmaßnahmen, Seehafenmissionen, Bahn-
hofsmissionen voran. 1975 wurde dann aus dieser Vorgänger-Organisation das
„Diakonische Werk" gegründet (vgl. Jung 2014, S. 186).

Wie Günter Wilhelms darstellt, wurde aufgrund der gesellschaftlichen Herausforderungen im Laufe der Zeit und auf der Grundlage biblischer Motive und ethischen Grundprinzipien eine christliche Sozialethik im modernen Kontext stärker
reflektiert, um gesellschaftliche Missstände aus dem Christentum heraus zu bekämpfen. Die kirchliche Soziallehre bzw. Sozialverkündung schärfte zunehmend
ihr Profil und die zentralen Grundbegriffe und Prinzipien Solidarität, Subsidiarität, Verantwortung, Gerechtigkeit und Nachhaltigkeit wurden stärker reflektiert,
mit „christlichen Inhalten" gefüllt, um die Gesellschaft in den Bereichen Wirt-

schaft, Politik, Bildung und Familie stärker mitzugestalten. Für die evangelischen und katholischen Bewegungen wurde also die Sozialethik richtungsweisend in der Zielsetzung einer gerechten sozialen Ordnung (vgl. Wilhelms 2010, S. 57ff.).

Neben der in der Abbildung eingetretenen Phase der „staatlich regulierten Solidarität" bildeten sich mit der Zeit also die „nicht-staatlich regulierte Solidarität" der großen Kirchen in Deutschland, die inzwischen eine zentrale Säule der Wohlfahrtspflege bilden. Auch in der Frage der wirtschaftlichen Ausrichtung des Staates – wie etwa bei der Frage der Beziehungen zwischen Protestantismus und sozialer Marktwirtschaft, die also wirtschaftsethische und -politische Impulse aus dem Christentum nach dem zweiten Weltkrieg gegeben hat (vgl. Roser 1998) – wirkten die Kirchen bzw. christliche Denker aktiv im Diskursfeld mit. Ebenso leisteten kleinere religiöse Gruppierungen wie etwa die Quäker, deren prominenteste Vertreterin Hertha Kraus mit ihren Schriften und Praxisbeiträgen ist, einen wichtigen Beitrag zur Wohlfahrtspflege in Deutschland gab (vgl. Bussiek 2002, S. 51ff.).

2.4.2 Geschichte und Gegenwart institutionalisierter islamischer Wohlfahrtspflege

Der Institutionalisierungsgrad der muslimischen Wohlfahrtspflege wird im Vergleich zur christlichen Geschichte zeitlich viel früher angesetzt und zwar hat diese schon in der frühislamischen Geschichte begonnen und bietet daher eine wichtige theoretische Basis für vertiefende Auseinandersetzungen. Neben dem Propheten wird dabei historisch die Rolle des zweiten Kalifen Umar ibn al-Khattab (592-644 n.Chr.) hervorgehoben. Ebenso werden im Ausbau des Wohlfahrtsstaates seine Leistungen unterstrichen, weil in seiner Legislaturperiode der Organisations- und Formalisierungsgrad weit vorangeschritten sei. Bis heute wird auf seine Leistungen hingewiesen, wenn es um die Umsetzung der Idee der sozialen Gerechtigkeit (z.B. in der Gewährung religiöser Freiheiten) bzw. die Gründung eines modernen Wohlfahrtsstaates geht (vgl. Malik 1996, S. 85;Thompson 2014, S. 63).

Wie oben dargestellt, stellen die *zakat* und die *sadaqa* dabei die Haupteinnahmequellen für die Fürsorge im Islam dar. Bereits zu Lebzeiten des Propheten Muhammad wurde die *zakat* von den Gläubigen eingezogen. Progressiv war die Gründung einer öffentlichen Kasse, die als *bayt al-mal* in die Geschichtsbücher eingehen sollte. Ebenfalls zu Lebzeiten Muhammads eingeführt war nach Rubaa Saleh und Murat Ustaoglu die Akquirierung, gerechte Verteilung und angemessene Verwertung des Vermögens aus dieser „heilige Kasse" – da dieses nur Gott gehörte – eine besonders schwere Verantwortung für den jeweiligen Herrscher. Die notleidende Bevölkerung konnte je nach Bedarf – von Hochzeits- (Brautgabe) bis hin zu Beerdigungskosten oder bei Nahrungsnot – aus dieser Sonderkasse des Staates versorgt und unterstützt werden (Saleh/Ustaoglu 2014, S. 31).

Nach Holger Weiss wird vor diesem Hintergrund der „Prototyp des islamischen Wohlfahrtsstaates" auf die frühislamische Periode datiert. Während aber zu Lebezeiten des Propheten die Organisation der *zakat*-einnahmen infolge der überschaubaren Anzahl der Bevölkerung noch relativ einfach war, sollte sich diese Praxis im Zuge der Expansionswellen und der Zunahme muslimischer Bevölkerung zunehmend komplizierter erweisen (vgl. Weiss 2002, S. 10). Die ersten Komplikationen treten bereits beim ersten Kalif Abu Bakr (573-634 n.Chr.) auf und zwar mit neu konvertierten Stämmen, die sich von dieser obligatorischen Steuer freisprachen (vgl. Harmsen 2008, S. 174). Es wurden in der Regel Beamte zur Erhebung dieser obligatorischen Steuer ausgesendet und die Einnahmen in eine Zentralkasse eingeführt. Wie wichtig man diese Steuer nahm, zeigen die militärischen Auseinandersetzungen mit einem Stamm, der nach dem Ableben des Propheten Muhammad die Abgabe der *zakat* ablehnte. Daraufhin begannen die sogenannten Ridda Kriege. Mit der Expansion wird auch die zentralistische Erhebung des Steuer aufgehoben und man greift dabei auf die lokalen Imame zurück, die für ihren Zuständigkeitsbereich die Einnahmen organisieren (vgl. ebd., S. 8).

Zu der staatlichen Fürsorge trat die *waqf* (*auqaf*, pl.), sogenannte fromme Stiftungen, die sich durch Almosen ebenfalls der wohlfahrtlichen Aufgabe verpflichteten. Eines der Ziele der Stifter lag darin, noch über ihr Tod hinaus als Initiator für gute Taten verantwortlich zu sein. Diese Motivation geht auf einen Ausspruch des Propheten Muhammad zurück, demzufolge die Prüfung jedes Menschen nach dem persönlichen Tod zu Ende sei, außer man hinterlasse auf dieser Welt eine Spende oder Wissen, von denen die Menschen kontinuierlich profitieren, oder wohl erzogene Kinder, die für ihre Eltern beten. Diese als *sadaka-i cariye* definierte Spende wollte man daher damit gewährleisten, indem man in Stiftungen investierte, die für lange Zeit Wohltätigkeiten für die Gesellschaft leisten sollte (vgl. Armagan 2009, S. 72f.). Wie Paul Stibbard u.a. in ihrem Artikel „Understanding the Waqf in the World of the Trust" nachzeichnen, begann die islamische Jurisprudenz sehr früh damit, sich mit den theologischen Voraussetzung der Gründung von Einrichtungen für Mildtätigkeit auseinanderzusetzen (vgl. Sitbbard u.a. 2012, S. 785ff.). In Anlehnung die hanafitische Rechtsschule definieren sie dabei *waqf* als:

„The detention of the corpus from the ownership of any person, and the gift of its property or usufruct either presently or in the future to some charitable purpose" (ebd., S. 786).

Wohlhabende Muslime finanzierten die *waqf* und es entstand ein gut durchorganisiertes Stiftungswesen mit einem Katalog an Reglementierungen. Gestiftet werden konnten Grundstücke und Bauten, die dem Allgemeinwohl zu Gute kommen sollten. Neben Bildungsreinrichtungen wurden zahlreiche Moscheen, Armenhäuser, Hospizen, Speisesäle für Bedürftige, Waisenhäuser gestiftet. In Anlehnung an Monzer Kahf unterscheiden Habibollah Salarzehi u.a. (2010, S. 182) in der Diskussion der *waqf* in ihrer Funktion als „social Entrepreneurship" drei Typen in der islamischen Geschichte:

> „1. Religious Waqf: The majority of mosques in the Islamic world is kind of religious Waqf that they have been founded by well-meaning. In addition the property has been allocated for mosques and religious schools are kind of endowments.
> 2. Philanthropic Waqf: in humanitarian Waqf, benefits are allocated to public for the support poor and also promote social activities. For instance the library, educational centres, health care, animals care, takes care of Environment, development activities of the green space, and roads are kind of benefits.
> 3. Family Waqf: the third kind of Waqf is pointed to Waqf from the parents to children and heir. So that the extra income will be spent for poor people" (Salarzehi u.a. 2010, S. 182)"

Nach Matthias Rohe wurden in der Regel diese Stiftungen mit freiwilligen Almosen gegründet oder finanziell unterstützt und waren eine Alternative zur individuellen Spendenabgabe. Aufgrund der wirtschaftlichen Bedeutung dieser Stiftungen bekamen die Verwalter eine gewisse Machtposition, so dass der Staat immer wieder versuchte, diese zu kontrollieren und sie letztlich durch die Gründung von „Stiftungsministerien" in der Gegenwart auch kontrollieren konnten (vgl. Rohe 2009, S. 162f.).

> „Waqf in Islam is both charity and enterprise thus could be a self-sufficient NGO or organization. Waqf refers to Islamic public charity or trust for socio-economic causes, whereby the object or property is perpetually non-transferrable; an object, under this type of charity, is donated so that the beneficiaries can enjoy it, or the trustee of the charity is required to give the income of it to them. A donor may give any type of property but the preferable one is immoveable. Properties the income of which is distributable on the beneficiaries is the dynamic form of waqf which make these charities enterprises that should be treated as any investable property in current business terms and the best use and maximum income of which needs to stressed. The subject of this paper is cash properties in both consumptive and productive senses i.e. the cash used for loans and the cash which is intended to generate income and such income is dedicated to be distributed on the beneficiaries" (Mohammad 2011, S. 381).

Im Osmanischen Reich blickt die *waqf*-Tradition auf eine jahrhundertelange Geschichte zurück. In einer Zeit, in der kaum kommunal-politische Strukturen existierten, übernahmen diese Stiftungen wichtige sozio-politische Funktionen für die Regionalbevölkerung im großen islamischen Reich. Diese frommen Institutionen konnten vom Sultan, von Familienmitgliedern der Dynastie oder von hochrangigen Beamten gestiftet werden. Daher waren sie in der Hand von Familien (und konnten der nächsten Generation vererbt werden), des Staates oder reicher Persönlichkeiten, nach deren Tod die Stiftungen auch in die staatliche Verwaltung übergehen konnten (vgl. Tepav 2014, S. 4).

Seit der klassischen Epoche des Osmanischen Reichs, 13.-17. Jahrhundert, verfolgten diese Stiftungen drei zentrale Aufgaben: Sozialhilfe, Erziehung und Bildung sowie religiöse Dienste, wobei die Stiftungen Gelehrte ausbildeten und sich auch mit den positiven Wissenschaften auseinandersetzten. Sie entwickelten sich zu Zentren, in deren Umfeld sich Moscheen oder Speisehäuser bildeten. Bis zur Ausbildung moderner bürokratischer Strukturen waren diese Stiftungen in der Ausbildung von Schülern, dem Aufbau von Büchereien, der Vergabe von Stipendium und der Bezahlung von Lehrkräften autonom. Die sozio-politischen Ziele zur Anhebung des Wohlbefindens unter der Bevölkerung dieser Stiftungen lagen dabei in den Jahrhunderten bis zur Moderne bzw. Spätmoderne darin, dass die von ihnen vertretenen Werte in der Gesellschaft ein neues Bewusstsein für Wohltätigkeit schafften (vgl. ebd., S. 5).

Mit dem Übergang in moderne bürokratische Strukturen beginnt eine Transformation der Strukturen sowie der Niedergang der frommen Stiftungen, weil der Staat wie im Bereich Bildung zunehmend eine Säkularisierung forciert und den Bildungsbereich okkupiert. Eine weitere Schwächung der sozialpolitischen Rolle der frommen Stiftungen beginnt mit dem Ausbau politischer Administrationen in Form von Kommunen, die im Namen des Herrscherhauses eine ähnliche Zielsetzung verfolgten. Die Verwestlichung der osmanischen Bürokratie führte jedoch nicht zu einem ähnlich kapitalistischen Wirtschaftssystem und zur Entstehung eines Bürgertums, das der Motor der Entwicklung in Europa war. Als ein zentraler Faktor wird darin gesehen, dass die Wohlhabenden – um ihren Reichtum zu schützen – in Stiftungen anlegten und so vor dem Zugriff des Staates sicher sein konnten. Kein Herrscher hätte aufgrund des heiligen Status dieser Stiftungen gewagt, den Reichtum der Stiftungen zu konfiszieren und so gesellschaftliche Widerstände zu riskieren. Einerseits hatte das Osmanische Reich nicht frühzeitig den Anschluss an die Moderne im 19. Jahrhundert erreicht, andererseits hatte sich keine osmanische Bourgeoisie entwickeln können. Die Wohlhabenden investierten nicht im Sinne eines kapitalistischen Unternehmergeistes in Privatunternehmen, Fabriken usw. und organisierten sich nicht in politischen Interessengruppen, um

wirtschaftliche und politische Transformationsprozesse wie in Europa anzusto-
ßen. Es ging also in erster Linie darum, den Status quo zu schützen, obwohl das
Osmanische Reich zahlreiche Initiativen zur Modernisierung angestoßen hatte
(vgl. Tebav 2014, S. 7f.).

Bis zum Zerfall der Islamischen Reiche in der Konfrontation mit der europäischen Kolonialisierung und der Gründung moderner Nationalstaaten, existierten
tausende *waqfs*. Im Zuge der Nationalstaatbildung und der Säkularisation wurden
die meisten *waqfs* und deren Vermögen konfisziert. Das Vermögen der religiösen
Organisationen wurde im Nahen Osten einkassiert und das weitere Wirken unter
Verbot gestellt. In diesem Reichtum sah man oft eine Grundlage für die Re-Orga-
nisation der staatlichen Strukturen. Während man vor der Modernisierung sich am
Stiftungsvermögen nicht zu bedienen wagte, verloren die Stiftungen zunehmend
ihre Immunität aufgrund der gesellschaftlichen Umbrüche. Zentralisierungen, Na-
tionalisierung und die stärkere Reglementierung, wie die Statusänderungen der
Stiftungen in juristische Personen, schwächten das *waqf*-System und führten letztlich zum Niedergang. Ebenso wurden sie obsolet, je mehr die neuen Regierungen
direkten Einfluss auf die Sozialhilfe ausübten (vgl. Kuran 2001, S. 887ff.).

Ähnliche Entwicklungen in Europa wie Arbeiterbewegungen infolge der „sozialen Frage", kirchliche und politische Konzeptionen zur Bekämpfung dieser
Folgen, Demokratisierungsschübe durch das neu entstandene, emanzipierte Bürgertum usw. haben daher nicht stattgefunden. Die Konfrontation mit dem Westen
führte dazu, dass man sich über islamkonforme moderne Staatskonzepte Gedanken machte. Die polarisierte Diskussion fand einerseits zwischen Säkularen und
Religiösen statt – andererseits aber auch innerhalb der religiösen Strömungen, die
von reaktionären Gruppierungen, die gegen jeglichen westlichen Einfluss agier-
ten, und offensiven Denkern und Gruppen, die versuchten aufzuzeigen, dass viele
westliche Errungenschaften wie Demokratie, Wohlfahrtsstaat usw. bereits im Islam und in der islamischen Geschichte verwurzelt sind (vgl. Ceylan/Kiefer 2013,
S. 53ff.). Wie konnte man es also schaffen, einen modernen Staat nach westlichem
Vorbild und zugleich nach islamischen Prinzipien aufzubauen? Hierzu ging es
zum einen um die Frage, ob Säkularisierung und Islam kompatibel seien (vgl. z.B.
für die kontroversen Diskussionen in Ägypten: Hefny 2014).

Der Aspekt der sozialen Gerechtigkeit stellte immer ein zentrales Argument
dar, das sich aufgrund der weit verbreiteten Armut und Deprivation in den islamisch geprägten Ländern besonders akzentuiert zeigt. Vor allem die Frage nach
einer zinslosen Wirtschaft, aber auch die Frage der ökonomischen Mindestabsi-
cherung wurden in vielen Schriften behandelt. Eine frühe Abhandlung aus der
ersten Hälfte des 20. Jahrhunderts stellt zum Beispiel das bis heute immer noch
von politisch-muslimischen Strömungen rezipierte und 1948 zum ersten Mal auf-

gelegte Buch des jüdischstämmigen Konvertiten Muhammad Asad dar, der als eine wichtige Prämisse in der Beziehung zwischen Staat und Bürger in einem „Islamischen Staat" formuliert:

„Der Islam will eine Gesellschaft, die nicht nur in ihrer Moral, sondern auch in ihren Taten rechtschaffend ist; eine Gesellschaft, die nicht nur für die geistigen, sondern auch für die körperlichen Bedürfnisse ihrer Mitglieder sorgt. Um als wahrhaft islamisch zu gelten, muss also ein Staat seine Politik so ausrichten, dass jeder Einzelne, Mann wie Frau, ein Mindestmaß materiellen Wohlstandes genießen kann; ohne diese Mindestsicherung kann es kein menschenwürdiges Leben, keine wirkliche Freiheit und letzten Endes auch keinen Fortschritt geben. Dies bedeutet natürlich nicht, dass der Staat ein einfaches und sorgloses Leben seiner Bürger sicherstellen soll oder dies auch jemals kann. Es darf in einem islamischen Staat neben Überfluss nur keine herzzerreißende Armut geben. Zweitens müssen alle Ressourcen des Staates eingesetzt werden, um die materielle Grundversorgung all seiner Bürger zu sichern; drittens muß allen Bürgern alle Möglichkeiten der wirtschaftlichen Betätigung gleichermaßen offen stehen; auch darf sich keine Person auf Kosten einer anderen einen hohen Lebensstand leisten" (Asad, S. 131f.).

Große Teile der islamischen Welt kann also auf ein staatliches wie auch nichtstaatliches System einer Wohlfahrtspflege zurückblicken. Mit dem Beginn der Ära der Nationalstaaten sind die nahezu sechzig muslimischen Staaten unterschiedliche Wege gegangen. Es existiert heute kein gemeinsames Konzept einer staatlichen Wohlfahrt, weil diese Länder unterschiedliche politische Systeme – Theokratie, Monarchie, Militärdiktatur, Demokratie, Sozialismus, Kommunismus – im 20. Jahrhundert etabliert haben. Insbesondere tat man sich in islamischen Ländern mit der Idee der Säkularisierung schwer, weil man negative Erfahrungen mit dem Angriff auf Religion machte:

„Atatürk schloss sämtliche *madrasas*, unterdrückte die Sufi-Orden und zwang Männer und Frauen, moderne westliche Kleidung zu tragen. Solche Zwangsmaßnahmen sind stets kontraproduktiv. Der Islam ist in der Türkei nicht verschwunden, sondern nur in den Untergrund gegangen. Muhammad Ali hatte ebenfalls die ägyptischen *ulama* entrechtet, ihr Eigentum konfisziert und sie ihres Einflusses beraubt. Später gab sich Nasser (Dschamal Ab un-Nasir) (1918-1970) ziemlich militant antiislamisch und unterdrückte die Muslimbrüderschaft [...]. Die Pahlawi-Monarchen des Iran trieben ihren Säkularismus ebenfalls ruchlos an. Reza Schah Pahlawi (regierte 1921-1941) entzog den *ulama* ihre Pfründe und ersetzt die schari'a durch ein Zivilsystem; er unterdrückte die aschura-Feiern zu Ehren von Husain und untersagte den Iranern den hadschsch. Traditionelle Kleidung war verboten, Rezas Soldaten pflegten den Frauen ihre Schleier mit Bajonetten runterzureißen und auf der Straße zu zerfetzen" (Armstrong 2001, S. 198f.).

Der Freiraum für zivilgesellschaftliches Engagement war aufgrund der staatlichen Repressionen noch geringer, sodass sich in den letzten Jahrzehnten kaum an die islamische Tradition eines *waqf*-Systems anknüpfen ließ. Ein Bürgertum wie in Europa konnte sich nicht etablieren. Auch sind keine Arbeiterbewegungen entstanden, die als Keimzelle zur Re-Aktivierung eines zivilgesellschaftlichen Systems hätten beitragen könnten. Die Sozialpolitik in Europa hat ihre Anfänge in der Arbeiterbewegung, die auf die negativen Folgen der Industrialisierung und die schlechten Arbeitsbedingungen hinweisen wollten. Nicht nur sozialistisch organisierte Bewegungen, sondern auch christliche Arbeiterbewegungen entstanden, die eine christliche Antwort auf die soziale Frage der Arbeiter darstellten (vgl. Hiepel/Ruff 2003).

Wie Weiss in seiner Abhandlung zum *zakat* und der Frage eines muslimischen Wohlfahrtsstaates nachzeichnet, existiert in der Praxis kein islamischer Staat, der den in den theoretischen Diskussionen skizzierten Ideals entsprechen würde. Dies gelte auch für das Ideal eines gerechten, islamischen Wirtschaftssystems, das insbesondere in der post-kolonialen Phase mit Rückblick auf die historischen Leistungen der Muslime in frühislamischen Zeiten akzeptiert wurde. Die Kluft zwischen dem theoretischen Bild und der Wirklichkeit in den neuen muslimischen Nationalstaaten habe dazu geführt, dass von nicht-muslimischen Kritikern der Vorwurf einer apologetischen Haltung vorgehalten wurde. Die innermuslimische Debatte zwischen dem traditionellen Verständnis von *zakat* sowie neuen Positionen, die eine Um-Definition ihrer Regelungen postulierten, setzen sich fort. Wesentliche Änderungspunkte sind u.a. die Anhebung der *zakat*-Rate sowie die Ausweitung der Zielgruppen der Empfänger bzw. der Bereiche auf medizinische Versorgung, Obdachlosigkeit usw., um ein islamisches Wohlfahrtssystem zu etablieren (vgl. Weiss 2002, S. 7ff.).

Wie lange sich diese gravierende Lücke in der staatlichen wie nicht-staatlichen Fürsorge halten wird, ist eine entscheidende Zukunftsfrage. Die muslimischen Länder sind mit zahlreichen Herausforderungen wie junger Demografie, (Jugend-) Arbeitslosigkeit, absoluter Armut, Landflucht und Urbanisierung und nachholender Modernisierung konfrontiert. Das Phänomen des Cultural Time Lag wird sich auch zunehmend in diesen Ländern zeigen (vgl. hierzu Ceylan 2014, S. 40ff.).

Die Idee der *waqf* spielt in den gegenwärtigen Debatten um die Bekämpfung von Armut und der sozialen Benachteiligung eine wichtige Rolle, um so etwa zwischenstaatliche Hilfsleistungen – von wohlhabenden zu weniger wohlhabenden Staaten – zu erbringen (vgl. Amuda/Che Embi 2013, S. 403ff.). Ebenso wichtig ist *waqf* in der Frage der Wirtschaftsethik, um beispielsweise über Stiftungen die Mikrofinanzierung im Sinne eines islamischen Finanzsystems zu fördern (vgl. Ahmed 2007). Auf staatlicher Ebene wachsen auch mit dem Wohlstand wie in der Türkei, die den letzten zehn Jahren kontinuierliches Wachstum in seiner Wirtschaft verbuchen konnte, die Bestrebungen, zur Bekämpfung von Armut sozialpolitische Instrumente einzusetzen. Der Bericht des wissenschaftlichen Instituts „Tepav" über die Vermeidungsstrategien von sozialer Ausgrenzung durch Implementierung und Optimierung staatlich regulierter Sozialpolitik gibt in diesem Zusammenhang Impulse hierfür (vgl. Sener 2010).

Charakteristisch hierfür sind die staatlich gelenkten Stiftungen „Sosyal Yardımlaşma ve Dayanışma Vakıfları", die zur Bekämpfung der ca. 19 Prozent (von etwa 70 Millionen Einwohnern) von absoluter und relativer Armut betroffener Bevölkerung agieren. Finanziert werden diese über 900 Filialen der Stiftung, die über die gesamte Türkei verteilt aktiv sind, u.a. durch religiöse motivierte Spenden (vgl. SYGM 2015). Ebenso ist in anderen Ländern wie Ägypten seit den 1930er Jahren der Versuch einer Einführung staatlicher Wohlfahrtprogramme unternommen worden, die im Lauf der politischen Richtungswechsel der Länder auch immer unterschiedlich ausgerichtet waren und bis heute auf ihre Realisierung warten (vgl. El-Meehy 2009).

Doch der Wohlstand und Fortschritt beschränkt sich nur auf wenige islamisch geprägte Länder. Demokratie, Wohlstand und staatlich zugesprochene Freiräume für zivilgesellschaftliches Engagement fehlen. Die religiösen Aktivitäten sind beschränkt bzw. werden staatlich kontrolliert oder unterbunden. Der arabische Frühling, der in Tunesien mit der Selbstverbrennung eines arbeitslosen Akademikers begann und sich wie ein Flächenbrand auf andere Länder ausbreitete, war ein Indiz für die explosive Kraft der jahrzehntelang aufgestauten Misere. Eine gemeinsame, ergebnisorientierte Diskussion scheint auf Plattformen wie der „Organization for Islamic States" noch in weiter Ferne zu liegen, weil derzeit akute Probleme vorherrschen, wie in Syrien und Jemen tobende Bürgerkriege. Es existieren zwar vereinzelt Postulate einer Wiederbelebung des *waqf*-Systems, doch haben diese keine große Durchsetzungskraft. Die wichtigen sozialpolitischen Ziele „Bedarfsgerechtigkeit", „Leistungsgerechtigkeit" und „Wohlstand" sowie „individuelle Freiheit", „Sicherheit" und „sozialer Friede", die sich in die Kategorien „Verhinderung bzw. Reduktion von absoluter Benachteiligung", „Verhinderung bzw. Reduktion von relativer Benachteiligung", „Förderung der sozialen Integration" und „Effizienz" einreihen lassen, warten noch auf ihre Realisierung. Insbesondere müssen die „Träger der Sozialpolitik", vor allem zivilgesellschaftliche bzw. NGOs entstehen, um einen Wandel herbeizuführen (vgl. Badelt/Österle 2011, S. 8ff.).

Die noch autoritären Systeme, die politische Labilität sowie in deren Folge mangelnde Diskurse über dieses Phänomen hervorbringen, sorgen dafür, dass sich die Hoffnung auf die Diaspora richtet. Die Entwicklung einer genuin muslimischen Sozialarbeit findet im europäischen Kontext die entsprechenden wissenschaftlichen und politischen Rahmenbedingungen, um in einem Klima der geistigen Denk- und Forschungsfreiheit diese akademische Disziplin zur Geburt zu verhelfen. Äquivalent zur Islamischen Theologie, von der auch Impulse für eine europäische Vernetzung der muslimisch Wissenschaftscommunity und insbesondere Impulse in die islamisch-geprägte Länder ambitioniert wird, ist für die muslimische Sozialarbeit ähnliche Effekte zu erwarten.

Für eine muslimische Wohlfahrtspflege in Deutschland kann man als Ertrag vorläufig folgende Anknüpfungspunkte festhalten, die für die Legitimation, weiterführende wissenschaftlich-theologische Diskussionen sowie Konzeptualisierungen reflektiert und vertieft werden müssen:

- Die Idee einer Wohlfahrtspflege ist eindeutig theologisch begründet.
- Muhammad ist – wie Jesus für die christliche Wohlfahrtspflege – mit seinem Wirken und Handeln Modellperson.
- Eine Kirchensteuer existiert nicht im Islam, auch keine Zentralkirche. Jedoch stellen die *zakat* und die *sadaqa* – neben den hauptsächlichen staatlichen Zuschüssen – weitere finanzielle Quellen für die Wohlfahrtspflege dar.
- Ein gut funktionierendes, über Jahrhunderte erprobtes *waqf*-System zeugt vom sozialpolitischen Bewusstsein, das bis zum Einbruch der Moderne das Ziel des materiellen und immateriellen Wohlstandes hatte.
- Ein reicher Bestand an theologischer Literatur zur Frage der Wohlfahrt und der *waqfs* ist entstanden, den man für den aktuellen Diskurs verwerten und neu kontextualisieren kann.
- Islamisch geprägte Länder wie die Türkei versuchen mit zunehmender Demokratisierung und wachsendem Wohlstand die Wohlfahrt flächendeckend einzuführen, auszuweiten und zu optimieren. Hier ergeben sich Kooperations- und Austauschmöglichkeiten mit islamisch-geprägten Ländern.
- Die Diaspora kann in diesem Zusammenhang „Entwicklungshilfe" leisten, weil die gesellschaftlichen Rahmenbedingungen eine freie Entfaltung einer muslimischen Wohlfahrtspflege zulassen und sich der Islam in der Diaspora im Austausch mit der christlichen Tradition gegenseitig befruchten kann.

Muslime in Deutschland   3

Wohlfahrtspflege und Professionalisierung der Gemeindearbeit

Globalisierungsprozesse und in deren Folge ausgelöste Migrationsbewegungen haben dazu geführt, dass Millionen Muslime außerhalb ihrer Herkunftsländer leben. Die meisten von ihnen sind in Ländern wie den USA, England oder Deutschland längst beheimatet und hegen keine Rückkehrillusionen mehr. Damit entstehen alle typischen Herausforderungen, mit denen Diaspora-Gemeinden konfrontiert sind (vgl. Ceylan 2012, S. 9ff.). In Deutschland lebt seit über fünfzig Jahren eine muslimische Minderheit, die – wie Peter Antes es schreibt – eine „doppelte Herausforderung" mit sich gebracht hat. Einerseits für den deutschen Staat selbst, und zwar bezüglich der Frage der Anerkennung und Gleichberechtigung dieser religiösen Minderheit; andererseits für die Muslime durch den Staat sowie für den Staat und die anderen Religionsgemeinschaften aufgrund der Existenz der Muslime, da Fragen wie beispielsweise zum Bau von Moscheen, zur religiösen Bekleidung in öffentlichen Ämtern oder zum interreligiösen Dialog entstehen, die alle betreffen (vgl. Antes 2012, S. 75ff.).

So sind im Zuge dieser Herausforderungen in den letzten fünfzehn Jahren zahlreiche Prozesse initiiert worden wie etwa der Aufbau von Instituten für Islamische Theologie, Staatsverträge auf Landesebene zur Gleichstellung der Muslime mit den Kirchen, Einführung eines islamischen Religionsunterrichts. Ebenso sind Gerichtsbeschlüsse wie jene zur Kopftuchfrage seitens des Bundesverfassungsgerichts getroffen worden, die Weg zur Gleichberechtigung zementieren. Alle diese Entwicklungen sind im Kontext einer nachholenden Integration zu lesen. Hier fügt sich auch das aktuelle Thema, die Etablierung einer muslimischen Wohlfahrtspflege, ein.

Die Deutsche Islam Konferenz hat in ihrer dritten Arbeitsphase seit 2014 die
Themen Wohlfahrtspflege und Seelsorge mit dem Ziel aufgegriffen, Maßnahmen
zur strukturellen Implementierung zu identifizieren und umzusetzen (vgl. DIK
2015). Wie in den vergangenen Legislaturperioden auch, setzt sie sich aus einem
Plenum und Arbeitsgruppen zusammen, wobei letztere konkrete Maßnahmen-
vorschläge zu den thematischen Schwerpunkten formuliert (vgl. Ceylan 2013, S.
204f.). Interessant ist – wie auch bei allen kontroversen Fragen wie etwa der eines
Religionsunterrichts im Kontext von Säkularisierung oder die der Rolle von Theologien an staatlichen Universitäten –, dass diese Maßnahme zu einer Zeit kommt,
in der die konfessionelle Ausrichtung von diakonisch-caritativen Einrichtungen
zunehmend zur Diskussion gestellt wird (vgl. Henkelmann u.a. 2012).

Während für den Bereich Seelsorge, ihre theologische Grundlegungen sowie
im Hinblick auf ihre praxisbezogenen Beispielen bereits eine Reihe an Publikationen (vgl. z.B. Blasberg-Kuhnke/Ucar 2013) erschienen sind, besteht für die
muslimische Wohlfahrtspflege noch eine große Lücke. Ohne eine Erfassung des
gegenwärtigen Standes, ohne eine Bedarfsanalyse sowie korrespondierender theo-
logisch-wissenschaftlicher Literatur ist eine kurz- bis mittelfristige Etablierung
einer Wohlfahrtspflege für Muslime in Deutschland nicht zu erwarten. Vor diesem
Hintergrund sollen in diesem Kapitel daher die strukturellen Voraussetzungen der
muslimischen Gemeinden, ihr Organisationscharakter, ihre Funktionalität für die
deutschen Muslime und ihre bisherigen Praxisfelder dargestellt werden. Schließlich soll die Professionalisierung der muslimischen Gemeinden in den Blick genommen werden, um so konkrete Verbesserungsmaßnahmen zu identifizieren.
Diese Analyse soll für Kapitel 5 als Grundlage dienen, um effiziente, bedarfs-
gerechte sowie realistische Handlungsoptionen zu formulieren. Beginnen soll die
Analyse mit einem kurzen historischen Auszug der muslimischen Migrationsgeschichte in Deutschland zur Nachzeichnung des bisherigen schwierigen Entwick-
lungswegs im Spannungsverhältnis zwischen Herkunfts- und Aufnahmeland.

3.1   (Migrations-)Geschichte der Muslime in Deutschland: Von einer ausländischen zu einer heimischen Minderheit

Die Geschichte der Muslime in Deutschland wird – vor allem von deutschstämmi-
gen Konvertiten – nicht auf den Beginn der Arbeitsmigration aus islamischen Ländern datiert, sondern zeitlich bis in 18. Jahrhundert zurückverfolgt, um eine kontinuierlich verlaufende historische Linie bis ins 20. Jahrhundert hinein herzustellen.
Für eine Geschichtsforschung ist sicherlich diese Zeitreise interessant, allerdings

ist sie dies weder quantitativ noch politisch. Erst durch das Zustandekommen des Anwerbeabkommens mit der Türkei in 1961 wächst die Zahl der Muslime und ihre (integrations-)politische Relevanz. Mit den muslimischen Ländern Marokko und Tunesien wurden jeweils 1963 und 1965 Anwerbeabkommen abgeschlossen (vgl. Oltmer 2013, S. 39). Mit Andreas Goldberg kann man integrationspolitisch die Zeit bis in die Gegenwart grob in folgende Phasen einteilen:

- *Anwerbungsphase von 1961-1973*: Mit temporären Migrationsabsichten reisen „Gastarbeiter" aus muslimischen Ländern nach Deutschland, um später nach Erreichung finanzieller Ziele wieder in die Herkunftsländer zurückzukehren (vgl. Goldberg 2012, S. 60f.).
- *Anwerbestopp 1973*: Die Bundesregierung verhängt ein Anwerbestopp für Migranten aus Nicht-EG-Staaten aufgrund der wirtschaftlichen Rezession (Ölkrise). Da eine Rückkehr nach diesem Datum eine Re-Migration scheinbar unmöglich machte, blieben viele Muslime in Deutschland und holten ihre Familien nach. Im Zuge dessen steigt die Anzahl der Muslime. Allein die Zahl der türkischen Muslime steigt in dieser Phase um 436.500 Personen an (vgl. ebd., S. 61f.).
- *Rückkehrförderung 1983/84*: Um die Menge insbesondere der türkischen Muslime zu reduzieren, wird 1983 das Rückkehrförderungsgesetz beschlossen. Diejenigen Migranten, die bis zum 30. September 1984 in ihre Heimatländer zurückkehren möchten, sollten 10.500 DM plus 1.500 DM pro Kind sowie ihre selbstfinanzierten Rentenversicherungszeiten ausgezahlt bekommen. Von diesem Gesetz machen vor allem die Türken Gebrauch und etwa 250.000 verlassen angelockt von diesem finanziellen Reiz Deutschland. Dies ist auch die Phase, in welcher die Bleibewilligen damit beginnen, eigenethnische Infrastrukturen wie Kultur- und Moscheevereine auszubauen (vgl. ebd., S. 62f.).

Die skizzierten drei Phasen sind gekennzeichnet, durch eine „Konzeptionslosigkeit und Paradoxie in der Integrationspolitik", wobei die Rückkehrförderung einen Höhepunkt in dieser diffusen Politik darstellt. Obwohl der erste Ausländerbeauftragte Heinz Kühn bereit 1979 ein umfassendes und visionäres Konzept zur Lösung der akuten Integrationsfragen in den Bereichen Sprache, Beruf, Staatsbürgerschaft, Wohnen und auch die Anerkennung der faktischen Einwanderungssituation vorlegte, wurde das berühmt gewordene „Kühn-Memorandum" politisch abgelehnt. Während die Kirchen und die Wohlfahrtsverbände auf dieses Memorandum positiv reagierten, wurden seitens der Politik zwar die hohen Kosten – etwa 600 Millionen D-Mark – als Ablehnungsgrund vorgeschoben, obwohl sich die damaligen politisch Verantwortlichen eher aus „mentalen und politischen Gründen" da-

mit schwer taten, Deutschland als Einwanderungsland anzuerkennen (vgl. Heckl
2012, S. 233).

   Viele Ursachen der gegenwärtigen Herausforderungen wie Anerkennung, recht-
liche Gleichstellung, sozialräumliche Segregation, (Bildungs-)Armut und strukturelle Benachteiligungen gehen auf diese Jahrzehnte in der Annahme zurück, dass
Integration ein „Selbstläufer" sei. Daher sind kaum Anstrengungen unternommen
worden, um diese Minderheit zu integrieren. Erst der Paradigmenwechsel in 2000
mit dem neuen Staatsbürgerschaftsrecht markiert einen Neubeginn (vgl. Ceylan
2006, S. 26ff.). Fortan ist in einem rasanten Tempo die strukturelle Integration der
muslimischen Minderheit vorangetrieben worden. Ob der Nationale Integrationsplan – der zwar alle Migranten als Zielgruppe anvisierte, dennoch aber gerade
muslimische Vereine von den Absichtserklärungen und Zielsetzungen profitierten
–, die Deutsche Islam Konferenz oder die Empfehlungen des Wissenschaftsrates
zur Einrichtungen von islamischen Instituten für Theologie, alle Maßnahmen
– forciert und getragen von allen politischen Parteien – gehen auf diesen Paradigmenwechsel zurück. Es scheint also eine Entwicklung weg von der „Auslän-
derpädagogik" in den 1970ern bis hin zur „Islamisierung der neuen Integrationsdebatten" stattgefunden zu haben (vgl. Ceylan 2014, S. 18ff.). Zugleich sind – trotz
nach wie vor existierender kritischer Gegenmeinungen – Aussagen von hochkarä-
tigen Politikern, wie die von Bundeskanzlerin Angela Merkel, getroffen worden,
dass der Islam mittlerweile auch ein Teil Deutschlands ist.

   Wenn man nun das von Goldberg skizzierte historische Phasenmodell im Kontext der Muslime weiterentwickeln würde, dann müssten die „Phase der Bewusstwerdung der muslimischen Niederlassung", die „Phase der Islamisierung der Integrationsdebatten" und die „Phase der Normalisierung in der postmigrantischen
Gesellschaft" hinzutreten. Diese drei zeitlichen Abschnitte sind wie folgt zu charakterisieren:

• *Phase der Bewusstwerdung der muslimischen Niederlassung seit den 1990ern*:
  Diese Phase beginnt in den zunehmenden öffentlichen Diskussionen über die
  Kompatibilität von islamischen und europäischen Werten. In den 1990er Jahren hat vor allem der Göttinger Politikwissenschaftler Bassam Tibi mit seinem
  Postulat einer „Europäischen Leitkultur" – die dann später von konservativen
  Politikern aus der CDU in eine „Deutsche Leitkultur"-Debatte umkanalisiert
  wurde – forciert. Behauptet wird eine Unvereinbarkeit der europäischen Werte
  mit der islamischen Tradition, sodass in Abgrenzung zu einem „wertebeliebigen Multikulturalismus" von Tibi eine „Europäische Leitkultur" gefordert
  wird, die er folgendermaßen definiert:

„Eine europäische Leitkultur muss daher auf den Werten der kulturellen Moderne basieren und konsensuell für Deutsche und Migranten als Plattform für ein Miteinander gelten. Das ist die Alternative zu wertebeliebigen Parallelgesellschaften. Eine solche Leitkultur besitzt – stark zusammengefasst – folgende Inhalte: das Primat der Vernunft vor religiöser Offenbarung, d.h. vor der Geltung absoluter Wahrheiten; individuelle Menschenrechte (also nicht Gruppenrechte), zu denen im besonderen Maße die Glaubensfreiheit zu zählen ist; säkulare, auf der Trennung von Religion und Politik basierende Demokratie; allseitig anerkannter Pluralismus sowie ebenso gegenseitig geltende Toleranz, die bei der rationalen Bewältigung von kulturellen Unterschieden hilft. Die Geltung und Anerkennung dieser Werte macht die Substanz der Zivilgesellschaft aus" (Tibi 2002).

In den 1990er Jahren wird verstärkt die Selbstorganisation der Muslim unter dem diffusen Begriff „Parallelgesellschaft" öffentlich problematisiert. Diese Diskussionen ziehen sich bin in die 2000er Jahre hinein und werden Forschungsthema für die Sozialwissenschaften (vgl. Bukow u.a. 2007).

- *Phase der Islamisierung der Integrationsdebatten seit den 2000ern*: In den 2000er Jahren nehmen die Bestrebungen zur Integration der Muslime zu. Nach den Ereignissen des 11. Septembers ist dabei eine ambivalente Entwicklung rekonstruierbar. Einerseits fördert die Politik Maßnahmen zur Anerkennung und Gleichstellung – mit der Gefahr auch der Islamisierung sozialer und politischer Fragen –, andererseits halten die Gegendiskussionen (Sarrazin-Debatte, PEGIDA usw.) zum Thema Islam an. Diese öffentlichen Kontroversen zeigen im Grunde nur, dass die Niederlassung der Muslime und ihre öffentliche Partizipation den Menschen hierzulande verspätet deutlich wird. Während die Kommunikation zur Integration und Anerkennung der Muslime bisher nur zwischen der politischen Spitze sowie christlichen Vertretern mit den islamischen Ansprechpartnern stattgefunden hat – und man daher in diesem Diskurs viel fortgeschritten war als die deutsche Bevölkerung –, beginnt nun eine „unpünktliche" Wahrnehmung dieser Ergebnisse für die Gesamtgesellschaft.

Ähnliche Erfahrungen zeigen sich in anti-islamischen Bewegungen und Diskursen in den Einwanderungsländern wie den Niederlanden, Österreich, der Schweiz und sogar im liberalen Schweden. Überall also, wo die muslimische Minderheit sich niedergelassen hat und sie in der sozialen Sphäre stärker sichtbar wird, treffen wir auf ähnliche islamophobe Gegenkräfte. Detlef Pollack kommt in seiner Studie zur Ermittlung des Islambildes in der deutschen Gesellschaft zu dem Ergebnis, dass dieses überwiegend negativ ist. Neben geringer Primärkontakte zu Muslimen führt der Autor der Studie dieses Negativbild auch auf die einseitige Diskussionskultur, die Muslime nur mit negativen Themen aufgreift, zurück (vgl. Pollack 2013, S. 89ff.). Eine „aufgeklärte Debattenkultur" mit Muslimen und sie, wie von Heiner Bielefeldt postuliert, ist noch lange nicht in Sicht (vgl. Bielefeldt 2011, S. 140ff.). Die Islamisierung der Integrationsdebatte wirkt sich auf die eigentlich sehr heterogene muslimische Population dadurch aus, dass alle – von Säkularen bis zu Konservativen – durch ihre „Muslimisierung" sowie durch die „Konstruktion einer Ausländerreligion" homogenisiert werden. Zudem beginnt ein Rechtfertigungsdruck sowie Zwang zur ständigen Reflexion. Einer aktuellen Studie des Religionsmonitors zufolge ist die Religiosität der Muslime nach wie vor als sehr hoch und infolge der Kontinuität als stabil zu bezeichnen. Die Autoren dieser Studie weisen zudem auf das positive Potenzial der Religiosität der Muslime hin, weil sie mit dieser Spiritualität die Herausforderungen ihrer Migrationssituation bewältigten. Zugleich zeichneten sich die Muslime durch ihr „hohes Reflexionsniveau" aus, weil sie infolge der Erfordernisse in der Migration eine Kompatibilität ihrer Glaubensorientierung mit ihrer Lebenswelt herstellten (vgl. Halm/Sauer 2015).

• *Phase der Normalisierung in der „postmigrantischen Gesellschaft"*: Diese Phase ist dann erreicht, wenn der Islam nicht mehr als eine „Ausländerreligion", sondern als Teil der deutschen Gesellschaft wahrgenommen wird und nicht „aus dem nationalen Narrativ ausgeschlossen" ist. Die „postmigrantische Gesellschaft" wird dann wirklich eingetreten sein und das „Deutschsein" wird nicht mehr über Abstammung definiert, die Zugehörigkeit kann erlernt werden (Sprache, „kulturelle Codes" usw.) (vgl. Berliner Institut für empirische Integrations- und Migrationsforschung 2015).

3.2   Muslimische Organisationen und Verbände

Die Organisationslandschaft der Muslime ist ein Abbild des Mosaiks der 4,2 Mio. großen religiösen Minderheit. Seit den 1970er Jahren sind unterschiedliche Dachverbände gegründet worden, die den Anspruch vertreten, nicht nur die religiösen Dienstleistungen zu garantieren, sondern auch als Interessenvertretung gegenüber Politik und Medien aufzutreten. Bis in die frühen 1990er Jahre hinein war das Verhältnis der unterschiedlichen Verbände durch eine zähe Konkurrenz um Einfluss und Mitgliedergewinn gekennzeichnet. Danach tritt eine Konsolidierungsphase und später sogar eine Versöhnung ein. Ausschlaggebend waren nicht, wie am Beispiel der türkisch-islamischen Organisationen deutlich wird, ethnische oder konfessionelle Kriterien, sondern eher politische Differenzen (vgl. Ceylan 2006, S. 139ff.).

Vor diesem Hintergrund stellen die Annäherung der Verbände untereinander und die Gründung einer gemeinsamen Plattform – der Koordinationsrat der Muslime in Deutschland – einen Meilenstein dar, auch wenn es sich um noch ein ziemlich labiles Bündnis handelt. Die vier größten Dachverbände sind dort organisiert (vgl. KRM 2015). Bei den vier größten Organisationen handelt es sich um folgende Verbände, die sich auf der Internetseite der DIK[28] wie folgt präsentieren und charakterisieren:

- Verband der Islamischen Kulturzentren[29] (VIKZ)
- Gegründet wurde der älteste Verband im Jahre 1973 und vertritt seither etwa 300 Moscheegemeinden deutschlandweit, die mehrheitlich türkische Wurzeln haben. Neben den üblichen religiösen Dienstleistungen wird ein besonderer Fokus auf die Bildungsarbeit mit Kindern und Jugendlichen gelegt, wie die vom VIKZ betriebenen zahlreichen Schülerwohnheime belegen.
- Islamrat für die Bundesrepublik Deutschland e.V. (IRD)
- Der in 1986 gegründete Islamrat ist ein Zusammenschluss von 30 Organisationen. Er umfasst inzwischen ca. 400 Moscheegemeinden und seine Mitglieder werden auf 60.000 geschätzt. Er ist ethnisch plural zusammengesetzt.
- Türkisch-Islamische Union der Anstalt für Religion (DITIB)
- Diese größte muslimische Organisation wurde 1984 gegründet und repräsentiert etwa 900 Moscheevereine. Sie ist überwiegend türkeistämmig geprägt.
- Zentralrat der Muslime in Deutschland (ZMD)
- Der in 1994 gegründete Zentralrat der Muslime in Deutschland vertritt ca. 300 Moscheevereine und zählt ca. 20.000 Mitglieder, die sich aus 24 unterschiedlichen Organisationen rekrutieren. Diese Organisation ist ethnisch wie konfessionell plural zusammengesetzt (vgl. DIK 2015b).

Summiert man die Angaben zu den vertretenen Moscheegemeinden, so ergibt sich eine Anzahl von etwa 1900 Moscheegemeinden. Die Studie „Islamisches Gemein-

---

28 Weitere muslimische Verbände, die in der DIK vertreten sind: Ahmadiyya Muslim Jamaat (AMJ), Alevitische Gemeinde Deutschlands (AABF), Islamische Gemeinschaft der Bosniaken in Deutschland – Zentralrat e.V. (IGBD), Islamische Gemeinschaft der Schiitischen Gemeinden in Deutschland (IGS), Türkische Gemeinde in Deutschland (TGD).

29 In der Türkei litt diese Gruppierung, deren Begründer Süleyman Hilmi Tunahan (1888-1959) gilt, unter politischen Repressalien. Die religiösen Entfaltungsmöglichkeiten waren aufgrund einer religionsfeindlichen und zugleich staatlichen Religionsmonopols sehr gering. Erst die Diaspora hat dieser, wie auch anderen Gruppen, neue Möglichkeiten der Entfaltung geboten (vgl. Jonker 2002, S. 81ff.)

deleben in Deutschland" des Zentrums für Türkeistudien und Integrationsforschung sowie des Bundesamts für Migration und Flüchtlinge hat 2342 islamische
Gemeinden identifiziert, die in ihren Räumen Gebetsmöglichkeiten zur Verfügung
stellen (vgl. Halm u.a. 2012, S. 7). Nimmt man diese Zahl als Orientierungsgröße,
so vertritt der KRM etwa 81% Prozent aller Gemeinden. In seiner Geschäftsord-
nung nimmt der KRM – aufgrund der hohen Zahl an Moscheegemeinden – mit
seiner Präambel, dem Zweck seiner Gründung sowie bezüglich der formulierten
Ziele daher für sich in Anspruch, die deutschen Muslime zu vertreten:

> „I. Präambel
> In der Absicht der Schaffung einer einheitlichen Vertretungsstruktur der Muslime
> in der Bundesrepublik Deutschland geben sich die großen Dachverbände DITIB,
> VIKZ, Islamrat und ZMD für die Willensbildung innerhalb des Koordinationsrates
> folgende Geschäftsordnung
> II. Zweck der Gemeinschaft
> § 1 Grundlagen
> (1) Der Koordinationsrat, in der Absicht gegründet, langfristig eine einheitliche Ver-
> tretungsstruktur der Muslime in der Bundesrepublik Deutschland zu fördern, ist
> für alle Richtungen innerhalb des Islams offen.
> (2) Unter den Gründungsmitgliedern ist eine kontinuierliche und partnerschaftliche
> Zusammenarbeit in den Bereichen, die die gemeinsamen Interessen berühren und
> die bundeseinheitliche Interessenvertretung der Muslime bezwecken, vereinbart.
> (3) Die Mitglieder handeln auch in der Absicht, eine unabhängige Religionsgemein-
> schaft zu gründen.
> (4) Der Koordinationsrat bekennt sich zur freiheitlich-demokratischen Grundord-
> nung der Bundesrepublik Deutschland.
> (5) Koran und Sunna des Propheten Mohammed bilden die Grundlagen des Koor-
> dinationsrats. Dieser Grundsatz darf auch durch Änderungen dieser Geschäfts-
> ordnung nicht aufgegeben oder verändert werden.
> § 2 Ziel und Zweck des Koordinationsrats
> Der Koordinationsrat organisiert die Vertretung der Muslime in der Bundesrepu-
> blik und ist der Ansprechpartner für Politik und Gesellschaft. Er arbeitet an der
> Schaffung einer einheitlichen Vertretungsstruktur auf der Bundesebene und wirkt
> gemeinsam mit den bereits bestehenden muslimischen Länderstrukturen sowie den
> vorhandenen Lokalstrukturen an der Schaffung rechtlicher und organisatorischer
> Voraussetzungen für die Anerkennung des Islams in Deutschland im Rahmen von
> Staatsverträgen" (vgl. islam.de 2015).

Über die wirkliche Reichweite des KRM gibt es unterschiedliche Angaben, auch
wenn die religiöse Infrastruktur in Deutschland seine dominante Rolle bestätigt.
Laut der Studie „Muslimisches Leben in Deutschland" sind etwa 20% der Muslime in einem religiösen Verein organisiert (vgl. Haug u.a. 2009, S. 343). Bezüglich der Bekanntheit ist in derselben Studie zu lesen, dass vor allem die DITIB

den Befragten (44%) geläufig ist. Die Angaben zum Bekanntheitsgrad der anderen Verbände des KRM nehmen deutlich ab. Ebenso zeigt die Studie, dass der KRM nicht die Mehrheit der Muslime in Deutschland repräsentiert (vgl. ebd., S. 17f.). Diese Frage muss jedoch näher ausgeführt werden, weil sie immer wieder zu einem Politikum gemacht wird. Auf der einen Seite haben wir die etablierten Verbände des KRM, die seit den 1970er Jahren mit ihren 1900 Institutionen religiöse Dienstleistungen anbieten und sich als die legitimen Ansprechpartner betrachten. Im Hinblick auf die gestellte Frage des Vertretungsanspruchs bzw. der Reichweite ergeben sich folgende aufzuklärende Fragestellungen:

• Die Moscheegemeinden der Verbände des KRM erfassen in der Regel nur die Person bzw. das Familienmitglied, welche(s) auch tatsächlich die Mitgliedsbeiträge zahlt. Die restlichen Familienmitglieder, die ebenfalls die Infrastruktur nutzen und sich dort engagieren, werden nicht erfasst.
• Dann gibt es zahlreiche informelle Mitglieder, die nicht namentlich in den Mitgliedslisten – aus persönlichen oder politischen Gründen – aufgeführt werden wollen, dennoch als Nutzer und (finanzielle) Unterstützer der Moscheen auftreten. Wie ist mit dieser Regelung im Hinblick auf die Rechte des KRM zu verfahren?
• Die bisherigen Informationen über die Besucherzahlen der Freitagsgebete zeigen, dass die Resonanz enorm hoch ausfällt. Diese Statistiken müssen wissenschaftlich erhoben werden, um diese ersten Annahmen zu überprüfen (vgl. Ceylan 2014, S. 258ff.).
• Beim Christentum in Deutschland entscheiden sich auch viele dafür, nicht Mitglied einer Kirche zu sein und werden aber bei den religionspolitischen Fragen nicht durch eine Plattform für nicht-organisierte Christen berücksichtigt. Die Frage in diesem Kontext für den KRM lautet: Muss man wirklich die nicht-organisierten Muslime berücksichtigen, wenn sie nicht berücksichtigt werden wollen bzw. sich nicht als religiöse Gemeinden (Moscheen, Imam, religiöse Dienstleistungen usw.) etablieren?
• Andererseits muss der KRM sich folgende kritischen Fragen gefallen lassen: Warum fühlen sich nur eine Minderheit der Muslime von ihm vertreten? Warum fällt der Bekanntheitsgrad der Verbände des KRM so gering aus? Warum sind nur 20 Prozent der Muslime in einem religiösen Verein organisiert?
• Wie sieht es mit der Heterogenität der Muslime in den vom KRM vertretenen Gemeinden aus? Es existieren bisher keine Studien darüber, welche lebensweltlichen Orientierungen die Mitglieder aufweisen bzw. welchen Milieus sie angehören. Die Diskussion über „liberale" oder „konservative" Muslime kann nicht einfach mit „labels" plakativ geführt werden, sondern muss auf eine empirische Basis gestellt werden.

Die Frage der Vertretung wird sich in den nächsten Jahren zuspitzen, vor allem wenn es bei der Gründung eines muslimischen Wohlfahrtsverbandes um die Verteilung von finanziellen und personellen Ressourcen gehen wird. Insgesamt ergeben sich für den KRM und seine Gemeinden noch folgende soziale, kulturelle und juristische Herausforderungen, die zum Teil sehr stark miteinander zusammenhängen und in den nächsten Jahren zu bestreiten sind:

- *Gesellschaftliche Rahmenbedingung* (Säkularisierung, Individualisierung): Den Muslimen in Deutschland stehen ähnliche Folgen der Säkularisierung und Individualisierung wie bei den Christen bevor. Bereits jetzt sind schon Anzeichen dieser Entwicklung festzustellen, allerdings verhindert u.a. die öffentliche Konstruktion des Islam als „Ausländerreligion", dass sich die Folgen explizit zeigen. Es ist zu erwarten, dass sich das in naher Zukunft ändert und daher sachliche Diskussionen notwendig sind, um diese Prozesse zu begreifen und – auch in Kooperation mit Kirchen – zu verarbeiten (vgl. Ceylan 2014, S. 251ff.).
- *Anerkennung*: Derzeit laufen in unterschiedlichen Bundesländern wie im Flächenland Niedersachsen Verhandlungen zu Staatsverträgen mit Muslimen. In einigen Bundesländern wie in Hamburg sind bereits Staatsverträge unterzeichnet worden. Zugleich können einige muslimische Verbände wie die DITIB auf Länder wie Hessen zurückblicken, in der sie als Religionsgemeinschaft anerkannt sind. Juristisch schwieriger gestaltet sich die Frage der Anerkennung als Körperschaft öffentlichen Rechts. Auf Seiten der Muslime wird auf die Schaffung von Organisationsformen hingewiesen, um die Voraussetzungen zur Anerkennung zu erlangen. Auf Seiten der Politik dürfen diese verfassungsrechtlichen Regelungen nicht reduktionistisch, historisch begründet nur auf bestimmte Religionsgruppen, sondern auch auf Muslime – sofern die Voraussetzungen vorliegen – angewandt werden (vgl. hierzu Muckel/Tillmanns 2008, S. 234ff.). Für das Religionsverfassungsrecht bringt der Islam in Deutschland insgesamt neue Fragen wie etwa Religion und Öffentlichkeit (z.B. in Form von Symbolen) mit sich und bringt den weltanschaulich neutralen Staat[30] auf den Prüfstand (vgl. Oebbecke 2008).
- *Beheimatung*: Es besteht die Frage einer europäischen bzw. deutschen Identität der Verbände. Erste Zeichen einer Ent-Ethnisierung bzw. Abkoppelung vom Herkunftskontext sind zu sehen. In der Frage der europäischen Identität gibt es

---

30 Die Frage des Staats- und Religionsverfassungsrechts ist jedoch nicht nur auf die Muslime zu beschränken, sondern ihre Legitimation wird auch im Hinblick auf das Verhältnis von Staat und Christentum in Deutschland in immer wiederkehrenden Debatten diskutiert (vgl. hierzu Holzner/Ludgya 2013).

schon Diskussionen wie von Tariq Ramadan, Ceric oder Navid Kermani, die sich ausführlich mit der Vereinbarkeit von Islam und europäischer Identität auseinandersetzen (vgl. Neugebauer 2015). Diese Diskussionen schlagen sich auch in den Verbandsstrukturen nieder. Sogar zentralistisch geführte Verbände wie die DITIB führen interne Diskussionen, um eine Dezentralisierung und Entkoppelung zu initiieren. Aysun Yasar moniert beispielsweise in ihrer Studie zur DITIB, dass nach wie vor die Zentrale einen zu starken Einfluss auf die Landesverbände ausübe und somit die Handlungsmöglichkeiten einschränke (vgl. Yasar 2012, S. 116f.). Allerdings nimmt mit der organisatorischen Ausdifferenzierung in den unterschiedlichen Bundesländern nicht nur die Komplexität zu, sondern es nehmen auch die Partizipationsmöglichkeiten für jene Gemeindemitglieder zu, die eben nicht von der DITIB als Beamte oder Angestellte leben, sondern für diesen Verband als Ehrenamtliche tätig sind und somit in keinem starken Abhängigkeitsverhältnis stehen. Trotz statischer Elemente der DITIB sind insgesamt in den letzten Jahren größere Wandlungsprozesse bezüglich der Abkoppelungsprozesse vom Herkunftskontext zu beobachten (vgl. Gorzewski 2015, S. 317ff.).

- *Finanzierungsquellen*: Auf lange Sicht wird die Frage von Finanzquellen wichtig werden. Während Verbände wie DITIB über ein gut bezahltes Personal – die aus der Türkei finanziert – verfügen, müssen sich andere wie der Zentralrat der Muslime um Geldquellen zur Instandhaltung der eigenen existierenden und noch auszubauenden Strukturen kümmern.
- *Demokratisierung*: Das Beispiel Schura war bis dato ein Beispiel dafür, wie sich lokale Moscheegemeinden unterschiedlicher Ethnien und Konfessionen basisdemokratisch auf Landesebene organisieren. Die DITIB hat ihre eigenen Landesverbände aufgebaut. Inzwischen beginnt der ZMD auch ähnlich zu agieren, sodass das Modell der Schura damit konterkariert wird.
- *Strukturell*: Eng mit der Diskussion um Demokratisierung hängt die Entwicklung zusammen, dass sich in zahlreichen Bundesländern Landesverbände etabliert haben, die in der Zwischenzeit relativ autonom agieren können. Nach wie vor werden sie zwar von einer Zentrale geleitet, doch scheinen diese Entwicklungen die ersten Schritte in Richtung größerer Autonomie zu führen.
- *„Verkirchlichungs"-Diskussionen*: Der Islam kennt keine Zentralkirche und darauf beharren die Muslime im Zuge größerer Flexibilität. Der Nachteil liegt dagegen darin, dass aufgrund struktureller Ungleichheit mit den Kirchen Beeinträchtigungen entstehen. Andererseits verfügt man über hochmoderne, flexible Strukturen wie man sie von Gemeinden aus den USA kennt, die nicht einer Großkirche angehören und somit im „Supermarkt der Religionen" aufgrund der Konkurrenzsituation mit anderen weltlichen und spirituellen Institu-

tionen mithalten können. Sie müssen ihr Angebot immer attraktiv halten – wie ein Unternehmen auch, das von seinen Kunden einen Kosten-Nutzen-Kalkül voraussetzt.

- *Personal*: Nur ein Kern-Personal arbeitet in den Bundesverbänden hauptamtlich und zum Teil müssen diese Hauptamtlichen zahlreiche weitere Funktionen übernehmen. Überwiegend jedoch ist man auf Ehrenamtliche angewiesen. Während DITIB und IGMG in den letzten Jahren ihr qualifiziertes Personal ausgebaut haben, muss der ZMD an diesem Ausbau arbeiten.
- *Angebotsstruktur*: Der Ausbau des Personals spiegelt sich konsequenterweise in der Angebotsstruktur wider, das – je nach Bundesverband – stetig erweitert wird. Zum Teil bieten die Verbände die Angebote direkt selbst an, zum Teil muss man auf die Angebote der Ortsvereine zurückgreifen. Die Grenze zwischen professionellen und semiprofessionellen Dienstleistungen ist oft fließend.

3.3 Funktion der Moscheen und die Praxisfelder ihrer Gemeindearbeit

Die Geschichte der muslimischen Minderheit in Deutschland ist die eines Transformationsprozesses, und zwar seit Beginn der Anwerbung der ersten Muslime aus der Türkei bis zur Gegenwart. Wie die gesamte Verbandsstruktur betrifft dieser Wandel vor allem ihre Ortsvereine, wobei die Moscheegemeinden hierfür ein sehr charakteristisches Beispiel liefern. Begonnen hat die Geschichte der Moscheegemeinden mit Bürgerinitiativen – initiiert von den Pioniermigranten –, die die Lücke in der religiösen und kulturellen Versorgung füllen wollten. Damals wurden zwar muslimische Migranten angeworben, jedoch sind weder von den Herkunftsländern noch vom Aufnahmeland Angebote zur Befriedigung religiöser Bedürfnisse gemacht worden. Daher übernahmen die angeworbenen Muslime diese Aufgabe selbst und gründeten erste Gebeträume in Wohnheimen und später dann die sogenannten Hinterhof-Moscheen als Einheits-Moscheen (vgl. Ceylan 2006, S. 128ff.).

Mit der Familienzusammenführung expandierte schließlich ihre Zahl und die Segmentationsprozesse nahmen entsprechend zu. Die unterschiedlichen muslimischen Dachorganisationen wurden gegründet und die lokalen Moscheegemeinden schlossen sich je nach religiöser oder politischer Präferenz diesen überlokalen Strukturen an. Bis weit in die 1980er Jahre übernahmen diese Einrichtungen eine primär religiöse Funktion, um dann – in den 1990er Jahren insbesondere – sich zu multifunktionalen Einrichtungen zu entwickeln. Ausschlaggebend waren die lokalen Herausforderungen wie (Bildungs-)Armut, materielle Armut, Bedarf an Deutsch-Sprachkursen, Jugendarbeit usw. in sozial segregierten Stadtteilen, in denen auch die meisten Moscheen ihren Standort haben (vgl. ebd., S. 145ff.). Dieses Potenzial der Multifunktionalität können nicht alle Moscheegemeinden in Deutschland voll entfalten. Je nach Gemeindegröße, der Finanzkraft ihrer Gemeinden bzw. Dachorganisationen, personellen Ressourcen sowie baulichen Rahmenbedingungen gibt es große Diskrepanzen zwischen den unterschiedlichen Gemeinden – von der Hinterhof-Moschee bis zu repräsentativen Bauten. Letztere Bauvorhaben sind oft mit Konflikten verbunden (vgl. Beinhauer-Köhler/Leggewie 2009, S. 25ff.).

Allgemein kann man die zukünftigen Herausforderungen, die wie jene der Dachorganisationen eng mit einander zusammenhängen, wie folgt auflisten:

- *Personal*: Die Gemeinden werden hauptsächlich von Ehrenamtlichen getragen. Professionelles Personal – bis auf den Imam – existiert in der Regel kaum, so dass einzelne Mitglieder zum Teil mehrere Aufgaben übernehmen müssen.
- *Ethnische Orientierung*: Zwischen der jungen und alten Generation existiert eine Kluft. Während die erste und noch zum Teil die zweite Generation eher herkunftsorientiert ist, hat die junge Generation eindeutig ihren Fokus auf Deutschland. Das zeigt sich sprachlich, kulturell sowie durch die Anforderungen an die Moscheestrukturen.
- *Generationswechsel in den Vorständen*: Konsequenterweise kommen immer mehr junge Menschen in die Moscheevorstände, die in Deutschland sozialisiert sind. Zwar ist der Wechsel nicht immer reibungsfrei, doch ist es nur eine Frage der Zeit, bis alle Vorstände in Deutschland von der jungen muslimischen Generation besetzt werden.
- *Frauenquoten*: Die männerdominierten Strukturen werden schon seit Jahren aufgebrochen und Frauen nehmen zunehmend eine wichtige Rolle ein. So hat die DITIB sogar eine Frauenquote in den Gemeinden vorgeschrieben. Inzwischen treten auch Frauen als Vorsitzende der Gemeinden auf.
- *Finanziell*: Eine Zukunftsfrage für den Bestand und die Instandhaltung der Gemeinden liegt in der Frage der Finanzierung. Die meisten Mitgliedsbeiträge, wie bei Vereinen üblich, beginnen mit einer Summe von 5 Euro. So bestehen zwar die Gemeinden aus zum Teil 200 bis sogar zu 700 Familien, doch schlägt sich das nicht unbedingt in den Einnahmen nieder. Erst durch weitere Spendenaktionen oder Gemeindefeste versucht man die Vereinskasse aufzubessern. Bei den großen Moscheeprojekten ist es nicht anders. Sieht man oft die Aufgabe darin, den Kredit abzubezahlen, verliert man die späteren Nebenkosten für große Bauten aus den Augen. Es ist nicht auszuschließen, dass in naher Zukunft Gemeinden – auch im Zuge der Säkularisierungsprozesse – aufgrund der ungelösten Finanzierungsfrage geschlossen werden müssen.

- *Baulich*: Initiieren kaufkraftstarke lokale Gemeinden den Abriss bzw. die Aufgabe ihrer Hinterhofmoscheen, um sich repräsentative Moscheen zu bauen, müssen die finanziell weniger gut aufgestellten Gemeinden sich mit ihren alten Strukturen begnügen. Die oft in den 1970er und 1980er Jahre entstanden Strukturen sind jedoch längst renovierungsbedürftig, sodass die mühevolle Finanzierung dieser Arbeiten keine Ressourcen für andere – soziale und kulturelle – Angebote lässt. So liegt also eine der Hauptaufgaben der Moscheevorstände in der Begleichung der Fixkosten sowie in der Instandhaltung der Gemeinderäumlichkeiten, sodass soziale und kulturelle Angebote zu kurz kommen (müssen).

- *Brain-Drain*: Die Gefahr, dass Gutgebildete die Strukturen verlassen, weil ihnen das Tempo des Generationswechsels sowie des Strukturwandels zu langsam verläuft, besteht. Sie gründen Parallelstrukturen, was einerseits durchaus positiv ist, weil hochkompetente Strukturen entstehen. Andererseits verlieren die Gemeinden die geistigen Motoren, die einen internen Wandel begünstigen könnten.

Die Angebote der Dachverbände, der Landesverbände und Ortvereine spiegeln lediglich die Bedürfnisse der Mitglieder wider, die sich in den letzten Jahrzehnten herauskristallisiert haben. Anders als die christlichen Kirchen, die über entsprechende finanzielle und personelle Ressourcen verfügen, haben – angefangen mit den lokalen Moscheevereinen – die muslimischen Gemeinden mit ehrenamtlichen, semi-professionellen Vereinstätigkeiten auf die Bedürfnisse zu antworten. In den 1970er Jahren hatte man aufgrund der Familienzusammenführung primär die religiöse Erziehung der eigenen Kinder und Jugendlichen sowie die kulturelle Funktion der Gemeinden im Vordergrund. Neben der Beibehaltung dieser beiden Zielsetzungen haben sich weitere Felder im Bereich Bildung und Soziales etabliert.

Die Studie „Islamisches Gemeindeleben in Deutschland" zeugt von dieser Vielfalt. Demnach verstehen sich die meisten Moscheen auch als sozio-kulturelle Orte, um die Bedürfnisse ihrer Mitglieder abzudecken. Unten werden in diesem Zusammenhang exemplarisch einige soziale und kulturelle Praxisfelder[31] aufgelistet, die entweder die Muslime selbständig in oder außerhalb ihrer Gemeinden bzw. in Kooperation mit Kirchen und anderen Institutionen anbieten. Diese Darstellung

---

31   Die heterogenen Angebote kann man folgenden Internetseiten der großen Verbände abrufen: www.ditib.de, http://www.ditib-du.de, www.igmg.de, www.islam.de, http://mutes.de/home.html, http://www.schura-niedersachsen.de, www.vikz.de. Zwar gibt es Praxisfelder, die direkt von den Zentralen und dann von den lokalen Gemeinden angeboten werden, allerdings decken sich die meisten Dienste bzw. es gibt eine Kooperation in bestimmten Handlungsfeldern.

soll nur vor Augen führen, dass bereits (semi-)professionelle Strukturen vorhanden sind, die man bei der Einführung einer muslimischen Wohlfahrtspflege – wieder mit dem Hinweis auf das große soziale, materielle und intellektuelle Gefälle zwischen den 1900 Gemeinden der KRM – berücksichtigen muss:

- *Ansätze einer Jugend-/Familienhilfe*: Die muslimischen Gemeinden bieten bereits seit Jahren für Jugendliche und Familien Angebote bei Fragen von beruflicher Integration, Mediation, Freizeitprogrammen, Scheidungsberatung usw. an. Diese basieren nicht unbedingt auf ausgearbeiteten pädagogischen Konzepten, sondern in der Regel sind es „Good-Will"-Aktionen für die eigenen Mitglieder und deren Familien.
- *Frauen-Mädchenarbeit*: Die Arbeit mit Mädchen und Frauen ist gegenwärtig besonders im Fokus, weil sie sich inzwischen zu einer tragenden Säule der Gemeinden entwickelt habt.
- *Bildungsarbeit*: Die Bildungsarbeit in Gemeinden reicht von einfacher Hausaufgabenbetreuung bis hin zu Integrationskursen, in denen Sprachkurse und Kulturseminare nach Vorbild des Zuwanderungsgesetzes angeboten werden.
- *Suchtproblematik*: Eine direkte Drogenhilfe wird zwar nicht angeboten, dafür wird in Form von Expertengremien, Vorträgen und Konferenzen versucht, diese Problematik sachlich zu behandeln.
- *Gefängnisseelsorge*: Tausende muslimische Jugendliche und Männer sitzen in deutschen Gefängnissen. Seit den 1980er versucht man mit Imamen an diese Zielgruppe heranzutreten. Die Erfahrungen waren in der Regel nicht zufriedenstellend. Die Probleme liegen einerseits bei der Gefängnisleitung, die in Deutschland eine muslimische Seelsorge immer noch nicht für selbstverständlich hält bzw. aufgrund von Sicherheitsgründen Zweifel hegt. Auf der anderen Seite sind die Imame nicht sprachlich und fachlich auf diese Aufgabe vorbereitet. Derzeit werden wie in Niedersachsen Fortbildungen angeboten, damit Ehrenamtliche diese Aufgabe in Zukunft kompetenter ausüben können. Professioneller gestaltet sich die Arbeit in Hessen, wo in der Person von Mustafa Cimsit – Theologe und Seelsorger – diese Aufgabe übernommen wird (vgl. Forum am Freitag 2015). Zur Situation bezüglich der Seelsorge für inhaftierte muslimische Frauen existieren keine Daten und kaum Erfahrungsberichte.
- *Notfallbegleitung*: Die seit über dreißig Jahre aktive Christlich-Islamische Gesellschaft hat mit ihrer Pionierarbeit dafür gesorgt, dass die Notfallbegleitung in Kooperation mit muslimischen Gemeinden in einigen Bundesländern eingeführt werden konnte. Vorbereitet werden die Notfallbegleiter in mehrwöchigen Kursen mit interdisziplinären und interreligiösen Seminaren. Wie Thomas Lemmen darstellt, werden nach einem Bewerbungsgespräch die motivierten

und kompetenten Teilnehmer für dieses Kurse ausgewählt. Die Resonanz sei sehr hoch, was wiederum auf den Bedarf der Notfallbegleitung hinweist (vgl. Lemmen 2011, S. 52ff.). Derzeit sind zahlreiche Notfallbegleiter aktiv. Kooperationspartner sind Behörden wie Polizei und Feuerwehr, die seit Jahren für sich den Bedarf erkannt haben.

• *Bahnhofsmission*: Die Bahnhofsmission Berlin Zoo ist ein Beispiel dafür, dass muslimische Haupt- und Ehrenamtliche in Kooperation mit christlichen Kolleginnen und Kollegen in sozialen Brennpunkten gemeinsam die Not bekämpfen können.

• *Krankenhaus-Seelsorge*: Die Seelsorge[32] für Kranke und die Sterbebegleitung wird in der Regel von Imamen durchgeführt. In diesem Bereich bietet wiederum die Christlich-Islamische-Gesellschaft Fortbildungsseminare für Mitarbeiter der Krankenhäuser an, um sie in Bereichen Lebenssituation der Muslime in Deutschland, Umgang mit muslimischen Patienten (mit besonderer Berücksichtigung der Themen: „Die Bedeutung von Leid, Krankheit und Tod; Tod, Auferstehung, und ewiges Leben; Heil und Heilung im Islam; Der Islam als ‚Religion des mittleren Weges‛"), Muslime im Hospiz, Speisegebote usw. an (vgl. CIG e.V.).

• *Telefonseelsorge*: Die muslimische Telefonseelsorge ist ein bereits erfolgreich etabliertes Projekt in Berlin, dass zwar nicht direkt von einer muslimischen Gemeinde angeboten, jedoch mit der Etablierung einer Wohlfahrtspflege stärker ausgebaut werden könnte.

• *Präventionsarbeit*: Seit der Zunahme der salafistischen Szene sowie der ISIS-Auswanderer ist die Präventionsarbeit auf der Agenda der muslimischen Gemeinden. Erste Projekte wie Wegweiser oder das Projekt in Niedersachsen in enger Kooperation mit muslimischen Gemeinden versprechen eine professionelle Vernetzung und Intervention.

Die oben genannten Angebote sind wie angemerkt nur exemplarische Praxisfelder, die darauf hinweisen sollen, dass bereits Strukturen und Erfahrungen vorhanden sind, auf denen eine muslimische Wohlfahrtsfürsorge aufbauen könnte. Während ein großes Spektrum der sozialen Dienste – auch wenn nur semi-professionell und ehrenamtlich angeboten – damit bereits abgedeckt ist, fehlen dagegen in vielen Bereichen wie Behindertenhilfe, Heimerziehung, Frauenhäuser, Obdachlosigkeit/ Wohnungsnot, Neueinwandererhilfe, Asylhilfe, Psychiatrie oder Altenhilfe sowohl das Bewusstsein als auch die Voraussetzungen zur strukturellen Implementierung.

---

32 Die akademische Begleitung der sukzessiven Professionalisierung findet durch Tagungen und Publikationen statt (vgl. z.B. Begic/Weiß 2014).

Ebenso ist der Ausbau von muslimischen Strukturen nach Vorbild des Sozialpastorals in diesem Kontext zu erwähnen. Der Pastoralsoziologe und Religionspä-
dagoge Hermann Steinkamp fordert aufgrund der gesellschaftlichen Transformationsprozesse und der damit einhergehenden Herausforderungen, sich noch stärker
in gesellschaftliche Missstände einzumischen. Das Konzept des Sozialpastorals
als „Option für die Armen" soll stärker die gesellschaftspolitischen Realitäten
analysieren, konzeptionell ausrichten und sich stärker für „Unterdrückte und Ent-
rechtete" einsetzen. Es geht daher um „wirkliche Betroffenheit" – ohne ein neues asymmetrisches Verhältnis, also Machtbeziehung aufzubauen – und mit dem
Lernziel der Solidarität (vgl. Steinkamp 1994).

Für die Einführung einer muslimischen Wohlfahrtspflege erfordert diese Pro-
blemkonstellation also eine Professionalisierung der Moscheestrukturen. In der
Professionalisierung ist der Begriff Professionen impliziert und diese gelten nach
Regine Gildemeister als:

„‚gehobene Berufe' mit entsprechenden Ausprägungen in Einkommen, Status, Pres-
tige und Einfluß. Basis dafür ist die Herausbildung spezifischer Qualifikationsan-
forderungen an die Berufsausübung auf der Grundlage systematisierten (wissenschaftlichen) Wissens. Um diese Qualifikation sicherzustellen, üben Professionen
eine Kontrolle über den Berufszugang durch die Einrichtung von speziellen (akademischen) Ausbildungsgängen und durch Herausbildung berufsständischer Normen
(Berufsethik) aus. Die Berufsausübung selbst ist durch ein hohes Maß an Freiheit
von Fremdkontrolle gekennzeichnet. An deren Stelle tritt die Selbstkontrolle der
Professionsangehörigen: Berufsverbände übernehmen die Aufgabe, die Berufsausübung nach fachlichen und ethischen Standards zu überwachen" (Gildemeister, S.
443).

Der Zwang zur Professionalisierung führt bereits gegenwärtig dazu, dass in Zen-
tralmoscheen wie in Duisburg-Marxloh für die eigenen Gemeindeangehörigen
Training und Workshops angeboten werden. Wie aus einem Flyer hervorgeht,
zählen Kommunikationstraining, um Kompetenzen zu erwerben wie „Kommu-
nikationsgrundlagen", Fachspezifische Grundinformationen", „Kommunikations-
modelle", „Ausbau persönlicher Kompetenzen", „Informationen zur Bildungs-
teilhabe" sowie „Unterstützung bei Konzeptentwicklung und Antragstellung für
Projekte", zum Moscheeangebot. Wie an diesem Beispiel deutlich wird, erfolgt
die Professionalisierung gefördert durch den Staat – hier durch das Integrations-
ministerium NRW (vgl. Bildungs- und Begegnungsstätte DITIB-Duisburg). Für
diesen akuten Zwang der Professionalisierung sind die Herausforderungen konkret
zu identifizieren, finanzielle und strukturelle Fragen offenzulegen sowie konkrete
Handlungsschritte zu formulieren.

Handlungsoptionen für die muslimische Verbandsarbeit

4

In den vorausgegangenen Kapiteln wurde deutlich, dass Muslime und ihre Gemeinden im großen Bereich der bekenntnisgebundenen Wohlfahrtspflege vor zahlreichen Herausforderungen stehen, die sowohl die theologischen Grundlagen als auch die gemeindliche Praxis betreffen. Im folgenden Kapitel soll nun aufgezeigt werden, welche Voraussetzungen erfüllt sein müssen, um den Transformationsprozess in praktischer Hinsicht erfolgreich gestalten zu können. In einem weiteren Unterkapitel werden mögliche Wege einer Verbandsarbeit skizziert, die der Pluralität der Strömungen möglichst gerecht werden. Abschließend sollen zwei Modellprojekte vorgestellt werden, die aus unserer Perspektive mustergültig alle bereits behandelten Anforderungen bewältigt haben.

4.1 Professionalisierung, Transformation und Finanzierung: Zentrale Herausforderungen für die muslimischen Gemeinden im Aufbau eine Wohlfahrtspflege

4.1.1 Prämissen eines erfolgreichen Transformationsprozesses

Innere Reformbereitschaft der Gemeinden
Soziale Arbeit, Fürsorge und Pflege in Gemeinde und Wohnquartier stellen in der Regel keine Aufgaben dar, die von Einzelpersönlichkeiten organisiert und durchgeführt werden können. Im Normalfall bedarf es eines Trägers, der Gleichgesinnte

zusammenführt und so eine gemeinschaftliche Bearbeitung der Aufgabenstellungen ermöglicht. Wenn heute über muslimische Wohlfahrtspflege diskutiert wird, geraten zumeist die ca. 2500 Moscheegemeinden ins Blickfeld, die bereits jetzt in der Kinder- und Jugendarbeit sowie anderen Bereichen erhebliche Leistungen vorweisen können. Es liegt daher auf der Hand, die Gemeinden als zukünftige professionelle Träger zu identifizieren, da sie in organisatorischer Hinsicht schon gute Voraussetzungen – z. B. eine funktionierende Vereinsstruktur – aufweisen. Doch dies reicht bekanntlich nicht aus. Die öffentliche Hand verlangt unter anderem im SGB VIII weitere Qualitätsmerkmale, die künftige Träger erfüllen müssen. Die Gemeinden können diese in einem Transformationsprozess erreichen, der mit personalen und strukturellen Veränderungen einhergeht. Die erste wichtige Prämisse, die im Vorfeld geklärt werden muss, ist die innere Reformbereitschaft. Moscheegemeinden sind zumeist in Vereinen organisiert, die von gewählten Vorständen geleitet werden. Hier kann bereits eine erste Hürde liegen. Umfragen in Ausbildungsgängen mit Imamen[33] haben in den vergangenen Jahren mehrfach gezeigt, dass Reformimpulse von Gemeindemitgliedern nicht selten am fehlenden Interesse oder gar am Widerstand der Vorstände scheitern. Die Gründe hierfür sind vielfältig.

Häufig steht ein nicht immer offen ausgefochtener Generationenkonflikt im Hintergrund. Viele Vorstände gehören der ersten Migrantengeneration an, die ab Mitte der 60er Jahre des 20. Jahrhunderts nach Deutschland kamen. Ihre Sicht der Gemeindearbeit umfasst nicht zwingend die heutigen Erfordernisse. Manche Vorstände begnügen sich mit den Kernaufgaben einer klassischen Moscheegemeinde. Gerade für die jungen Gemeindemitglieder ergibt sich dadurch eine schwierige Ausgangssituation. In einem beharrlichen und mitunter mühsamen Überzeugungsprozess müssen Gemeindemitglieder und Vorstände von neuen Zielen und Projekten überzeugt werden. Reforminitiativen auf der Vereinsebene haben daher nur dann einen Sinn, wenn zumindest in Teilen der Mitgliedschaft Veränderungen auf Zustimmung stoßen. Ist dies nicht der Fall, sollten sich die Reformakteure ernsthaft mit der Frage auseinandersetzen, ob eine Neugründung mit Gleichgesonnenen mittelfristig nicht der bessere Weg sein kann.

Weitere erhebliche Hindernisse können ferner durch die verbandlichen Strukturen entstehen. Die Mehrheit der Moscheegemeinden ist in den bereits aufgeführten Verbänden ZMD, VIKZ, DITIB und Islamrat organisiert. Mitgliedschaften in diesen Organisationen bringen mitunter Einschränkungen in der Gestaltung der

---

33 Die Autoren haben seit 2010 an mehreren Ausbildungsgängen der Universität Osnabrück mitgewirkt, in denen Imame und Gemeindeakteure unter anderem im Bereich der Kinder- und Jugendhilfe fortgebildet wurden.

Gemeindearbeit mit sich. Dies ist z.b. bei Gemeinden der DITIB der Fall. Da der türkische Staat die Imam-Gehälter zu großen Teilen finanziert, bestehen seitens der Verbandsführung erhebliche Möglichkeiten der Einflussnahme in die jeweiligen Gemeindeangelegenheiten. Die Schaffung neuer Arbeitsbereiche und Strukturen ist hier in der Regel nur nach Absprachen und in Übereinstimmung mit den zuständigen Verbandsstellen möglich. Der Trägerausbau vor Ort kann sich daher als langwierig und hindernisreich gestalten. Alle großen islamischen Verbände wünschen mittlerweile explizit den Ausbau einer muslimischen Wohlfahrtspflege. Leider hat sich noch nicht die Einsicht durchgesetzt, dass dieser Prozess wesentlich im kommunalen Raum von den dort tätigen Organisationen bewältigt werden muss. Eine dirigistische Steuerungspolitik seitens der Verbandsspitzen ist hier kontraproduktiv. Die Gemeinden sollten hier keinerlei Einschränkungen unterliegen.

Äußere Reformbereitschaft

Selbst wenn in der Gemeinde oder im Gemeindeumfeld alle Hindernisse erfolgreich ausgeräumt werden konnten, drohen im Dickicht kommunaler Behörden und im Kreise der etablierten Wohlfahrtsträger weitere Hindernisse oder gar Blockaden. Als beschwerlich erweist sich immer wieder der Weg in der Kommune zum anerkannten Träger der Kinder- und Jugendhilfe nach § 75 KJHG. Antragsteller, die in einem islamischen Kontext verortet werden, unterliegen nicht selten langwierigen und intensiven Prüfungen durch die Jugendhilfeausschüsse. Einschlägige Erfahrungen in dieser Hinsicht machten in den vergangenen Jahren z. B. Organisationen, die der Gülen-Bewegung zugerechnet werden. Der Anerkennung vorangestellt sind mancherorts Expertenanhörungen und Recherchen, die mitunter gravierende Unterstellungen beinhalten. So wird im Kontext der Gülen-Bewegung immer wieder kolportiert, die Bewegung und mit ihr verbundene Organisationen verfolgten eine geheime Agenda. Belege hierfür konnten unseres Wissens bislang nicht erbracht werden. Um mögliche Missverständnisse und falsche bzw. fragwürdige Informationslagen auszuräumen, ist es daher sinnvoll, im Vorfeld der Antragstellung mit allen relevanten kommunalen Stellen Gespräche zu führen, in denen alle kritischen Punkte angemessen beleuchtet werden. Hilfreich sind auch gute Kontakte in die kommunale Politik.

Zu wünschen wäre darüber hinaus, dass die Kommunen ihre Haltung gegenüber Moscheegemeinden und muslimisch geprägten Vereinen einer kritischen Überprüfung unterziehen. Sofern Vorbehalte in der Administration bestehen, müssen diese einer nachhaltigen Bearbeitung zugeführt werden. Die Steuerung dieses Prozesses sollte bei den jeweiligen Amtsleitungen liegen. Schließlich können Länder und Kommunen sich zu einer aktiven Förderpolitik entscheiden. Konkret kann dies z.b. bedeuten, dass kommunale Stellen Trägergründungen mit fachkundiger

Beratung flankieren. Falsche Weichenstellungen und damit verbundene Irrwege
der Träger könnten so verhindert werden.

Personale Voraussetzungen

Wie auch schon an anderer Stelle aufgeführt wurde, bilden die personalen Voraussetzungen einen sehr wichtigen Punkt bzw. eine Gelingensbedingung. Innerhalb
der Mitgliedschaft der Vereine und übergeordneten Verbände fehlt oft die Expertise, um notwendige Weichenstellungen vornehmen zu können. Bei der Erweiterung
der Arbeitsbereiche eines bestehenden Vereins oder einer Neugründung müssen
viele wichtige Fragen gleichzeitig beantwortet werden. Wie muss eine Satzung be-
schaffen sein? Welche Rechtsform empfiehlt sich für einen Träger und welche Aufgaben erfüllt eine Geschäftsführung? Andere Fragen betreffen operative Abläufe.
Welche Schritte müssen abgearbeitet werden? Welche qualitativen Standards sind
zu beachten? Neben diesen juristischen und betriebswirtschaftlichen Fragen geht
es auch um die fachliche Expertise in den Handlungsfeldern. Standardfragen sind
hier: Wie stelle ich einen Projektantrag? Mit welchen Methoden wird im Handlungsfeld gearbeitet und wie sieht ein professionelles Berichtswesen aus? Im Regelfall wird es einem Verein nicht gelingen, die geballte Fachunterstützung mit
einem Schlag zu erlangen. Ein kleinschrittiges aber konsequentes Vorgehen kann
auch mit geringen Ressourcen zum Ziel führen. Hierbei ist es durchaus sinnvoll,
vor Ort nach Vereinen Ausschau zu halten, die die Implementierung professioneller Strukturen bereits abgeschlossen haben. Erfahrungen zeigen, dass andere
Träger durchaus zu Hilfestellungen bereit sind. Von besonderem Interesse sind in
diesem Kontext auch spezielle Coachingprojekte für Moscheegemeinden, die von
der Deutschen Islamkonferenz und dem Paritätischen in NRW vorbereitet werden.
Mit einem solchen Projekt können passgenau bestehende Defizite bearbeitet werden. Es kann mit Spannung erwartet werden, ob die Fachberater des Paritätischen
die Vereine in der Fläche erreichen werden. Sollte dies der Fall sein, empfiehlt sich
eine bundesweite Umsetzung.

Der Prozess der Professionalisierung kann jedoch nicht auf lange Sicht lediglich von externen Experten gestaltet werden. Die Gemeinden brauchen auf lange
Sicht gut ausgebildetes Personal, das die volle Bandbreite der Wohlfahrtsarbeit angemessen bearbeiten kann. Derzeit kann diese Lücke noch nicht geschlossen werden, da auf muslimischer Seite nur wenig ausgebildetes Personal zur Verfügung
steht. Von großer Bedeutung sind daher Initiativen, die auf eine Implementierung
der muslimischen sozialen Arbeit an deutschen Universitäten zielen. Pionier auf
diesem Gebiet ist die Universität Osnabrück. Das Institut für Islamische Theologie
(IIT) plant derzeit mit weiteren Partnern, darunter die Katholische und Evangelische Theologie, die Erziehungswissenschaft, die Migrationssoziologie und die

Hochschule Osnabrück, einen Zwei-Fach-Bachelor, der unter anderem die Kombination Islamische Theologie und Soziale Arbeit ermöglichen soll. Der neue Ausbildungsgang richtet sich insbesondere an künftige Studierende, die im Kontext der Gemeindearbeit tätig werden möchten.

Es bestehen gute Aussichten, dass der Studiengang bereits im Jahr 2017 angeboten werden kann. Die fachliche Fundierung eines Studiengangs bedarf natürlich einer seriösen Begleitforschung. Erste Möglichkeiten schafft hier das Avicenna-Studienwerk, dass ab 2015 in einem Sonderprogramm Promotionsstipendien für die Fächer Soziale Arbeit/Sozialpädagogik ausgeschrieben hat. Promovierende, die sich im Rahmen ihres Promotionsvorhabens theoretisch oder empirisch mit Themen wie „Muslime und Wohlfahrtspflege/Seelsorge in Deutschland" oder verwandten Themen auseinandersetzen, können sich über das gesamte Jahr bewerben. Aufgrund dieser und anderer Initiativen kann davon ausgegangen werden, dass in fünf bis zehn Jahren gut qualifizierte Absolventinnen und Absolventen den Gemeinden und Trägern zur Verfügung stehen.

Trägerkonstruktionen – Verein, gGmbH oder Stiftung?

Weitere Überlegungen müssen der Rechtsform des Trägers gewidmet werden. Bekanntlich sind die meisten Moscheegemeinden als Vereine organisiert. In vielen Fällen sind diese von den Finanzämtern als gemeinnützig anerkannt. Nach Heinrich Griep und Heribert Renn wird seit geraumer Zeit in der Wohlfahrtspflege diskutiert, „ob die bestehende Rechtsform Verein für die Wohlfahrtspflege noch zeitgemäß ist". (Griep/Renn 2011, S. 68) In der Diskussion werden vor allem zwei Argumente angeführt, die scheinbar gegen diese Rechtsform sprechen.

Haftung:

Vereinsvorstände arbeiten zumeist auf ehrenamtlicher Grundlage in ihrer Freizeit. Wenn der Verein beharrlich wächst und die Arbeitsbereiche mit Millionenbeträgen wirtschaften, stellt sich immer auch die Frage nach der Haftung im Falle von Fehlentscheidungen oder dem Scheitern von Projekten. Hier kann von Vereinsmitgliedern aber auch Außenstehenden gefragt werden, ob ein grob fahrlässiges Verhalten eines oder mehrerer Vorstände gegeben sein kann (§ 31a BGB). Schwierige Situationen können sich z.B. bei möglichen Insolvenzen einstellen. Die Vorstände müssen im Falle von Überschuldung zwingend die Insolvenz beantragen. Geschieht dies aufgrund eines mangelhaften Überblicks über die Finanzlage nicht, so kann der Vorstand persönlich für den Schaden haftbar gemacht werden, der durch Verzögerungen entstanden ist. Gleiches gilt für ausfallende Steuern des Vereins, die durch Pflichtverletzungen der Vorstände entstanden sind. Ob im Falle eines Schadens tatsächlich Privatvermögen eines Vorstands angegriffen wird, ist jedoch fraglich. Griep und Renn weisen explizit darauf hin, dass „die Haftung beim Verein im Normalfall allein auf das Vereinsvermögen beschränkt" sei. Diese Sicht der Dinge sei in einem spektakulären Fall – dem Zusammenbruch eines Wohlfahrtsverbandes (Kolping-Bildungswerk Sachsen e.V.) – zwischenzeitlich auch durch die Rechtsprechung des BGH bestätigt worden. (Griep/Renn 2011, S. 70) Erwähnung finden sollte in diesem Kontext auch die Möglichkeit der Risikoverlagerung auf Versicherungen. Vereine können Spezialrechtsschutzversicherungen abschließen, die auch bei Auseinandersetzungen mit dem eigenen Verein einen gewissen Versicherungsschutz gewähren. Darüber hinaus können Vermögensschadenshaftpflichtversicherungen abgeschlossen werden. Diese sind jedoch mit erheblichen Kosten verbunden und decken nicht zwingend alle Eventualitäten ab.

Geschäftsführung und Steuerung

Der zweite Punkt betrifft die Geschäftsführung und Steuerung. Nach Gabriele Moos und Wolfgang Klug kann festgestellt werden, „dass die historisch gewachsenen Strukturen im eingetragenen Verein häufig sehr starr sind, sodass Entscheidungen innerhalb dieser Rechtsform nur schwer umsetzbar sind." (Moos/Klug 2009, S. 60) Dieser Sachverhalt betrifft eine Vielzahl von Vereinen, die auf eine lange Organisationsentwicklung zurückblicken können. Manche Vorstände amtieren seit Jahrzehnten und verfügen über stabile Mehrheiten in der Mitgliedschaft. Neue Konzepte und Projekte finden hier nicht immer optimale Bedingungen. Unter anderem aus diesem Grund gewinnt die gemeinnützige GmbH oder die kleine Schwester – die gemeinnützige UG – als Träger an Bedeutung.

Ungeachtet dieser Kritik ist der Verein nach wie vor eine Rechtsform, die als zukunftsfähig angesehen werden kann und die sich mit einem überschaubaren Aufwand begründen lässt. Es gibt aber auch Alternativen. Eine wahre Erfolgsgeschichte verzeichnet seit geraumer Zeit die Rechtsform der gemeinnützigen Gesellschaft mit beschränkter Haftung (gGmbH). In dieser Unternehmensform, die eine Kapitalgesellschaft mit mindesten 25.000 Euro Stammeinlage darstellt, haften die Gesellschafter für Verbindlichkeiten nicht mit ihrem Privatvermögen. Die gGmbH ist eine Mischform von gemeinnütziger Organisation und Unternehmen. Die gGmbH kann von einer oder mehreren Personen gegründet werden. Ein Vorteil liegt zunächst darin, „dass der Zwang zu wirtschaftlichem Handeln aufgrund der klaren gesetzlichen Rahmenbedingungen im GmbH-Gesetz eindeutiger als in der Vereinsstruktur gegeben ist" (Moos/Klug 2009, S. 61). Ein weiterer und vielleicht der entscheidende Vorteil ist in der Geschäftsführung zu sehen. In Vereinen gibt es demokratische Strukturen und Mitgliederversammlungen, die über Entwicklungen entscheiden. In der gGmbH planen Gesellschafter und Geschäftsführung eigenständig, ohne dass unternehmerische Entscheidungen durch

Mitgliedsversammlungen bestätigt werden müssen. Darüber hinaus verfügt eine gGmbH in der Regel über eine effizientere Gesamtorganisation und ein besseres Risikomanagement, das direkt von einer professionellen Geschäftsführung ausgeht. Gerade diese Organisationsmerkmale haben in den vergangenen Jahren Vereine der Wohlfahrtspflege dazu bewogen, Betriebsteile in eigene gGmbHs auszugliedern. Vielerorts hat sich diese Entscheidung bewährt, da eine professionelle Unternehmensführung stets auf wirtschaftliches Handeln aus abzielt. Es soll hier aber auch nicht verschwiegen werden, dass eine starke wirtschaftliche Orientierung auch dazu führen kann, dass ideelle Ziele ins Hintertreffen geraten können. Nehmen wir als Beispiel einen Träger der offenen Ganztagsschule. Ist der Träger ein Elternverein, wird bei rückständigen Essensgeldern zu Gunsten der Kinder gerne mal ein Auge zugedrückt. Eine gGmbH wird hier vielleicht nicht mit viel Nachsicht handeln, da man stets die Zahlen im Blick hat.

Neben dem Verein und der gemeinnützigen GmbH gibt es die Stiftung als Rechtsform in der Sozialwirtschaft. Eine Stiftung wird mit einer Vermögensmasse gegründet, deren Erträge, z.B. Zinsen, für einen bestimmten Zweck eingesetzt werden müssen. Die Grundlagen hierzu finden sich in § 80 ff im BGB. Stiftungen haben keine Gesellschafter und Mitglieder. Die Geschäfte werden von einem Vorstand geführt. Die Rechtsform Stiftung ist dann eine gute Wahl, wenn Projekte oder Maßnahmen langfristig gesichert werden sollen. Sie bietet auch eine gute Basis, um Spenden zu sammeln. Stiftungen genießen bei vielen Menschen ein höheres Ansehen als ein Verein. Zu bedenken ist jedoch, dass Stiftungen in Deutschland unter der Aufsicht des Staates stehen. Daher muss die Stiftung in ihrer Geschäftätigkeit die Vorgaben der staatlichen Stiftungsaufsicht beachten. Satzungs- und Zweckänderungen sind nur mit erheblichen Einschränkungen möglich (Griep/Renn 2011, S. 70).

4.1.2 Zwischenfazit: Eine Checkliste für die muslimischen Gemeinden

Akteure einer künftigen muslimischen Wohlfahrtspflege haben in Deutschland eine Vielzahl von Möglichkeiten, ihre Ziele zu realisieren. Erfahrungen zeigen, dass in der Regel den muslimischen Gemeinden konkrete Vorstellung dazu fehlen, wie sie den Plan einer Wohlfahrtspflege umsetzen könnte. Bevor man daher sich mit Enthusiasmus und großem zeitlichem Engagement auf den Weg macht, sollte man auf der Grundlage der bisher zusammengetragenen Informationen ein paar Fragen durchgehen, die hier in einer Checkliste kurz aufgeführt werden.

1. Verfüge ich über eine durchdachte Idee zu einem Projekt (z.b. Kindergarten), die alle relevanten Faktoren berücksichtigt?
2. Gibt es einen wirklichen, d.h. nachweisbaren Bedarf?
3. Wird dieser Bedarf auch in der Kommune gesehen (Behörden, z.B. Jugendamt)?
4. Kann mein Verein bzw. meine Moscheegemeinde dieses Projekt realisieren?
5. Werde ich ausreichend von Mitgliedern unterstützt?
6. Kann der Vorstand für das Vorhaben gewonnen werden?
   (Ist eventuell die Zustimmung des Verbands notwendig?)
7. Stimmen die rechtlichen Voraussetzungen (Satzung)?
8. Sind die notwendigen Ressourcen (finanziell, räumlich und personell) vorhanden?
9. Muss ich einen neuen Träger gründen?
10. Habe ich ausreichend Unterstützung ?
11. Wurde ich ausreichend juristisch und betriebswirtschaftlich beraten?
12. Welche Rechtsform wähle ich?
13. Bin ich unter Umständen bereit, mehrere Jahre für mein Vorhaben zu arbeiten?
14. Bin ich in der Lage, wichtige Bündnispartner in der Kommune zu finden?

4.2   Wege der Verbandsarbeit

Bei der Gründung eines oder mehrerer islamischer Wohlfahrtsverbände sind grundsätzlich zwei Wege möglich, die hier in einem idealtypischen Verlauf kurz skizziert werden sollen.

Top-Down-Prozess

Ein Verband oder mehrere Verbände von Moscheegemeinden beschließen den Aufbau eines Dachverbandes. Der Dachverband wird ohne Unterbau gegründet und sieht sich hier zunächst in der Rolle eines Impulsgebers, der in regionalen Kontexten weiter Strukturbildungen anregt. Läuft dieser Prozess erfolgreich, entstehen auf der Länderebene Regional- oder Landesverbände. Diese geben gleichfalls Impulse in die Kreisebene. Das Ziel ist auch hier eine Strukturbildung, die bestehende Organisationen erfasst. Schließlich findet der Prozess auf der kommunalen Ebene seinen Abschluss, indem Träger, die bereits in Sozialräumen tätig sind, in verbandliche Strukturen eingebunden werden.

Top-Down

Islamischer Wohlfahrtsverband

Landesverbände

Kreis- oder Stadtverband

Moschee, Träger im Sozialraum

Bottom Up

Bottom-Up-Prozess

Der Bottom-Up-Prozess beginnt im kommunalen Raum an der Basis. Maßgebliche Akteure sind hier Moscheegemeinden und Träger vor Ort, die bereits Aufgaben im Feld der Wohlfahrtspflege wahrnehmen. Diese verständigen sich über gemeinsame Interessenslagen und Ziele und gründen vor Ort (in der Kommune bzw. im Kreis) verbandliche Strukturen, die gegenüber der Administration (z.B. auf der Stadtebene) als Interessensvertreter der Gemeinden und Träger auftreten. Das Hauptziel des Organisationsprozesses ist die Implementierung einer rückgebundenen und demokratisch legitimierten Interessensvertretung, die unter anderem in den regulären Gremien der Kommune (z.B. AG § 78) Gestaltungsaufgaben wahrnimmt.

Sofern dieser Prozess erfolgreich abgeschlossen werden konnte, kann die Gründung der nächsten Vertretungsebene – des Landesverbandes – angestrebt werden. Der Landesverband wird von Kreisverbänden gegründet, die in Ihrem Wirkbereich bereits erfolgreich arbeitende Träger vorweisen können. Die Spitzen des Landesverbands sind gleichfalls demokratisch legitimiert. Sie vertreten gegenüber Landesbehörden (z.B. LVR) oder Ministerien die Interessen der Kreisverbände. Im letzten Schritt wird von den Landesverbänden der Bundesverband gegründet, der auf der Bundes- und Europaebene die Interessen der Mitglieder wahrnimmt.

4.2.1 „Potemkinsche Dörfer" oder Verband mit solidem Fundament

Das Thema islamischer Wohlfahrtsverband hat seit dem Engagement der Deutschen Islamkonferenz erheblich an Bedeutung gewonnen. Politik in Bund Ländern und die Vertreter muslimischer Organisationen vertreten unisono die Position, dass muslimische Träger eine Bereicherung im Bereich der freien Wohlfahrtspflege darstellen können. Auf der Grundlage dieser positiven Diskussionsergebnisse ist es nicht verwunderlich, dass in den Verbänden und unabhängigen Vereinen und Gemeinden derzeit Strategien der Verbandsgründung intensiv diskutiert werden. Bislang hat der Diskussionsprozess unter den Spitzenverbänden noch zu keiner einheitlichen Position geführt. Uneinigkeit herrscht z.b. in der Frage, ob es einen oder mehrere islamische Wohlfahrtsverbände geben soll. Sichtbar wurden die unterschiedlichen Positionen zuletzt auf einer Podiumsdiskussion am 14.11.2014 in Düsseldorf, an der unter anderem Emine Oguz (DITIB) und Aiman Mazyek (ZMD) teilnahmen.

In der Diskussionsrunde ging es auch um die Frage, ob denn ein Wohlfahrtsverband das heterogene muslimische Spektrum zur Abbildung bringen könne. Aiman Mazyek bejahte dies und führte pragmatisch aus, dass die deutschen Muslime mit der Schaffung eines Verbandes für alle Muslime gut beraten seien. Die Interessen könnten so gebündelt werden und man habe eine gute Ausgangsbasis gegenüber den anderen Verbänden der Wohlfahrtsliga. Diese Sicht der Dinge teilte zur großen Überraschung der anderen Podiumsteilnehmer nicht Emine Oguz, die die Sichtweise DITIB vertrat. Sie stellte in Aussicht, dass DITIB schon bald einen eigenen Verband gründen werde (Kiefer 2014). Zwischenzeitlich wurde diese Absichtserklärung von einer anderen Verbandsfunktionärin im Kontext der Deutschen Islamkonferenz wieder zurückgenommen. Ausgehend von den Größenverhältnissen stellt sich grundsätzlich die Frage, ob die Gründung mehrerer Verbände als sinnvoll angesehen werden kann. Es wird davon ausgegangen, dass es in Deutschland ca. 2.500 Moscheegemeinden gibt. Selbst wenn diese mit einer Stimme sprechen, stellt man im unmittelbaren Vergleich mit den anderen Spitzenverbänden keine herausragende Größe dar. Alleine der Paritätische zählt im Gesamtverband 10.000 Mitgliedsorganisationen. Eine Aufteilung der 2.500 Gemeinden auf mehrere Verbände kann daher als eine suboptimale Lösung der Verbandsfrage angesehen werden. Es bleibt abzuwarten, wie sich die muslimischen Organisationen in dieser Frage positionieren werden.

Fragwürdig und mitunter kontraproduktiv sind auch Verbandsgründungen, die nicht über eine breite Basis an Trägern abgesichert sind. Aktuell kann hier auf zwei Beispiele verwiesen werden. Das erste Beispiel ist der bereits erwähnte „Verband für interkulturelle Wohlfahrtspflege Empowerment und Diversity (VIW)", der am 03.06.2014 in Berlin gegründet wurde. Im Positionspapier zur Gründung heißt es:

> „Vor dem Hintergrund der zunehmenden Pluralisierung der Gesellschaft bedarf die gesamtgesellschaftliche Wohlfahrtspflege einer interkulturellen Organisationstruktur, die die unterversorgten Bedürfnisse von eingewanderten bzw. eingebürgerten Menschen mit spezifisch angepassten Angeboten abdeckt. Unser Verband für interkulturelle Wohlfahrtspflege versteht sich nicht nur als bloße Ergänzung bestehender Angebote, sondern auch als innovative Kraft für soziale Dienstleistungen in der Einwanderungsgesellschaft" (Verband für interkulturelle Wohlfahrtspflege, Empowerment und Diversity. 2014, S. 1).

Die Ansprüche, die der Verband in diesen Zeilen deutlich werden lässt, sind recht groß. Angesichts von elf Gründungsmitgliedern kann durchaus die Frage aufgeworfen werden, ob ein Verband dieser Größenordnung eine nachhaltige Wirkung erzeugen kann. Zweifel sind hier durchaus angebracht, denn auch nach einem Jahr ist eine Homepage des Verbandes nicht auffindbar. Lediglich eine Facebookseite informiert rudimentär über verbandliche Aktivitäten.

Kritisch hinterfragt werden kann ferner eine Initiative, die am 10.10.2015 in Dortmund die Gründung des „Islamischen Wohlfahrtsverbandes (IWV)" durchführen will. Nach unseren Recherchen sind die islamischen Dachverbände und deren Gemeinden in keiner Weise an der beabsichtigten Gründung beteiligt. Es stellt sich daher insgesamt die Frage, welche Ziele mit dieser Initiative erreicht werden sollen. Angesichts der offenkundig fehlenden Anbindung in die Sozialräume können die bereits mehrfach dargestellten klassischen Handlungsfelder der Wohlfahrtspflege kaum angemessen bearbeitet werden.

4.2.2 Step by step und die Mühen der Ebene

Ein Verband stellt eine Organisationsform dar, die darauf abzielt, gemeinsam formulierte Interessen der Mitglieder – dies können Einzelpersonen oder Körperschaften sein – in verschiedenen gesellschaftlichen Bereichen zu vertreten. Die Gründung eines islamischen Wohlfahrtsverbandes macht aus unserer Perspektive nur dann einen Sinn, wenn nachfolgende Kriterien erfüllt sind:

- Es sollte eine präzise formulierte Agenda vorhanden sein, die realistische d.h. umsetzbare Zielsetzungen enthält.
- Eine Verbandsgründung, die erfolgreich verlaufen soll, benötigt eine lange Vorlaufzeit, da unter den künftigen Mitgliedern ein tragfähiger Konsens in allen wichtigen verbandlichen Fragen gefunden werden muss. Besonders wichtig ist die Klärung von strittigen Fragen vor der eigentlichen Verbandsgründung. Offen ausgetragener Zwist in einer jungen Organisation richtet in der Außenwahrnehmung verheerenden Schaden an.
- Die künftigen Akteure, die als Funktionäre Führungsaufgaben wahrnehmen, sollten auf allen relevanten Fachgebieten über eine ausgewiesene Expertise verfügen.
- Ein islamischer Wohlfahrtsverband benötigt analog zu den anderen konfessionell gebundenen Wohlfahrtsverbänden ein theologisch begründetes Leitbild, das in der Zielgruppe auf Akzeptanz stößt.

- Der Verband sollte über eine solide Basis verfügen. Dies bedeutet, der Verband sollte auch in der Gründungsphase über eine ausreichende Zahl an Mitgliedern verfügen, die bereits über Vorerfahrungen in den Arbeitsbereichen der Wohlfahrtspflege verfügen.
- Der Verband sollte zum Gründungszeitpunkt eine nennenswerte Zahl an Mitgliedern, bzw. Mitgliedsorganisationen erreichen. Miniverbände machen keinen Sinn, da ihre Wirkmöglichkeiten erheblichen Einschränkungen unterliegen. So kann z.B. aufgrund fehlender finanzieller Ressourcen kein hauptamtliches Personal beschäftigt werden. Dieses ist aber erforderlich, um Interessenslagen professionell zu kommunizieren. Hinzu kommt, dass ein Miniverband mit an Sicherheit grenzender Wahrscheinlichkeit von der Politik und weiteren wichtigen Gesprächspartnern kaum oder nur am Rande zur Kenntnis genommen wird.
- Ein neuer Wohlfahrtsverband braucht Partnerinnen und Partner, welche den neuen Verband und seine Ziele aktiv unterstützen. Dies können z.B. Organisationen aus dem Kontext der bereits etablierten Wohlfahrtsträger sein, die bereit sind, ihren Fundus an Handlungswissen zu teilen. Modellhaft ist hier die Kooperation zwischen dem Paritätischen in NRW und der Arbeitsgemeinschaft zur islamischen Wohlfahrtspflege, die von den Mitgliedsorganisationen des KRM gebildet wurde.

Die vorgestellte Liste, die durchaus auch noch durch andere Punkte ergänzt werden kann, zeigt, dass die Gründung eines islamischen Wohlfahrtsverbandes ein voraussetzungsreiches Unterfangen darstellt, das mit ruhiger Hand vorbereitet werden sollte. Die bereits erfolgte Gründung einer Arbeitsgemeinschaft, die alle im KRM vertretenen Organisationen umfasst, stellt einen wichtigen Zwischenschritt dar. Die AG kann mit Sorgfalt, Geduld und unter Mitwirkung weiterer Partner viele wichtige Sachfragen lösen und ein solides Fundament für eine Verbandsgründung schaffen.

4.3 Modellprojekte: Eine Auswahl an best-practice Beispielen der lokalen Ebene

Zum Abschluss sollen zwei von Muslimen initiierte Projekte vorgestellt werden, die ihre Ziele mit großem Erfolg im kommunalen Kontext verwirklichen konnten. Beide Projekte zeigen überzeugend –wenn auch auf sehr verschiedenen Wegen – dass ein Trägeraufbau, in dem hohe fachliche Standards berücksichtigt wurden, gelingen kann.

4.3.1 Das Begegnungs- und Fortbildungszentrum muslimischer Frauen e.V. (BFmF e.V.)

Zu den Paradebeispielen einer gelungenen Organisationsentwicklung gehört das von Erika Theißen seit vielen Jahren geführte „Begegnungs- und Fortbildungszentrum muslimischer Frauen e.V." (BFmF e.V.), das seit dem Jahr 1996 in Köln tätig ist. Der Verein kann heute auf ein breites Leistungsspektrum verweisen.

„Der gemeinnützige, eingetragene Verein BFmF e.V. ist ein interkulturelles Zentrum der Stadt Köln. Er ist Mitglied im Paritätischen Wohlfahrtsverband und Träger zweier anerkannter Bildungswerke
- Muslimisches Frauenbildungswerk Köln (nach § 23 WbG-NRW)
- Muslimisches Familienbildungswerk Köln (nach § 15 WbG-NRW)
  der freien Jugendhilfe gemäß § 75 KJHG
  einer Schuldner- und Verbraucherinsolvenzberatungsstelle
  einer Migrationsberatungsstelle für erwachsene Zuwanderer
  einer Integrationsagentur
  der Zielgruppenträgerschaft für Arbeitsgelegenheiten (AGH)
  von Integrationskursen gefördert durch das Bundesamt für Migration und Flüchtlinge
  eines Arbeitslosenzentrums
  einer ALG II-Beratungsstelle" (BFmF e.V 2015).

Als ein weiterer Meilenstein in der Organisationsentwicklung kann die Eröffnung der Kindertagesstätte „Amana" im Februar 2014 angesehen werden. „Amana" ist in Köln der erste Kindergarten, der von einem muslimischen Träger betrieben wird. Bereits nach einem Jahr Betriebsdauer konnte im Jahr 2015 die Kita zu einem Familienzentrum ausgebaut werden. Derzeit läuft die Zertifizierung. Das „Begegnungs- und Fortbildungszentrum muslimischer Frauen e.V." ist heute ein wichtiger Partner für die Kölner Kommune und das Land Nordrhein-Westfalen. Über die vielfältigen Angebote – insbesondere der beiden Bildungswerke – informiert ein mehr als 160 Seiten umfassendes Jahresprogramm, das auf der Homepage (http://www.bfmf-koeln) eingesehen werden kann. Neben den klassischen Formaten der Familienbildung, darunter „Starke Eltern – Starke Kinder", gibt es auch spezielle Angebote für Väter aus türkischsprachigen Sozialisationskontexten. Darüber hinaus gibt es eine Vielzahl von religionsbezogenen Angeboten, die die Bedürfnisse aller Altersgruppen erfassen. Hierzu zählen Spielgruppenangebote, die sich unter anderem auf Ramadan und Opferfest beziehen und Bildungsangebote für erwachsene Muslime, die sich auf theologische Fragestellungen beziehen. Abgerundet wird das Programm durch eine Reihe von Dialogangeboten, die einen Beitrag zum besseren Verständnis in einer werteplural orientierten Gesellschaft leisten. Gerade dieser Punkt wird im Leitbild des Vereins ausdrücklich hervorgehoben.

„Wir wollen einen Beitrag dazu leisten, dass Menschen unterschiedlicher Herkunft,
Religionen und Kulturen friedlich in gegenseitigem Respekt, Akzeptanz und Toleranz miteinander leben" (BFmF e.V., 2, 2015).

Insgesamt betrachtet kann die BFmF als ein muslimischer Träger angesehen werden, der in mehrfacher Hinsicht als Beispiel fungieren kann. Die BFmF:

- Verfügt über ein professionelles Management,
- Beschäftigt gut qualifiziertes Personal,
- Besitzt Unternehmensstrukturen (Bildungswerke, Jugendhilfeträger), die allen
  Handlungsfeldern gerecht werden,
- Bietet ein diversifiziertes Leistungsangebot, das die Interessen der Zielgruppen
  in einem hohen Maße widerspiegelt,
- Berücksichtigt in ihrer Organisationspraxis die Erfordernisse einer werteplu-
  ralen Gesellschaft. Beispiele hierfür sind Dialog-und Infoangebote, die auf ein
  besseres Miteinander von Menschen mit verschiedenen Herkünften und Religionen zielen.

4.3.2 Muslimisches SeelsorgeTelefon (MuTeS)

Zum Abschluss soll das „Muslimische Seelsorge Telefon" (MuTeS) vorgestellt
werden, das am 01.05.2009 in Berlin seine Arbeit aufgenommen hat. MuTeS ist
ein Projekt, das sich in alleiniger Trägerschaft von „Islamic Relief Deutschland"
befindet. „Islamic Relief Deutschland" wurde 1996 in Deutschland gegründet. Ziel
ist insbesondere die Unterstützung

„hilfsbedürftiger Menschen, vor allem in Notstandsgebieten die von Krieg, Hungers-
not oder Naturkatastrophen heimgesucht werden."

In Krisengebieten kümmert sich Islamic Relief Worldwide unter anderem um die
Verteilung von Lebensmittel- und Hygienepaketen, die Versorgung mit Trinkwas-
ser, die Lieferung von Treibstoff, für Pumpen und Generatoren und leistet allgemeine Wiederaufbauhilfe. Zu den langfristigen Zielen gehört die Förderung
eines nachhaltigen wirtschaftlichen und sozialen Wachstums, was durch die Zusammenarbeit mit den lokalen Gemeinden erreicht werden soll. Als nichtstaatliche
Organisation (NGO) sieht sich Islamic Relief Worldwide wie auch Deutschland
verpflichtet, den Ärmsten dieser Erde zu helfen, unabhängig von Rasse, Religion
oder Geschlecht" (MuTeS 2015, 1).

MuTeS gehört seit einigen Jahren zu den Vorzeigeprojekten im Bereich der muslimischen Seelsorge. Im Bereich der muslimischen Telefon-Seelsorge ist das Projekt führend. Die Anfänge von MuTeS reichen zurück bis in das Jahr 2006. Damals gab es erste Gespräche zwischen Islamic Relief und der „Kirchlichen TelefonSeelsorge Berlin" (KTS). Aus diesen ersten Sondierungsgesprächen entwickelte sich schließlich ein Kooperationsvertrag, der zwischen „Islamic Relief Humanitäre Organisation in Deutschland e.V.", „Diakonisches Werk Berlin-Brandenburg-schlesische Oberlausitz e.V." (DWBO) und „Caritasverband des Erzbistums Berlin e.V." (Caritas) abgeschlossen wurde. Ziel der Kooperation war insbesondere eine Zusammenarbeit in den Bereichen Ausbildung, Weiterbildung und Supervision. Darüber hinaus sollten die Partner der Träger bei der Auswahl geeigneter Seelsorgerinnen und Seelsorger und der Öffentlichkeitsarbeit unterstützen. Im Februar 2009 begann unter Mitwirkung aller Projektpartner die Auswahl und Ausbildung der ersten 27 Auszubildenden. Der Kurs orientierte sich an den nationalen und internationalen Standards der telefonischen Seelsorge. Das Ausbildungsprogramm umfasst insgesamt 170 Stunden. Am 01.05.2009 begann MuTeS seine Seelsorgetätigkeit. Zwischenzeitlich haben mehr als 15.000 Hilfesuchende Kontakt aufgenommen. Das Angebot wurde zum 01.03.2015 in eine Rund-um-die-Uhr-Betreuung ausgebaut. Die ca. 70 beteiligten Beraterinnen und Berater arbeiten auf ehrenamtlicher Basis. Die Kosten, die durch Geschäftsführung und Betrieb entstehen, werden ausschließlich durch Spenden gedeckt. Zwischenzeitlich wurde das Projekt mehrfach ausgezeichnet. Im Jahr 2009 erhielt MuTeS den Sonderpreis des Berliner Präventionspreises. 2010 folgte der Preis „Aktiv für Demokratie und Toleranz", 2011 der Aspirin-Publikumspreis und 2012 der 2. Preis der „Berliner Tulpe 2012".[34]

---

34 Über alle Projektaktivitäten informiert die Internetpräsenz http://www.mutes.de/home.html.

Ausblick und Thesen 5

Die vorliegende Abhandlung hatte das Ziel, sich mit den zentralen Fragen einer muslimischen Wohlfahrtspflege auseinanderzusetzen. Wie in der Einleitung erwähnt, handelt es sich um ein Einführungs- und Überblicksbuch, um die wissenschaftliche Diskussion zu forcieren und zur Publikation weiterer Werke – durch die hier gesetzten thematischen Schwerpunkte sozusagen als Leitfaden – anzuregen. Die Skizzierung der freien Wohlfahrtspflege in Deutschland, ihre Geschichte sowie juristischen Bestimmungen und Aufgaben und Handlungsfelder dienten dazu, den langen Entstehungsweg und ihre Position als inzwischen unverzichtbarer Bestandteil des deutschen Sozialsystems aufzuzeigen. Ebenso sind die aktuellen Fragen und Herausforderungen für die Wohlfahrtspflege infolge von Pluralisierungs- und Heterogenisierungsprozessen dargestellt worden. Für die Gründung von muslimischen Organisationen, die es in diese Strukturen einzufügen gilt, müssen diese Herausforderungen von den muslimischen Akteuren vor Augen geführt werden. Zwar wird der konfessionelle Aspekt sicherlich spezifische Anforderungen mit sich bringen, diese werden doch eher minimal sein, sodass man sich an den vorhandenen Strukturen semi-professioneller Gemeindearbeit orientieren muss. Nicht nur aus pragmatischen Gründen, sondern weil es sich um jahrzehntelang erprobte Strukturen handelt.

Es zeigt sich, dass die Muslime nicht von „Null" anfangen müssen, hierfür sind durch die historisch-theologische Grundlagen des Islam für dieses neue Handlungsfeld der deutschen Integrationspolitik aufgezeigt worden, indem der soziale Auftrag aus den muslimischen Quellen heraus belegt wurde. In diesem Zusammenhang konnte auch plastisch dargestellt werden, dass die institutionelle Fürsorge schon immer – staatliche wie nicht-staatliche Förderung durch das *bayt al-mal* und das *waqf*-System – ein Teil der muslimischer Historie war. Allerdings ist gegenwärtig in den islamisch geprägten Ländern mit dieser Tradition gebrochen worden oder es bestehen nur rudimentäre Ansätze, an denen sich die Muslime in Deutschland orientieren könnten.

Die Erfassung der Geschichte der Moscheegemeinden, ihrer Transformation sowie gegenwärtiger Praxisfelder dienten als Übergang zur Frage einer Professionalisierung der Gemeindearbeit, indem ihre Strukturen einer kritischen Überprüfung unterzogen wurden. Dabei sind für aktuelle Diskussionen Analysen zu den zentralen Herausforderungen im Hinblick auf ihre Organisationsstrukturen und die Voraussetzung ihrer Professionalisierung sowie mögliche Finanzierungsquellen vorgelegt worden. Abschließend sind mögliche Handlungsoptionen bezüglich der konkreten Umsetzung der Verbandsarbeit, Best Practice Beispiele als Leuchtturmprojekte sowie mögliche Berufsfelder dargestellt worden. Vor diesem Hintergrund sollen die zentralen Ergebnisse nochmals pointiert in Form von Thesen formuliert werden, die zugleich als Handlungsempfehlungen für die nächsten Jahre zu verstehen sind.

5.1   Vorbereitungsphase

Die Deutsche Islam Konferenz (DIK) hat richtig gehandelt, indem sie für die Gründung die wichtigsten Partner der muslimischen Verbände involviert hat. Dieser „Round-Table" sollte auch nach Abschluss der Legislaturperiode der DIK auf den unterschiedlichen Ebenen – auch also auf Landesebene sowie in den Stadtteilen mit den Ortsgemeinden – weitergeführt werden. Eine Erfahrung ist nämlich, dass die internen Kommunikationsstrukturen der muslimischen Verbände nicht ausgereift und die Basis über zentrale Entwicklungen nicht immer informiert sind. So zeigt die Studie des Sachverständigenrats deutscher Stiftungen für Integration und Migration (SVR), dass die DIK fast der Hälfte der befragten – hier geborenen und zugewanderten – Muslimen nicht bekannt war, obwohl alle wichtigen muslimischen Vertreter als Verhandlungspartner am Tisch saßen (vgl. SVR 2010). Daher sollte frühzeitig die Basis mitgenommen und auf lokaler Ebene ähnliche Diskussionsforen etabliert werden.

5.2   Spannungsverhältnis: Säkularisierung versus Konfessionalisierung

Alle wichtigen Entwicklungen der strukturellen Gleichstellung von der Gründung der Islamischen Theologie bis hin zur Einführung eines islamischen Religionsunterrichts sind in einem Klima entstanden, in dem insgesamt über die Konfessionsfrage in einer säkularisierten, individualisierten und pluralisierten Gesellschaft gestritten wird. Daher bekommen die Kirchen mit den Muslimen nun einen neuen Partner in diesem Diskursfeld, um die Legitimation der Konfessionen in allen Bereichen der Gesellschaft zu rechtfertigen. Der Säkularisierungsdruck wird dadurch aber nur zeitlich nach hinten verschoben und wird sich in Zukunft wieder zeigen. Dann müssen die Kirchen und die Moscheen gemeinsam ihre Legitimation begründen. Daher sind gemeinsame sachliche Reflexionen des Themas in unterschiedlichen Diskussionsformaten sinnvoll ohne in ideologische Abwehrhaltungen zu verfallen.

5.3   Finanzielle Frage: Staatliche Mittel, Projektgelder und „zakat-sadaqat-Fonds" (ZSF)

Die Spitzenverbände der Wohlfahrtspflege werden zu bis zu 90 Prozent aus staatlichen Mitteln finanziert. Wenn es zur strukturellen Gleichstellung der muslimischen Wohlfahrtspflege kommt, wird die Finanzierungsfrage zu einem großen Teil gelöst sein. Darüber hinaus gibt es weitere nicht-staatliche Förderprogramme, durch die man zeitlich befristete Projekte finanzieren kann. Da die etablierten Trägerorganisationen der Wohlfahrtspflege in der Beantragung von Projektgeldern mittlerweile professionell sind, werden die Muslime in den ersten Jahren nicht auf dem gleichen Niveau um Finanzmittel konkurrieren können. Daher müsste man diesen Nachteil mit berücksichtigen. Zudem ist die zentrale Frage, ob man nicht hierzulande einen „*zakat-sadaqat*-Fonds (ZSF)" einrichten könnte, um wichtige Projekte hierzulande zu finanzieren. Nach wie vor fließen Millionen Euro ins Ausland, um Projekte gegen Armut, für Bildung usw. zu finanzieren. Da hierzulande derweil zahlreiche deutschsprachige Theologen ausgebildet wurden, könnte man eine Kommission zur Behandlung dieser wichtigen Frage einrichten.

5.4   Re-Aktivierung des waqf-Systems

Eng mit der Frage eines muslimischen Fonds ist auch die Frage verbunden, ob man nicht die in islamischen Ländern nur unvollständig weitergeführte *waqf*-Tradition auch hierzulande implementieren könnte. Zwar werden staatliche Zuschüsse bei der Anerkennung die Hauptfinanzquelle darstellen, dennoch könnten für zahlreiche Projekte – bereits vor der Phase der Gründung eines Wohlfahrtverbandes – dieses System eine (komplementäre) finanzielle Basis liefern. Ebenfalls sind zu dieser Frage theologische, aber auch wirtschaftspolitische Diskussionen zu führen, um die Grundzüge zu erarbeiten.

5.5   Ausbau muslimischer Organisationen und Strukturen

Die Landschaft der muslimischen Organisationen ist im Hinblick auf personelle, bauliche und strukturelle Rahmenbedingungen sehr heterogen. In den nächsten Jahren muss nicht nur die Optimierung, sondern auch der Ausbau dieser Strukturen forciert werden. So hat die DITIB bereits mit der Gründung ihrer Akademie in Köln gezeigt, dass sich in diesem Feld in den nächsten Jahren noch weitere strukturelle Erweiterungen zeigen werden. Hier besteht im Vergleich zu den Kirchen ein massiver Nachholbedarf. Zwar werden es für die 4,2 Mio. Muslime nicht in der gleichen Quantität Strukturen erforderlich sein, doch qualitativ sind die Kirchen in jeden Fall eine Orientierungsgröße.

5.6   Repräsentationsfrage

Die Konkurrenz unter den muslimischen Verbänden und der Alleinvertretungsanspruch mancher Organisationen sollten zur Vergangenheit gehören. Alleingänge werden ohnehin nicht zu Erfolgen führen. Daher sind Repräsentationsstrukturen zu schaffen, um möglichst alle Muslime zu vertreten. Ideologische Bevorteilungen von politisch wünschenswert gehaltenen muslimischen Organisationen sind seitens des Staates und deutschen Stiftungen zu unterlassen. Negativbeispiel ist in diesem Kontext das „Muslimische Forum Deutschland", das von der christlich-konservativen Konrad-Adenauer-Stiftung als alternativer muslimischen Verband initiiert wurde, um als zukünftiger Ansprechpartner für die Politik zu fungieren. Eine Akzeptanz in der muslimischen Basis ist ohnehin nicht zu erwarten. Die Pluralität muss sich trotz dieser Negativbeispiele in der Repräsentation widerspiegeln. Die schwierige Frage der Körperschaft des Öffentlichen Rechts wird weiterhin

ein Dauerthema bleiben. Sie in den nächsten Jahren zu lösen, wird einen großen
Schritt in Richtung Anerkennung und Gleichberechtigung darstellen.

5.7 Akademische Studiengänge

Die Institute für Islamische Theologien (IIT) intendieren, einen Studiengang für
muslimische Sozialarbeit einzuführen. So wird das IIT an der Universität Osnabrück nicht nur im WS 2014/2015 muslimische Gemeinden im Masterstudium
durch einen Schwerpunkt „Gemeindepädagogik und Seelsorge" berücksichtigen,
sondern plant zugleich die Einführung eines Studienganges zur muslimischen Sozialarbeit. Dieser Schritt ist wichtig, um bis zur Gründung einer muslimischen
Wohlfahrtspflege in einigen Jahren – in enger Zusammenarbeit mit den muslimischen Verbänden – theoretische Modelle zur muslimischen Sozialarbeit aus-
zuarbeiten, konzeptionelle Fragen anzugehen, praxisorientierte Erfahrung zu
ermöglichen sowie ausreichend Akademiker auszubilden. Die Kooperation von
Universitäten mit Fachhochschulen ist dringend zu empfehlen. Die Fehler, die man
bei den Islamischen Theologien gemacht hat, dürfen sich nicht wiederholen. Derzeit werden in allen Standorten hunderte Theologen ausgebildet ohne die nötigen
beruflichen Grundlagen für diese Akademiker geschaffen zu haben. Die Konsequenz für die muslimische Sozialarbeit: Die Erweiterung des Berufsspektrums,
die Etablierung von Studiengängen und die Schaffung organisatorischer Rahmenbedingungen müssen parallel verlaufen.

5.8 Grundlagenforschung/Konzeptionen

Die Institute für Islamische Theologie leiden alle unter dem Problem, dass kaum
deutschsprachige Literatur zur Theologie und zur islamischen Religionspädagogik
existiert. Ähnlich verhält es sich mit der Frage einer muslimischen Sozialarbeit.
Daher ist Grundlagenforschung in den nächsten Jahren wie etwa die zu einer muslimischen Sozialethik im Kontext der Wohlfahrtspflege zu empfehlen. Regelmäßige Studien zu Muslimen in Deutschland müssen diese Forschungen begleiten,
um die soziale Situation in bestimmten Abständen zu erfassen. Zugleich müssen
wichtige Terminologien und Definitionen für die muslimische Wohlfahrt geklärt
werden. Bei der Etablierung der Institute für Islamische Theologie gab es unter
muslimischen Stimmen auch Kritik, weil man einen vermeintlich christlichen Begriff „Theologie" bzw. „Seelsorge" auf die islamischen Studien übertragen habe.
Daher sollte man sich auch vorzeitig mit Begrifflichkeiten (z.B. muslimische Dia-

konie usw.) auseinandersetzen. Damit erhält die muslimische Wohlfahrt die nötigen theoretischen und empirischen Impulse. Theologisch und sozialpädagogisch
fundierte Konzeptionen sind ebenfalls für unterschiedliche Bereiche wie die eines
„islamischen Sozialpastorals" erforderlich, um den Ausbau muslimischer Strukturen zu intensivieren.

5.9   Muslimisches Arbeitsrecht

Das Arbeitsrecht der Kirchen bildet ein Sonderbereich und gibt der christlichen
Wohlfahrt ihre besondere Prägung. Auch für die Muslime ist ein eigenes Arbeitsrecht zu definieren, weil die konfessionelle Orientierung entscheidend sein wird.
Wie weit aber ein muslimisches Arbeitsrecht – so wie es auch die islamische Lehre
nicht vorsieht – ins private Leben ihrer Mitarbeiterinnen und Mitarbeitern hinein-
greifen muss oder darf, ist noch zu diskutieren. Die konfessionelle Bindung ist
erforderlich, aber die Kompetenzen dürfen nicht darunter leiden. Zugleich muss
man sich auch über die Möglichkeit einer interkulturellen Öffnung der eigenen
Strukturen Gedanken machen.

5.10   Ehrenamtliches Personal

Zwar lebt die Wohlfahrtspflege von der Arbeit vieler Hauptamtlicher, doch das
Engagement von Ehrenamtlichen stellt ebenfalls eine wichtige Säule dar. Daher
sollten Moscheegemeinden weiterhin ehrenamtliche Mitarbeiterinne und Mitarbeiter dazu motivieren, sich zu engagieren. Hierzu sind regelmäßige Fortbildungen des Personals erforderlich, sowie es schon vereinzelt in einigen Gemeinden
Praxis ist. Zwar zählen die Imame zumeist nicht zum ehrenamtlichen Personal,
aufgrund ihrer wichtigen Position sollte man sie jedoch in die Fortbildungen ein-
beziehen.

5.11   Interreligiöse-/interkulturelle Öffnung
und „Kooperative Wohlfahrtspflege"

Nicht in allen Feldern müssen Muslime eigene Institutionen errichten. Daher ist
die vom Nationalen Integrationsplan geforderte interkulturelle-/religiöse Öffnung
der nicht-muslimischen Einrichtungen weiterhin zu verfolgen, obwohl dieser Prozess nur mühsam voranschreitet.

Ein positives Beispiel ist die Bundeswehr[35], die seit Jahren diesen Wandel erkannt hat und ihre Strukturen auf die Bedürfnisse der Menschen mit (muslimischem) Migrationshintergrund abstimmt. Zur Frage der interkulturellen Öffnung gehören auch gemeinsame Kooperationen mit der zukünftigen muslimischen Wohlfahrtspflege sowie gemeinsame Fortbildungen von Mitarbeiterinnen und Mitarbeitern. Zudem ist auch eine „Kooperative Wohlfahrtspflege" in bestimmten Praxisfeldern überlegenswert. Hierzu muss man nicht auf die Gründung einer muslimischen Wohlfahrtsorganisation warten, sondern diese Gründungsphase kann im Vorfeld gemeinsam mit den Kirchen unterstützt werden. In Zukunft müssen weitere Formen der Zusammenarbeit gefunden und etabliert werden. In einer säkularisierten Gesellschaft ist nicht nur die gemeinsame Legitimation der konfessionellen Verbandsarbeit notwendig, sondern auch die Akzentuierung des „spirituellen Kapitals" in der Arbeit mit Menschen.

5.12 Solide Verbandsstrukturen

Schließlich sollte allen Akteuren im Bereich der muslimischen Wohlfahrtspflege bewusst sein, dass der Aufbau von soliden und belastungsfähigen Verbandstrukturen nach Lage der Dinge viel Zeit und Geduld in Anspruch nehmen wird. Innermuslimische Abstimmungsprozesse, die mit Kontroversen einhergehen werden, die Gewinnung von Bündnispartnern und Überzeugungsarbeit und Vertrauensbildung im politischen Raum verlangen viele Gespräche und ein hohes Maß an Kompromissfähigkeit. In diesem Kontext sei auch erneut darauf hingewiesen, dass Miniorganisationen oder Verbände, die nicht über Trägerstrukturen in den Sozialräumen verankert sind, keinen Sinn machen, da sie die Erwartungen der potentiellen Zielgruppe nicht erfüllen können. Darüber hinaus besteht die Gefahr, dass das wichtige Anliegen der muslimischen Wohlfahrtspflege nachhaltig durch unseriös erscheinende Verbände beschädigt wird.

---

35 So behandelt das Magazin „loyal. Magazin für Sicherheitspolitik" in ihrer Ausgabe Nr. 03/2015 auf seiner Titelseite den Bedarf an Menschen mit Migrationshintergrund. Eine genaue Angabe über Soldaten mit Migrationshintergrund existiere zwar nicht, doch gehe man davon aus, dass der gegenwärtige Anteil bei Weitem nicht die gesellschaftlichen Verhältnisse widerspiegele. Ebenso sei man auf die Bedürfnisse der muslimischen Soldaten vorbereitet, indem man beispielsweise die obligatorischen Pflichtgebete berücksichtige und ebenso Gebeträume zur Verfügung stelle (vgl. Verband der Reservisten der Deutschen Bundeswehr e.V. 2015, S. 6ff.).

Literaturverzeichnis

Abu Zaid, Nasr Hamid. 2008. Gottes Menschenwort. Für ein humanistisches Verständnis des Koran. Freiburg im Breisgau: Verlag Herder.

Akbulut, Ahmet. 2011. Offenbarung in der islamischen Theologie (Kalam). In: Richard Heinzmann/Mualla Selcuk (Hrsg.). Offenbarung in Christentum und Islam. Stuttgart: Verlag W. Kohlhammer.

Antes, Peter. 2012. Aktuelle Herausforderungen religiöser Gemeinschaften in Europa – am Beispiel der Muslime in Deutschland. In: Ceylan, Rauf (Hrsg.). Islam und Diaspora. Analysen zum muslimischen Leben in Deutschland aus historischer, rechtlicher sowie migrations- und religionssoziologischer Perspektive. Frankfurt a.M.: Peter Lang Verlag. S. 75-88.

Aminrazavi, Mehdi.2001. God, Creation, and the Image of the Human Person in Islam. In: Peter Koslowski (ed.). The Concept of God, the Origin oft he World, and the Image oft the Human in the World Religions. A Discourse oft the World Religions, Volume 1. Dordrecht: Kluwer Academic Publishers, S. 95-111.

Armagan, Servet. 2009. Islam Dininde Sosyal Güvenligin Temel Müesseseleri. Islam Hukuku Arastırmaları Dergisi, sy.14, 2009, S. 67-84.

Armstrong, Karen. 1993. Muhammad. Religionsstifter und Staatsmann. München: Verlag Diederichs.

Dies. 2001. Kleine Geschichte des Islam. Berlin: Berliner Taschenbuch Verlag.

Asad, Muhammad. 2011a. Die Botschaft des Koran. Düsseldorf: Patmos-Verlag.

Ders. 2011b. Die Prinzipien von Staat und Regierung im Islam. Mössingen: Edition Bukhara

Aslan, Reza. 2006. Kein Gott außer Gott. Der Glaube der Muslime von Muhammad bis zur Gegenwart. Bonn: Bundeszentrale für politische Bildung.

Amuda, Yusuff Jelili/Che Embi, Nor Azizan.2013. In: International Journal of Trade, Economics and Finance, Vol. 4, No. 6, December 2013, S. 403-408.

Babo, Michael. 2011. Um des Menschen willen. Zur Relevanz des christlichen Sinnhorizonts in der Sozialen Arbeit. In: Schumacher, Thomas (Hrsg.). Die soziale Arbeit und ihre Bezugswissenschaften. Stuttgart: Lucius & Lucius Verlagsgesellschaft. S. 125-144.

Begic, Esnaf/Weiß, Helmuth/Wenz, Georg (Hrsg.). 2015. Barmherzigkeit: Zur sozialen Verantwortung islamischer Seelsorge. Neukirche-Vluyn: Neukirchner Theologie.

Badelt, Christoph/Österle, August. 2001. Grundzüge der Sozialpolitik. Wien: Manz'sche Verlags- und Universitätsbuchhandlung GmbH.

Beinhauer-Köhler, Bärbel/Leggewie, Claus. 2009. Moscheen in Deutschland. Religiöse Heimat und gesellschaftliche Herausforderung. München: Verlag C.H. Beck. Bielefeld, Heiner. 2011. Entgleisende Islamkritik. Differenzierung als Fairnessangebot. In: Meyer, Hendrik/Schubert, Klaus (Hrsg.). Politik und Islam. Wiesbaden: VS Verlag. S. 135-144.

Bildungs- und Begegnungsstätte DITIB Duisburg. Moscheegemeinden als Träger von Kommunikationstrainings. Trainings und Workshops für Gemeindemitglieder. Gefördert vom Ministerium für Arbeit, Integration und Soziales des Landes Nordrhein-Westfalen (Flyer).

Boesenecker, Karl-Heinz/Vilain, Michael. 2013. Spitzenverbände der freien Wohlfahrtspflege. Eine Einführung in Organisationsstrukturen und Handlungsfelder sozialwirtschaftlicher Akteure in Deutschland. 2. Auflage. Weinheim und Basel: Beltz Juventa.

Bohlen, Stephanie. 2006. Im Mittelpunkt der Mensch. In: Krockauer, Rainer/Bohlen, Stephanie/Lehner, Markus (Hrsg.). Theologie und Soziale Arbeit. Handbuch für Studium, Weiterbildung und Beruf. München: Kösel-Verlag.

Budak, Ali/Altay, Korkut (Hrsg.). 2012. 40 Hadithe. Übersetzung und Kommentar. Offenbach a.M.: Fontäne Verlag.

Bukow, Wolf-Dietrich/Nikodem, Claudia/Schulze, Erika/Yildiz, Erol (Hrsg.). 2007. Was heißt hier Parallelgesellschaft? Zum Umgang mit Differenz. Wiesbaden: VS Verlag.

Bundesamt für Migration und Flüchtlinge/Zentrum für Türkeistudien und Integrationsforschung. 2012. Islamisches Gemeindeleben in Deutschland.

Bussiek, Beate. 2002. Hertha Kraus – Quäkergeist und Kompetenz. Impulse für die soziale Arbeit in Deutschland und den USA. In: Hering, Sabine/Waaldijk, Berteke (Hrsg.). Die Geschichte der Sozialen Arbeit in Europa (1900-1960). Opladen: Leske und Budrich. S. 51-60.

Casanova, José. 2009. Europas Angst vor der Religion. Berlin: Berlin University Press.

Ceylan, Rauf. 2006. Ethnische Kolonien. Entstehung, Funktion und Wandel am Beispiel türkischer Moscheen und Cafès. Wiesbaden: VS Verlag.

Ders. 2012. Muslime und Diaspora. Interdisziplinäre Forschungsfragen im Einwanderungskontext. In: ders. (Hrsg.). Islam und Diaspora. Analysen zum muslimischen Leben in Deutschland aus historischer, rechtlicher sowie migrations- und religionssoziologischer Perspektive. Frankfurt a.M.: Peter Lang Verlag. S. 9-27.

Ders. 2013. Islamkonferenz. In: Meier-Braun, Karl-Heinz /Weber, Reinhold (Hrsg.). 2013. Deutschland Einwanderungsland. Begriffe – Fakten – Kontroversen. Stuttgart: Verlag W. Kohlhammer, S. 204-207.

Ders./Kiefer, Michael. 2013. Salafismus. Fundamentalistische Strömungen und Radikalisierungsprävention. Wiesbaden: Springer VS.

Ders. 2014. Cultural Time Lag. Moscheekatechese und islamischer Religionsunterricht im Kontext von Säkularisierung. Wiesbaden: Springer VS.

Dalgin, Nihat. 2004. Zekat Hükümleri. In: Ondukus Mayis Üniversitesi Ilahiyat Fakültesi Dergisi, Sayi: 16, Samsun 2003. S. 43-72.

Denffer, Ahmad von. 1998. Ein Tag mit dem Propheten. Lützelbach: Haus des Islam.

Der Paritätische NRW. 2014. Leitfaden Interkulturelle Öffnung. Eine Arbeitshilfe zu interkulturellen Öffnungsprozessen in Mitgliedsorganisationen, Wuppertal.

Deutscher Paritätischer Wohlfahrtsverband, Gesamtverband e. V. 1989, Grundsätze der Verbandspolitik, Berlin.

Deutscher Paritätischer Wohlfahrtsverband, Gesamtverband e. V. 2009, Soziales Handeln in Vielfalt. Gemeinsam mehr bewegen, Berlin.

Diakonie Deutschland – Evangelischer Bundesverband. 2013. Einrichtungsstatistik zum 1. Januar 2012, Berlin: Evangelisches Werk für Diakonie und Entwicklung e. V.

Diakonie Deutschland – Evangelischer Bundesverband. 2014. Auf einen Blick. Diakonie Deutschland. Selbstdarstellung. Stand Juli 2014, Berlin: Evangelisches Werk für Diakonie und Entwicklung e. V.

Die Bundesbeauftragte der Bundesregierung für Migration, Flüchtlinge und Integration (Hrsg.). 2013. Das kultursensible Krankenhaus. Ansätze zur interkulturellen Öffnung. Berlin.

Eaton, Charles Le Gai. 2000. Der Islam und die Bestimmung des Menschen. Kreuzlingen-München: Hugendubel.

Engels, Friedrich.1973. Die Lage der Arbeitenden Klasse in England: nach eigener Anschauung und Quellen, München: Deutscher Taschenbuch Verlag.

Falaturi, Abdoljavad/Tworuschka, Udo. 1992. Der Islam im Unterricht. Beiträge zur interkulturellen Erziehung in Europa. Braunschweig: Georg-Eckert Institut.

Frevel, Bernhard/Dietz, Berthold.2004. Sozialpolitik kompakt. Wiesbaden: VS Verlag.

Finkielkraut, Alain. 2013, L'identité malheureuse, Paris: Stock.

Gaitanides, Stefan. 2004. „Interkulturelle Öffnung der sozialen Dienste" – Visionen und Stolpersteine. In: Rommelspacher Birgitt (Hg.): Die offene Stadt. Interkulturalität und Pluralität in Verwaltungen und sozialen Diensten. Dokumentation der Fachtagung vom 23.09.2003, Alice-Salomon-Fachhochschule Berlin.

Gildemeister, Regine. 1996. Professionalisierung. In: Kreft, Dieter/Mielenz, Ingrid. Jahr. Wörterbuch Soziale Arbeit. Weinheim/Basel: Beltz Verlag, S. 443-445.

Goldberg, Andreas. 2012. Die türkisch-muslimische Arbeitsmigration – geschichtliche Entwicklungen und aktuelle Herausforderungen. In: Ceylan, Rauf (Hrsg.). 2012. Islam und Diaspora. Analysen zum muslimischen Leben in Deutschland aus historischer, rechtlicher sowie migrations- und religionssoziologischer Perspektive. Frankfurt a.M.: Peter Lang Verlag. S. 59-71.

Gorzewski, Andreas. 2015. Die Türkisch-Islamische Union im Wandel. Wiesbaden: Springer VS.

Griep, Heinrich/Renn, Heribert.2011. Das Recht der Freien Wohlfahrtspflege: Grundlagen und Perspektiven, Freiburg: Verlag Lambertus.

Günes, Merdan. 2011. Al-Gazali und der Sufismus. Wiesbaden: Harrassowitz Verlag.

Hammerschmidt, Peter. 1999. Die Wohlfahrtsverbände im NS-Staat: Die NSV und die konfessionellen Verbände Caritas und Innere Mission im Gefüge der Wohlfahrtspflege des Nationalsozialismus. Opladen: Leske und Buderich.

Harmsen, Egbert. 2008. Islam, Civil Society and Social Work. Muslim Voluntary Welfare Associations in Jordan between Patronage and Empowerment. Leiden: Amsterdam University Press.

Haug, Sonja/Müssig, Stephanie/Stichs, Anja. 2009. Muslimisches Leben in Deutschland – im Auftrag der Deutschen Islam Konferenz. Forschungsbericht 6. Nürnberg: Bundesamt für Migration und Flüchtlinge.

Haußig, Hans-Michael. 2009. Islam. Band 3. In: Grözinger, Karl E.: Religionen und Weltanschauungen. Werte, Normen, Fragen in Judentum, Christentum, Islam, Hinduismus/ Buddhismus, Esoterik und Atheismus. 2009. Berlin: Berliner Wissenschafts-Verlag.

Halm, Dirk/Sauer, Martina/Schmidt, Jana/Stichs, Anja. (2012). Islamisches Gemeindeleben in Deutschland – im Auftrag der Deutschen Islam Konferenz. Forschungsbericht 13. Nürnberg: Bundesamt für Migration und Flüchtlinge.

Halm, Dirk/Sauer, Martina. 2015. Lebenswelten deutscher Muslime. Gütersloh: Verlag Bertelsmann Stiftung.

Halm, Heinz. 2011. Der Islam. Geschichte und Gegenwart. München: Verlag C.H. Beck.

Harari, Yuval Noah. 2013. Eine kurze Geschichte der Menschheit. München: Deutsche Verlags-Anstalt

Hashim, Mohammed. 2013. Die Würde des Menschen. Eine islamische Perspektive. In: ders./ Köse, Saffet (Hrsg.). Menschenrechte aus zwei islamtheologischen Perspektiven. Frankfurt a.M.: Peter Lang Verlag, S. 13-105.

Haslinger, Herbert. 2009. Diakonie. Grundlagen für die soziale Arbeit der Kirche. Paderborn: Verlag Ferdinand Schöningh.

Heckl, Nadine. 2012. Die Einwanderung nach Deutschland 1945-1990: Ein historischer Vergleich von Rahmenbedingungen und Gelingen oder Mißlingen von Integration. In: Fikentscher, Wolfgang/Pflug, Manuel/Schwermer, Luisa (Hrsg.). 2012. Akkulturation, Integration, Migration. München: Herbert Utz Verlag.

Hefny, Assem. 2014. Herrschaft und Islam. Religiös-politische Termini im Verständnis ägyptischer Autoren. Frankfurt a.M.: Peter Lang Verlag.

Hiepel, Claudia/Ruff, Mark. 2003. Christliche Arbeiterbewegungen in Europa 1850-1950. Stuttgart: Verlag W. Kohlhammer.

Hirtenstein, Stephen. 2008. Der grenzenlos Barmherzige. Das spirituelle Leben und Denken des Ibn Arabi. Zürich: Chalice Verlag.

Hofmann, Murad. 1996. Die Reise nach Mekka. Ein Deutscher lebt den Islam. München: Diederichs-Verlag.

Hofmann, Murad. 1999. Der Islam als Alternative. Kreuzlingen-München: Hugendubel.

Hofmann, Murad. 2001. Islam. Kreuzlingen-München: Hugendubel.

Hofmann, Murad. 2009. Koran. München: Diederichs Verlag.

Holzner, Thomas/Ludyga, Hannes (Hrsg.). 2013. Entwicklungstendenzen des Staatskirchen- und Religionsverfassungsrechts. Paderborn: Ferdinand Schöningh

Hoppe, Rudolf. 2006. Von der Grenzenlosigkeit christlichen Helfens. Überlegungen zum Gleichnis vom barmherzigen Samariter (Lk 10,25-37). In: Haslbeck, Barbara/Günther, Jörn (Hrsg.). Wer hilft, wird ein anderer. Zur Provokation christlichen Helfens. Festschrift für Isidor Baumgartner. Berlin: Lit Verlag.

Hüdepohl, Astrid. 1996. Organisationen der Wohlfahrtspflege. Eine ökonomische Analyse ausgewählter nationaler und internationaler Institutionen. Berlin: Duncker & Humblot.

Institut der deutschen Wirtschaft. 2004. Wohlfahrtsverbände in Deutschland. Auf den Schultern der Schwachen. Köln: Deutscher Instituts-Verlag.

Jähnichen, Traugott/Kaminsky, Uwe/Kunter, Katharina (Hrsg.). 2012. Abschied von der konfessionellen Identität? Diakonie und Caritas in der Modernisierung des deutschen Sozialstaats seit den sechziger Jahren. Stuttgart: Kohlhammer Verlag.

Jonker, Gerdien. 2002. Eine Wellenlänge zu Gott. Der „Verband der Islamischen Kulturzentren" in Europa. Bielefeld: Transcript Verlag.

Jung, Martin. 2010. Philip Melanchthon und seine Zeit. Göttingen: Vandenhoeck & Ruprecht.

Jung, Martin H. 2014. Kirchengeschichte. Tübingen: A. Francke Verlag.

Kaya, Remzi. 2003. Kur'an-i Kerim'de İnsan – Şeytan İliskisi. T.C. Uludag Üniversitesi İlahiyat Fakültesi, Cilt: 12, Sayı:2, 2003, s. 1-30

Keller, Hella. 2010. Ethik in der Sozialarbeit. Exkurs zu weltanschaulichen Fragen. Hamburg: Diplomica Verlag.

Kermani, Navid. 2005. Der Schrecken Gottes. Attar, Hiob und die metaphysische Revolte. München: C.H. Beck Verlag

Khoury, Adel Theodor. 2008a. Der Hadith. Urkunde der islamischen Tradition.Bd. 1. Der Glaube. Gütersloh: Gütersloher Verlagshaus

Ders. 2008b. Der Hadith. Urkunde der islamischen Tradition. Bd. 2. Religiöse Grundpflichten und Rechtschaffenheit. Gütersloh: Gütersloher Verlagshaus.

Ders. 2008c. Der Hadith. Urkunde der islamischen Tradition. Bd. 3. Ehe und Familie, Soziale Beziehungen, Einsatz für die Sache des Islam. Gütersloh: Gütersloher Verlagshaus.

Kiefer, Michael. 2008. Muslime und Zuwanderungsgesellschaft – Beidseitige Versäumnisse und Fehlentwicklungen. In: Häusler, Alexander (Hg.). Rechtspopulismus als „Bürgerbewegung". Wiesbaden: VS-Verlag.

Kiefer, Michael. 2014. Vom Provisorium zum regulären islamischen Religionsunterricht an deutschen Schulen. In: Solgun-Kaps, Gül (Hg.). Islam. Didaktik für die Grundschule. Berlin: Cornelsen Schulverlage

Köse, Saffet. 2013. Menschenrechte aus islamischer Perspektive. In: Hashim, Mohammed/ders. (Hrsg.). Menschenrechte aus zwei islamtheologischen Perspektiven. Frankfurt a.M.: Peter Lang Verlag, S. 107-201.

Kuran, Timur. 2001. The Provision of Public Goods under Islamic Law: Origins, Impact, and Limitations of the Waqf System. In: Law & Society Review, Volume 35, Number 4 (2001), S. 841-897.

Küng, Hans. 2007. Der Islam. Wesen und Geschichte. München: Piper-Verlag.

Lemmen, Thomas. 2011. Die Planung eines Grundkurses zur Ausbildung muslimischer Notfallbegleiter. In: ders./Yardim, Nigar/Müller-Lange, Joachim (Hrsg.). Notfallbegleitung für Muslime und mit Muslimen. Ein Kursbuch zur Ausbildung Ehrenamtlicher. Gütersloh: Gütersloher Verlagshaus.

Lings, Martin. 2008. Muhammad. Sein Leben nach den frühesten Quellen. Kandern: Spohr Verlag.

Leaman, Oliver/Ali, Kecia. 2008. Islam. The Key Concepts. Oxon: Routledge.

Luz, Ulrich. 2005. Biblische Grundlagen der Diakonie. In: Ruddat, Günter/Schäfer, Gerhard Karl (Hrsg.). Diakonisches Kompendium. Göttingen: Vandenhoeck & Ruprecht. S. 17-35.

Lohlker, Rüdiger. 2008. Islam. Eine Ideengeschichte. Wien: Facultas Verlags- und Buchhandels AG.

Löwy, Michael. 1997. Erlösung und Utopie. Jüdischer Messianismus und libertäres Denken, Berlin: Karin Kramer.

Macit, Nadim. 1996. Kur'an'nin Insan-Bicimci Dili. Istanbul: Umut Maatbacilik.

Malik, Jamal.1996. Colonialization of Islam: Dissolution of Traditional Institutions in Pakistan. New Delhi: Manohar Publishers and Distributors.

Manzoor, Parvez/Sardar, Ziauddin. 2003. Environment and Nature: Islam. In: Selin, Helaine (ed.). Encyclopaedia of the History of Science, Technology, and Medicine in Non-Western Cultures. Boston: Kluwer Academic Publishers. S. 792-793.

Mikl-Horke, Gertraude.1993. Soziologie. Historischer Kontext und soziologische Theorie-Entwürfe, München/Wien: Oldenbourg Verlag.

Merchel, Joachim. 2008. Trägerstrukturen in der Sozialen Arbeit. Eine Einführung. 2. Auflage. Weinheim und München: Juventa.Verlag.

Messer, Barbara 2012. 100 Tipps für die Validation. Hannover: Brigitte Kunz Verlag.

Moos, Gabriele/Klug Wolfgang. 2009. Basiswissen Wohlfahrtsverbände. München: UTB.

Muckel, Stefan/Tillmanns, Reiner. 2008. Die religionsverfassungsrechtlichen Rahmenbedingungen für den Islam. In: Muckel, Stefan (Hrsg.). Der Islam im öffentlichen Recht des säkularen Verfassungsstaates. Berlin: Duncker & Humblot.

Mohammad, Mohammad Tahir Sabit Haji. 2011. Towards an Islamic Social (Waqf) Bank. In: International Journal of Trade, Economics and Finance, Vol. 2, No. 5, October 2011, S. 381-386.

Murtaza, Muhammad Sameer. 2014. Islam. Eine philosophische Einführung und mehr. Norderstedt: BOD Neugebauer, Vivien. 2015. Europa im Islam – Islam in Europa. Islamische Konzepte zur Vereinbarkeit von religiöser und bürgerlicher Zugehörigkeit. (unveröffentlichte Dissertation)

NAKOS 2012. NAKOS Konzepte und Praxis 2. Selbsthilfe bei Migrantinnen und Migranten fördern und unterstützen. Berlin.

Oebbecke, Janbernd. 2008. Der Islam und die Reform des Religionsverfassungsrechts. In: Zeitschrift für Politik. Organ der Hochschule für Politik München. Jg. 55, Heft 1, S. 49-63.

Oltmer, Jochen. 2013. Anwerbeabkommen. In: Meier-Braun, Karl-Heinz/Weber, Reinhold (Hrsg.). Deutschland Einwanderungsland. Begriffe – Fakten – Kontroversen. Stuttgart: Verlag W. Kohlhammer, S. 38-41.

Pollack, Detlef. 2013. Öffentliche Wahrnehmung des Islam in Deutschland. In: Halm, Dirk/ Meyer, Hendrik (Hrsg.). Islam und die deutsche Gesellschaft. Wiesbaden: Springer VS. S. 89-118.

Pompey, Heinrich. 1999. Caritas zwischen Ökonomisierung/Management und Anspruch der caritativ-diakonischen Praxis Jesu. In: Lüttig, Josef/Schallenberg, Peter (Hrsg.). Caritatives Handeln zwischen Bibel und Bilanz. Münster: Lit Verlag. S. 5-54.

Ratzinger, Joseph. 2011. Einführung in das Christentum. Vorlesungen über das Apostolische Glaubensbekenntnis. München: Kösel Verlag.

Reber, Joachim. 2009. Spiritualität in sozialen Unternehmen. Mitarbeiterseelsorge – spirituelle Bildung – spirituelle Unternehmenskultur. Stuttgart: Kohlhammer.

Richter, Horst-Eberhardt. 2001. Der Gotteskomplex. Die Geburt und die Krise des Glaubens an die Allmacht des Menschen. München: Econ Taschenbuch Verlag.

Ritter, Hellmut. 1955. Das Meer der Seele – Mensch, Welt und Gott in den Geschichten des Fariduddin Attar. Leiden.

Robinson, Neil. 2003. Discovering the Qur'an. A contemporary Approach to a veiled Text. Washington: Georgetown University Press.

Rohe, Mathias.2009. Das islamische Recht. Geschichte und Gegenwart. München: Verlag C.H. Beck.

Rommelspacher, Birgit. 2013. Christliche Ethik in einer säkularen Gesellschaft – Kontroversen um Konzepte der Wohlfahrt und Sozialen Arbeit. In: Großmaß/Anhorn (Hrsg.). Kritik der Moralisierung. Theoretische Grundlagen – Diskursethik – Klärungsvorschläge für die berufliche Praxis. Wiesbaden: Springer VS. S. 131-150.

Roser, Traugott. 1996. Protestantismus und Soziale Marktwirtschaft: Eine Studie am Beispiel Franz Böhms. Münster: Lit Verlag.

Roy, Olivier. 2010. Heilige Einfalt. Über die politischen Gefahren entwurzelter Religionen. München: Siedler.

Salarzehi, Habibollah/Armesh, Hamed/Nikbin, Davoud. 2010. Waqf as a Social Entrepreneurship Model in Islam. In: International Journal of Business and Management Vol. 5, No. 7; July 2010, S. 179-186.

Saleh, Rubaa/Ustaoglu, Murat. 2014. The Notions of Islamic Economics and Finance in the Global Era. In: Ustagolu, Murat/Incekara, Ahmet (ed.). Islamic Finance Alternatives for Emerging Economies. Empirical Evidence from Turkey. New York: Palgrave. S. 28-57.

Sibai, Mustafa. 1996. Islam Hukunda Sünnet. Istanbul: Birim/Sura Yayinlari.

Schilling, Johannes/Zeller, Susanne. 2012. Soziale Arbeit. Geschichte – Theorie – Profession. München: Ernst Reinhardt Verlag.

Schreiner, Klaus. 2007. „Abwuerdignung der Feyertage" – Neuordnung der Zeit im Widerstreit religiöser Heilssorge und wirtschaftlichem Fortschritt. In: Brendecke, Arndt/Fuchs, Ralf-Peter/Koller, Edith (Hrsg.). 2007. Die Autorität der Zeit in der Frühen Neuzeit. Berlin: Lit Verlag. S. 257-306.

Schuchardt, Erika. 2006. Warum gerade ich ... ? Leben lernen in Krisen. Göttingen: Vandenhoeck & Ruprecht.

Schuon, Fritjuof. 1991. Den Islam verstehen. Eine Einführung in die innere Lehre und die mystische Erfahrung einer Weltreligion. Bern/München/Wien: Otto Wilhelm Barth Verlag.

Schwarzenau, Paul. 1990. Korankunde für Christen. Ein Zugang zum heiligen Buch der Moslems. Hamburg: E.B.-Verlag Rissen.

Shah, Zulfiqar Ali. 2012. Anthromorphic Depictions of God: the Concept of God in Judaic, Christian and Islamic Traditions. Representing the Unrepresentable. Herndon: IIT-Books.

Sener, Ülker. 2010. Yoksullukla Mücadelede Sosyal Güvenlik, Sosyal Yardım Mekanizmaları ve İş Gücü Politikaları. Türkiye Ekonomi Politikaları Araştırma Vakfı, Politika Notu. Subat 2010.

Steinkamp, Hermann. 1994. Solidarität und Parteilichkeit. Für eine neue Praxis in Kirche und Gemeinde. Mainz: Matthias-Grünewald-Verlag.

Stibbard, Paul/Russel, David/Bromley, Blake. 2012. Understanding the waqf in the world of trust. In: Trusts & Trustees, Vol. 18, No. 8, September 2012, S. 785-810.

Tepav. 2014. Kibris Vakiflar Idaresi. Kurumsal Arkaplan Raporu. Türkiye Ekonomi Politikalari Arastirma Vakfi.

Thompson, Elisabeth F. 2014. Social Justice in the Middle East. In: Reisch, Michael (ed.). The Routledge International Handbook of Social Justice. Oxon: Routledge Handbooks. S. 61-73.

Tworuschka, Udo. 2003. Heilige Schriften. In: Figl, Johann (Hrsg.). Handbuch Religionswissenschaft. Religionen und ihre zentralen Themen. Innsbruck: Verlagsanstalt Tyrolia. S.588-611.

Ucar, Bülent/Sarikaya, Yasar. 2010. Moralisches Handeln aus der Perspektive des Koran. In: ders./Yavuzcan, Ismail H. (Hrsg.). Die islamischen Wissenschaften aus Sicht muslimischer Theologen. Quellen, ihre Erfassung und neue Zugänge im Kontext kultureller Differenzen. Frankfurt a.m.: Peter Lang Verlag. S.51-61.

Ders./Blasberg-Kuhnke, Martina (Hrsg.) 2013. Islamische Seelsorge zwischen Herkunft und Zukunft. Von der theologischen Grundlegung zur Praxis in Deutschland. Frankfurt a.M.: Peter Lang Verlag.

Verband der Reservisten der Deutschen Bundeswehr e.V. „Angekommen in Deutschland". Loyal. Magazin für Sicherheitspolitik. Nr. 03/105.

Wallace, David Foster. 2014. Das hier ist Wasser/This is Water. Köln: Verlag Kiepenheuer & Witsch.

Wehler, Hans-Ulrich. 2008. Deutsche Gesellschaftsgeschichte. Von der Reformära bis zur industriellen und politischen ‚Deutschen Doppelrevolution" 1815-1845/49. München: Verlag C.H. Beck.

Wendt, Wolf-Rainer. 2008. Geschichte der Sozialen Arbeit 1. Die Gesellschaft vor der sozialen Frage. Stuttgart: Lucius & Lucius Verlagsgesellschaft.

Weiss, Holger. 2002. Zakat and the Question of Social Welfare. An Introductory Essay on Islamic Economics and Its Implications for Social Welfare. In. Ders. (Hrsg.). Social Welfare in Muslim Societies in Africa. Stockholm: Nordic Africa Institute S. 7-38.

Weiß-Flache, Martin. 2004. Mit Scheiternden aushalten. Ressourcen des christlichen Glaubens für die Sozialarbeit in der Wohnungslosenhilfe. In: Junge, Matthias/Lechner, Götz (Hrsg.). Scheitern. Aspekte eines sozialen Phänomens. Wiesbaden: VS Verlag. S. 199-222.

Wilhelms, Günter. 2010. Christliche Sozialethik. Paderborn: Verlag Ferdinand Schöningh.

Wunn, Ina. 2006. Muslimische Patienten. Chancen und Grenzen religionsspezifischer Pflege. Stuttgart: Verlag W. Kohlhammer.

Yasar, Aysun. 2012. Die DITIB zwischen der Türkei und Deutschland. Untersuchungen zur Türkisch-Islamischen Union der Anstalt für Religion e.V. Würzburg: Ergon Verlag.

Ziemann, Benjamin. 2006. Codierung von Transzendenz im Zeitalter der Privatisierung. Die Such nach Vergemeinschaftung in der katholischen Kirche, 1945-1980. In: Geyer, Michael/Hölscher, Lucian (Hrsg.). Die Gegenwart Gottes in der modernen Gesellschaft. Transzendenz und religiöse Vergemeinschaftung in Deutschland. Göttingen: Wallstein Verlag. S. 380-403.

Internetquellen

AGJ – Arbeitsgemeinschaft für Kinder- und Jugendhilfe. 2011. Interkulturalität und Fachlichkeit. Herausforderungen für die Kinder- und Jugendhilfe. Berlin. URL: https://www.agj.de/pdf/5/Interkulturalitaet.pdf (letzter Abruf: 06.06.2015).

Ahmed. Waqf-Based Microfinance: Realizing the Social Role of Islamic Finanzce. In: Paper written for the International Seminar on "Integrating *Awqaf* in the Islamic Financial Sector" Singapore , March 6-7, 2007. URL: http://islamstory.com/sites/default/files/en/uploads/multimedia/books/contemporary%20issues_/Paper_Microfinance%20%26%20Waqf.pdf (letzter Abruf: 29.07.2015).

Andersen, Uwe/Wichard Woyke. Wohlfahrtsverbände. 2003. URL: http://www.bpb.de/nachschlagen/lexika/handwoerterbuch-politisches-system/40412/wohlfahrtsverbaende?p=all (letzter Abruf: 14.01.2015).

Achtes Buch Sozialgesetzbuch. – Kinder- und Jugendhilfegesetz –. In der Fassung der Bekanntmachung vom 14.12.2006 (BGBl. I S. 3134). URL: http://dejure.org/gesetze/SGB_VIII/78.html zuletzt geändert durch Gesetz vom 29.08.2013 (BGBl. I S. 3464) m.W.v. 03.12.2013 bzw. 01.01.2014 (letzter Abruf: 20.12.2014).

AWO Bezirksverband Oberbayern e.V. Die Geschichte der AWO (Arbeiterwohlfahrt), URL: http://www.awo-obb.de/uploads/media/Geschichte_der_AWO.pdf (letzter Abruf: 13.05.2015).

AWO Bundesverband e. V. 2005. Grundsatzprogramm der Arbeiterwohlfahrt. Beschlossen auf der Sonderkonferenz November 1998 in Düsseldorf. Ergänzt durch Beschluss der Bundeskonferenz November 2005 in Hannover. Berlin: AWO Bundesverband e.V.

AWO Bundesverband e. V. 2014. Verbandsbericht 2013. Berlin: AWO Bundesverband e.V.

BAGFW. 2014. Bundesarbeitsgemeinschaft der Freien Wohlfahrtspflege. 2014. Jahresbericht 2013. Vom Menschen für Menschen. Berlin.

BAFGW. 2014. (2), Bundesarbeitsgemeinschaft der Freien Wohlfahrtspflege. 2014. Die Freie Wohlfahrtspflege. Vom Menschen für Menschen. Berlin.

BAFGW. 2014. (3), Bundesarbeitsgemeinschaft der Freien Wohlfahrtspflege. 2014. Einrichtungen und Dienste der freien Wohlfahrtspflege. Gesamtstatistik 2012, Berlin.
Berliner Institut für empirische Integrations- und Migrationsforschung. 2015.
Wer gehört zum deutschen Wir? Die deutsche Identität ist positiv – aber exklusiv: Mus-
lime werden aus dem nationalen Narrativ ausgeschlossen. URL: http://www.rat-fuer-
migration.de/pdfs/PM_BIM_031214_final_VO%CC%88%281%29.pdf (letzer Abruf:
09.05.2015).
BFmF e.V, 1, 2015, Wir über uns, URL: http://www.bfmf-koeln.de/bfmfroot/German/
Bfmf_Sayfalar.aspx?Meczup=103, letzter Abruf am 09.07.2015.
BFmF e.V, 2, 2015, Leitbild, http://www.bfmf-koeln.de/bfmf   root/German/Bfmf_Sayfa-
lar.aspx?Meczup=105
Bundesamt für Migration und Flüchtlinge. 2015. Asylgeschäftsstatistik für den Monat Ap-
ril 2015. URL: http://www.bamf.de/SharedDocs/Anlagen/DE/Downloads/Infothek/Sta-
tistik/Asyl/201504-statistik-anlage-asyl-geschaeftsbericht.pdf?__blob=publicationFile
(letzter Abruf: 30.05.2015).
Boos-Nünning, Ursula. 2010. Beten und Lernen. Eine Untersuchung der pädagogischen
Arbeit in den Wohnheimen des Verbandes der Islamischen Kulturzentren (VIKZ).
Kurzfassung.   URL: file:///C:/Users/DieAGBeV/Downloads/Studie%20Beten_und_
Lernen%20von%20Prof%20Dr%20Boos-Nuenning%20280610.pdf   (letzter   Abruf:
08.10.2014).
Breithut, Jörg. 2014. Geschlechts-Option bei Facebook: Mehr als nur Mann oder Frau.
URL: http://www.spiegel.de/netzwelt/web/geschlechts-einstellung-bei-facebook-mehr-
als-nur-mann-oder-frau-a-953493.html (letzter Abruf: 25.05.2015).
Butterwege, Caroline. Von der „Gastarbeiter"-Anwerbung zum Zuwanderungsgesetz.
Migrationsgeschehen und Zuwanderungspolitik in der Bundesrepublik. URL: http://
www.bpb.de/gesellschaft/migration/dossier-migration/56377/migrationspolitik-in-der-
brd?p=all (letzter Abruf: 24.11.2014).
Caritasverband. 1997. Leitbild des deutschen Caritasverbandes. URL: http://www.caritas.
de/glossare/leitbild-des-deutschen-caritasverbandes (letzter Abruf: 23.04.2015).
Caritasverband. 2014. Zentralstatistik des Deutschen Caritasverband e.V., Stichtag
31.12.2012. URL:
http://www.caritas.de/diecaritas/wofuerwirstehen/millionenfache-hilfe   (letzter   Abruf:
22.04.2015).
Christlich-Islamische Gesellschaft e.V. Die Begleitung von Muslimen in Hospizen und
durch ambulante Hospizdienste. URL: http://www.christenundmuslime.de/service/
download/Muslime-im-Hospiz.pdf (letzter Abruf: 01.05.2015).
Deutsche Bischofskonferenz. 2015. „Änderung des Kirchlichen Arbeitsrechts" URL: http://
www.dbk.de/nc/presse/details/?presseid=2795 (letzter Abruf: 29.07.2015).
Deutsche Islam Konferenz. 2015. URL: http://www.deutsche-islam-konferenz.de/DIK/DE/
DIK/1UeberDIK/Dokumente/dokumente-node.html (letzter Abruf: 27.04.2015).
Deutsche Islam Konferenz. 2015. Die Verbände der DIK. URL: http://www.deutsche-islam-
konferenz.de/DIK/DE/DIK/1UeberDIK/DIK2014Teilnehmer/dik2014teilnehmernode.
html;jsessionid=8DADFB199C49BB88DC9985FA093D6E86.1_cid368 (letzter Abruf:
27.04.2015).
Diyanet. Zekat. Bölüm 8. URL: http://www.diyanet.gov.tr/UserFiles/DiniBilgiler/Zekat.pdf
(letzter Abruf: 05.05.2015)

Deutsches Rotes Kreuz. 2008. Das Rotkreuzgesetz von Oktober 2008, URL: http://www.drk.de/presse/positionen/das-rotkreuzgesetz.html (letzter Abruf: 07.05.2015).

Deutsches Rotes Kreuz. 2014. Das Jahrbuch 2013. 150 Jahre DRK, Berlin.

Deutsches Rotes Kreuz. 2015. Leitsatz und Leitbild des Roten Kreuzes, URL: http://www.drk.de/ueber-uns/auftrag/leitlinien.html (letzter Abruf: 06.05.2015).

Deutsche Sozialversicherung. Grundprinzipien. URL: http://www.deutsche-sozialversicherung.de/de/wegweiser/grundprinzipien.html (letzter Abruf: 04.02.2015).

Diakonie. Leitbild. URL: http://www.diakonie.de/media/Leitbild.pdf (letzter Abruf: 28.04.2015).

El-Meehy, Asya. 2009. Rewriting the Social Contract: The Social Fund and Egpyt's Politics of Retrenchment. URL: https://tspace.library.utoronto.ca/bitstream/1807/32026/1/ElMeehy_Asya_201003_PhD_thesis.pdf (letzter Abruf: 08.05.2015).

Forum am Freitag. 2015. Imam für den Knast. Seelsorge hinter Gittern. URL: http://www.zdf.de/forum-am-freitag/imam-fuer-den-knast-22701800.html (letzter Abruf: 09.05.2015).

Förschler, Hans-Lothar. 2014. Strategische Neupositionierung sozialwirtschaftlicher Unternehmen der Freien Wohlfahrtspflege in Deutschland. Ansätze einer speziellen Unternehmenstheorie zwischen Marktwirtschaft und Gemeinwohlorientierung. URL: http://www.zhb-flensburg.de/dissert/foerschler/Dissertation%20von%20Hanns-Lothar%20F%C3%B6rschler.pdf (letzter Abruf: 04.02.2015).

Frick, Robert. 1961. „Fliedner, Theodor" in: Neue Deutsche Biographie 5, S. 245f. URL: http://www.deutsche-biographie.de/ppn118691791.html (letzter Abruf: 17.01.2015).

Frie, Ewald. 1997. Caritas und soziale Verantwortung im gesellschaftlichen Wandel. URL: https://www.uni-muenster.de/Ejournals/index.php/jcsw/article/viewFile/293/271 (letzter Abruf: 24.04.2015).

Kiefer, Michael, 2014, DITIB will eigenen Verband gründen, URL: https://www.freitag.de/autoren/charchira/ditib-will-eigenen-verband-gruenden, letzter Abruf am 06.07.2015.

Koordinationsrat der Muslime. 2015. URL: http://koordinationsrat.de/index.php?lang=de (letzter Abruf: 27.04.2015).

Kommunales Integrationszentrum. 2015. Kommunale Integrationszentren in NRW fast flächendeckend. URL: http://www.kommunale-integrationszentren-nrw.de/ (letzter Abruf: 03.06.2015).

Kuratorium Deutscher Altenhilfe (Hg.). 2012. Denkansatz und Innovation für eine moderne Altenhilfe. URL: http://www.kda.de/tl_files/kda/PDF-Dateien/Denkansatz_moderne_Altenhilfe.pdf (letzter Abruf: 23.03.2015).

Median-Kliniken. 2015. „Profil des Reha-Zentrums". URL: www.median-kliniken.de/de/standorte/median-kliniken-bad-oeynhausen/profil-des-reha-zentrums/ (letzter Abruf: 25.02.2015).

MuTeS 2015, 1, Islamic Relief Deutschland, URL: http://www.mutes.de/wer-wir-sind/traeger-islamic-relief.html, letzter Abruf 13.07.2015.

Sachverständigenrat deutscher Stiftungen für Integration und Migration (SVR). 2010. Adressat nicht erreicht? Deutsche Islam Konferenz bei Muslimen kaum bekannt. URL: http://www.svr-migration.de/presse/presse-svr/adressat-nicht-erreicht-deutsche-islam-konferenz-bei-muslimen-kaum-bekannt/ (letzter Abruf: 09.05.2015).

Seufert, Günter. 2014. Die Gülen-Bewegung in der Türkei und Deutschland. URL: http://
www.bpb.de/internationales/europa/tuerkei/184979/guelen-bewegung (letzter Abruf:
10.10.2014).

Sosyal Yardimlar Genel Müdürlügü. URL: http://www.sosyalyardimlar.gov.tr/ (letzter Abruf: 08.05.2015)

Sozialgesetzbuch (SGB). Bücher I-XII. URL: http://www.gesetze-im-internet.de/sgb_1/in-
dex.html (letzter Abruf: 01.02.2015).

Tibi, Bassam. 2002. Leitkultur als Wertekonsens. Bilanz einer missglückten deutschen
Debatte. URL: http://www.bpb.de/apuz/26535/leitkultur-als-wertekonsens?p=all (letzter
Abruf: 09.05.2015).

Verband für interkulturelle Wohlfahrtspflege, Empowerment und Diversity. 2014. Positionspapier. URL: http://www.korientation.de/wp-content/uploads/2014/05/VIW-Posi-
tionspapier.pdf (letzter Abruf: 06.06.2015).

(ZWST). „Zedaka" – Das Leitbild der Zentralwohlfahrtsstelle der Juden in Deutschland
(ZWST). URL: http://zwst.org/cms/documents/110/de_DE/Zedaka%20-%20Leitbild.pdf
(letzter Abruf: 01.05.2015).

(ZWST 2). Zentralwohlfahrtsstelle der Juden in Deutschland e. V. Selbstdarstellung. URL:
http://www.zwst.org/cms/documents/112/de_DE/ZWST%20Selbstdarstellung%20
lang%202012.pdf (letzter Abruf: 02.05.2015).

The manufacturer's authorised representative in the EU is Springer
Nature Customer Service Centre GmbH, Europaplatz 3, 69115 Heidelberg,
Germany. If you have any concerns regarding our products, please
contact ProductSafety@springernature.com

Printed and bound by CPI Group (UK) Ltd, Croydon, CR0 4YY
27/04/2026
02097619-0005